新劳动教育的核心在于"行动力"的培养，让学生在"行动"中，学生活的知识，练生存的技能，悟生命的意义。

· 教育家成长丛书 ·

隋桂凤
与新劳动教育

SUIGUIFENG YU XIN LAODONG JIAOYU

中国教育报刊社·人民教育家研究院 组编

隋桂凤 著

北京师范大学出版集团
BEIJING NORMAL UNIVERSITY PUBLISHING GROUP
北京师范大学出版社

图书在版编目（CIP）数据

隋桂凤与新劳动教育/中国教育报刊社人民教育家研究院组编；隋桂凤著. —北京：北京师范大学出版社，2020.7（2022.4 重印）
（教育家成长丛书）
ISBN 978-7-303-25826-0

Ⅰ.①隋… Ⅱ.①中… ②隋… Ⅲ.①劳动教育－教学研究－小学
Ⅳ.①G623.92

中国版本图书馆 CIP 数据核字（2020）第 077602 号

营　销　中　心　电　话　　010-58802135　　010-58802786
北师大出版社教师教育分社微信公众号　　京师教师教育

出版发行：北京师范大学出版社　　www.bnup.com
　　　　　北京市西城区新街口外大街 12-3 号
　　　　　邮政编码：100088
印　　刷：天津中印联印务有限公司
经　　销：全国新华书店
开　　本：787 mm×1092 mm　1/16
印　　张：20
字　　数：345 千字
版　　次：2020 年 7 月第 1 版
印　　次：2022 年 4 月第 2 次印刷
定　　价：68.00 元

策划编辑：伊师孟　　　　　责任编辑：马力敏　梁民华
美术编辑：李向昕　　　　　装帧设计：李向昕
责任校对：康　悦　　　　　责任印制：马　洁

教育家成长丛书

编委会名单

总 序

　　教育是国家发展的基石，教师是基石的奠基者。古人云："国将兴，必贵师而重傅。"兴国必先强教，强教必先重师。党中央、国务院高度重视教师队伍建设。2013 年教师节，习近平总书记在给全国广大教师的慰问信中指出："百年大计，教育为本。教师是立教之本、兴教之源，承担着让每个孩子健康成长、办好人民满意教育的重任。"2014 年，在第 30 个教师节前夕，习总书记到北京师范大学视察并发表重要讲话，指出："一个人遇到好老师是人生的幸运，一个学校拥有好老师是学校的光荣，一个民族源源不断涌现出一批又一批好老师则是民族的希望。"《国家中长期教育改革和发展规划纲要（2010—2020 年）》也明确提出，"有好的教师，才有好的教育"，要"努力造就一支师德高尚、业务精湛、结构合理、充满活力的高素质专业化教师队伍"。"倡导教育家办学"，要创造有利条件，鼓励教师和校长在实践中大胆探索，创新教育思想、教育模式和教育方法，形成教学特色和办学风格，造就一批教育家。"两个一百年"奋斗目标的实现、中华民族伟大复兴中国梦的实现，归根结底要靠人才、靠教育，而支撑起教育光荣梦想的，是千百万的教师。

　　时代呼唤好老师。有一流的教师，才有一流的教育；有一流的教育，才有一流的国家。出名师、育英才、成伟业，是时代赋予我们教育战线的神圣使命。"所谓大学者，非谓有大楼之谓也，有大师之谓也。"好学校、好教育的最重要标准，就是要有好老师。一所学校、一个地区，乃至一个国家，如果教师有理想、有爱心、有学识、有高超的教育艺术，那么即使硬件设施有些简陋，家长、学生也会心向往之。教师是中国梦的奠基者。教师的重要使命，就是为每个孩子播种梦想、点燃梦想，并帮助他们实现梦想。每一间平凡的教室，每一节朴实的课，都不仅是知识的传递，而且是人类文明精神的接续、人生梦想的起航。正是有亿万个孩子梦想的放飞、绽放，中国梦才更加光彩夺目。如果说中国梦最坚实的土壤是学校，那么教师就是最伟大的"筑梦师"，他们用默默无闻、孜孜不倦的智慧劳动，让每一颗年轻的心灵都与中国梦激情相拥。

倡导教育家办学，造就一批好老师，首先要尊重、珍惜我们的本土智慧、本土创造。教育家不是凭空产生的，而是扎根于自己的民族文化土壤，同时吸收人类文明成果，从而创造出独特而生动的教育实践、教育智慧和教育文明。五千年源远流长的中华文明，不但形成了有我们民族特色的教育理论体系，而且涌现出了千千万万优秀的教育家，有被推崇为"大成至圣先师""万世师表"的孔子，有"匹夫而为百世师，一言而为天下法"的韩愈，有"捧着一颗心来，不带半根草去"的人民教育家陶行知，等等。改革开放40年来，随着教育改革的不断深入，教育战线涌现出了一大批杰出教师。他们痴情于教育事业，坚守理想信念和教育良知，在三尺讲台上默默耕耘、刻苦钻研，同时以敢为天下先的精神大胆创新，不断进取、不断超越，形成了各具特色的教育思想和教学风格。正是他们的成功探索和实践，创造了具有中国风格的教育经验，丰富了具有中国特色的教育理论宝库。原由教育部师范教育司组织编写，现由中国教育报刊社人民教育家研究院组织编写的"教育家成长丛书"，就是要向这些宝贵的本土创造性的教育经验致敬。

当前，教育领域综合改革正在深入推进，考试招生制度改革的大幕已经拉开，立德树人、培育和践行社会主义核心价值观成为大中小学教育的头等任务。可以预见，中国教育将发生深刻的变革，将从"中国制造"向"中国创造"转变。"没有革命的理论，就没有革命的运动。"没有适合中国土壤、具有中国智慧的教育理论，就不可能为未来的中国教育改革提供有效的指导。我们的教育要向"中国创造"飞跃，必然要首先创造属于我们自己的教育理论，而不是"言必称希腊"或者老是贩卖欧美的教育理论。170多年前，美国思想家、诗人爱默生发表了著名演说《美国学者》，号召美国知识界："我们依赖旁人的日子，我们师从他国的长期学徒期时代即将结束。在我们周围，有成百上千万的青年正在走向生活，他们不能老是依赖外国学识的残余来获得营养。"由此，美国迈入精神立国阶段。

如今，我们也面临与爱默生同样的情形。随着我国GDP已从世界第二向第一迈进，我们的经济崛起已成为事实，但在道德文明、文化精神等方面，我们还需奋起直追。没有文明的崛起，经济崛起就难以持续。当务之急，是我们需要化解内心深处的文化自卑情结，摆脱对他国文明的精神依附，自觉养成强烈的"中国意识"，独立的中国文化品格，并由此去环视世界，去改造本土实践，去创造属于我们自己的精神养料——这在教育界显得尤为紧迫。"教育家成长丛书"，旨在把我们本土教育实践中蕴含的中国智慧提炼出来，从而形成具有时代意义的中国特色的教育话语体系，再以此去观照、引领、改造中国的教育实践，为伟大的教育改革提供经验、理论支持，也为未来的教育家提供丰富、可资借鉴的精神养料。

让我们为中国教育的伟大未来一起努力吧！

2018年3月9日

前　言

　　见证着中国基础教育半个世纪的春华秋实，代表着中国基础教育教学成果的最高成就——"首届基础教育国家级教学成果奖"，闪耀着李吉林、窦桂梅、吴正宪、张思明、洪宗礼、唐江澎、邱学华、于永正、孙双金、薄俊生、龚春燕等一大批优秀教师的名字。而上述这些教师杰出代表恰恰都是《人民教育》"名师人生"栏目中最受读者喜爱的名师，都是"教育家成长丛书"的作者。

　　"教育家成长丛书"（以下简称"丛书"），是在第 20 个教师节前夕，为了研究、总结、宣传和推广我国众多优秀中小学教师的先进教育思想和鲜活的宝贵的教育教学经验，培养造就一大批德才兼备的优秀教师和杰出的教育家，促进教师队伍整体素质的提高，根据教育部党组安排，由师范教育司组织编写的一套凝聚着一大批教育家成长智慧的大型教育丛书。

　　"丛书"自 2006 年问世以来，不但得到国务院和教育部领导同志的高度重视，而且先后印刷多次尚不能满足广大读者的需求。这其中的奥秘何在？

　　当你翻开"丛书"，每一部著作都讲述着一位教育家成长的故事。这些著作主要从"成长历程""思想概述""课堂实录"和"社会反响"等方面全景式反映其教育思想、教育智慧、专业精神和专业人格的形成过程与教学实践过程。这是教育家成长的基本素质所在。

　　当你沿着教育家成长的足迹走近他们的时候，你会融入这些带有"草根色彩",扎根中华教育实践大地,充满田野芳香的真实感人的教育故事中。

当你从"丛书"中,从这些当年和自己一样的普通教师,成长为今天受人尊敬的教育家的成长过程中受到启迪,当你触摸着自己的心,把学生的成长和祖国的未来紧紧连在一起的时候,你会真切地感受到教育家离我们并不遥远。

当你用整个身心蘸着自己的生活积累去品味"丛书"中的每一部著作的"成长历程"时,在一位位名师不断学习、不断超越自我、不断超越学科教学的求索足迹中,你会读懂"教育是事业,其意义在于奉献"的丰富内涵。

当你研读"丛书"中的每一部著作的"思想概述",和每一位名师展开心灵对话的时候,都会深深地感受到,一名教师对教育独立的理解与执着的追求有多么重要。从一名普通的教师成长为受人尊敬的教育家的过程中,你会读懂"教育是科学,其价值在于求真"的深刻含义。透过"丛书",你会看到一代代教师用爱与智慧塑造民族未来的教育理想。

随着我们从"知识核心时代"走向"核心素养时代",教师教育教学活动的视野已拓展到人的生存与发展的方方面面。教师要结合自己的教学实践去感悟"教育理念是指导教育行为的思想观念和精神追求",应该把爱化为自己的教育行为,让爱充盈课堂,触摸到一个个灵动的生命,让爱产生智慧,让爱与智慧在学生心中留下岁月抹不去的美好回忆,让教育者和受教育者都感受到教育的幸福。这是"丛书"给我们的启示,也是每位教师应有的胸怀和视野。

时代呼唤教育家。为了进一步把我们本土教育实践中蕴含的中国智慧提炼出来,从而形成具有时代意义的中国特色的教育话语体系,以此去观照、引领、创新中国的教育实践并在更大范围加以推广,"丛书"将由中国教育报刊社人民教育家研究院继续组织编写,希望能够在更广大教师的心田中播种教育家成长的智慧,从而出更多的名师,育更多的英才,成就中华民族复兴的伟业。这是时代赋予广大教育工作者的神圣使命。如果广大教师能在每位教育家成长、探索教育智慧的过程中受到启迪,形成自己的教育智慧,则实现了我们编辑这套"丛书"的初衷。

"教育家成长丛书"
编 委 会
2018 年 3 月

目 录
CONTENTS
隋桂凤与新劳动教育

[我的成长之路]

[我的教育思想]

新劳动教育实践案例

权威评价与社会反响

附　录

我的成长之路

"

　　因为小时候的一个梦想做了教师，后来又把喜欢的事做成了热爱的事业，我感到很幸运。三十多年的从教经历，从一名班主任到主任、副校长，再到校长，我内心最大的变化是从做教师到做教育，我的关注点也早已从关注学科教学到关注孩子的生命成长。我从来没有像现在这样强烈地意识到我所做的一切是那样的富有价值且充满意义。

一、我是中师生

记得在微信上看到一篇作者叫"小桔灯"的文章《一代中师生的"芳华"，撑起了中小学教育的大半个天空！如今他们过得好吗》，足有 30 个字的长长的题目字字戳心。"中师生"三个字犹如磁石一般牢牢地吸引住我，于是我迫不及待地读起了全文。读着读着，我的心就像被什么东西紧紧地攥住了似的，心头翻滚起一层层热浪，嗓子哽咽，鼻子发酸，仿佛一位老者遇见了当年的挚友一样，竟哭出了声。我惊讶于自己的失态，但不能不承认，这真是一篇代入感极强的文章，真正地把我带回了那个年代。但可以肯定的是，我的泪水不是出于委屈、悲伤，而是出于怀念、感慨和庆幸。我怀念那个灿烂如花的青葱岁月，感慨自己长期的努力和坚守，庆幸自己选择了一生钟爱的事业。

正如文中所说，20 世纪八九十年代的中师生真的是一代精英，他们大都是以优异的成绩考上中师的，当时主要是因为家境贫寒，为了一张饭票而放弃了更高的追求。他们都曾经历过学历不高、身份低微的尴尬，然而他们凭借着自身较高的素质和强烈的使命感成了新中国基础教育的脊梁，为中华民族的腾飞奠定了基础。

我就是那个年代的中师生。1981 年，我考入了牡丹江师范学校，成为一名中师生。那年我 16 岁，我清楚地记得我是以高分考上中师的。虽然记不清总分具体是多少，但我知道我的分数在全县名列前茅，并且清楚地记得数学和化学两科得了满分，语文和物理两科都是离满分仅差两分，只是英语成绩差了些，因为乡下中学没有英语教师。当我接到录取通知书时，我高兴得像中了状元似的，欢天喜地地跑回家向家人报喜。

我出生在黑龙江省虎林县（今虎林市）的一个乡村，在家里七个孩子中排行老四。由于七个孩子中只有弟弟一个男孩，因此家里男劳动力较少。虽然母亲勤俭持家，但只靠父亲和大姐在生产队挣工分养活全家九口人的日子过得特别紧张。家里的年收入属于"倒挂"，不仅把家里仅有的值钱的东西"退赔"，就连去生产队领口粮都要遭人白眼。幸好父母都有手艺。父亲原来在县里的被服厂当裁剪师傅，母亲会用缝纫机缝制衣服。在那个年代，明目张胆地给别人加工服装赚钱是搞资本主义。但是父母义务给邻里帮忙做衣服，逢年过节邻里会送来点布料、点心等礼物作为答谢。这样，我们有时过年也能穿上新衣服了。在这样的境况下，考上中师就等于"跳龙门"，拿到了永不过期的饭票。考上中师的喜讯让我和家人都喜出望外，让邻里乡亲羡慕不已。

考上中师后我感到欣喜若狂还有更重要的原因，那就是终于实现了小时候就在心中种下的一个梦想。这源于我的小学老师，她是一位年轻漂亮的女教师，我们叫她王老师。她的穿着整洁美丽，课堂上她的一颦一笑、举手投足都吸引着我。那个年代上课不讲语文、数学，而是读毛主席语录。可是王老师却教我们拼音。我特别爱听她讲课，她不仅教拼音准确、耐心，而且说话时声音柔和、动听。课堂上，我常常盯着她的花衣服、花布鞋走神。她每次检查完我的作业后都会在全班夸奖我，我的心里就美滋滋的；她每次在放学路上遇到我时都微笑着向我打招呼，我又高兴又紧张。那时候，我就梦想着长大后要当一名老师。放学回家，我就学着王老师的样子给弟弟妹妹上课。我把火炕当教室，把火墙当黑板，俨然一位小老师。

正是由于对小学老师的崇拜，我在儿童时代就埋下了梦想的种子，渴望长大后成为她这样的老师。追梦的过程中，我如痴如醉。小学五年级时赶上了恢复高考的好时机，中小学开始恢复文化课的学习；乡里也开始认真地抓起了教学质量，对学习好的学生给予各种形式的表彰奖励。那年我考了乡里第一名，连同前十名同学一起光荣地在全乡的运动会上戴着大红花走在队伍前面。乡里这种形式的鼓励给我带来的是无上的光荣和自豪感，从而让我有了自信。这种自信产生了一股强大的力量，催生着一个农村孩子心中的梦想，并使这个梦想不断膨胀。为追求梦想，我刻苦学习，菜园子里、果树下是我看书、背题的地方。晚上，全家人都睡了，我还在灯下学习。地桌上有一个方形的小镜子，学习累了，我就拿起镜子，微笑着给镜子中的自己鼓劲加油。清晨四点钟就让母亲叫醒我起来学习。有一次，母亲见我睡得香，想到昨晚我睡得太晚，就没忍心叫醒我。我睡到了早晨六点多，起床后就惊恐万分，像出了大事一样，还埋怨母亲。因为我每天早晨都给自己安排了背诵任务，完不成当天任务我心里是过不去的。

下了苦功，终于梦想成真。时至今日，每当想起当年的自己——那个农村小姑娘全凭自己的努力稳操胜券，以高分考入中师，自己都有些惊叹不已。尤其当下的孩子们，很多都是在家长的百般呵护下不得不学、被动无奈地学、硬着头皮学。学生时代的学习对于他们来说是枯燥乏味的。而当时的我并没有家长的监管和督促，也没有来自学校与老师的严苛要求，更不懂"苦与甜""付出与收获""人格与尊严""失落与自卑""积累与升华"这些辩证法和硬道理。而且那时物质条件匮乏，没有学校以外的辅导，没有学习资料，甚至连做习题的纸张都成问题。在那样的情况下，我能够自觉地下苦功夫学习，而不觉得学习是一件苦差事，相反，觉得学习很有趣，并且将这种学习的兴趣和韧劲持续下去。这强大的动力来自哪里呢？

从教三十多年来，特别是当了校长之后，我始终没有放下这个问题。从自己的成长经历和几十年的从教实践中，我找到了答案。当年的自己还是一个十几岁的小姑娘，"不用扬鞭自奋蹄"的动力源自心中的梦想，有了梦想就能坚持下去。除了自身的努力、家庭影响的鞭策外，适时激励是强大的动力。它能在一个人心中持续发酵，持久发力。考上了中师就意味着自己是一名准教师了。我心中的梦想是追求卓越，当一名出类拔萃的优秀教师。

师范生活的四年里，我的梦想就是做一名优秀的师范生。于是我拼命学习做教师的各项本领，为毕业后成为一名优秀的教师做

图1　1982年在牡丹江师范学校

准备。带着这样的梦想，那四年的学习生活单调却充实。

我是牡丹江师范学校①统招的第二届中师生。到了学校，学长们传递给我们的"经验"就是中午如何在食堂快速排队打饭。他们自嘲，师范生就是"吃饭生"。大家都处于青春期，正是长身体的时候，整天的高粱米饭、白菜汤让我们每到上午第四节课就不由得饥肠辘辘。有的同学悄悄地从课堂溜去了食堂，等到我们下课再去食堂时，那里早已排起了一条条长龙。常常是等排上了，每周一次的白米饭、周五的饺子和油条就没了。我可不想浪费这排队的时间。于是，每次放学后，我都晚去半小时，这样到了食堂就可以直接去窗口打饭，但打到的就只能是凉饭、剩饭了。

①　现黑龙江幼儿师范高等专科学校。

这半个小时，我在教室里一般就是练琴。教室里只有一架脚踏琴，如果有人占用了，我就画画或练习毛笔字。反正只要是将来做老师能用上的本领，我都学。

很快，我的努力在班里出了名。同学们笑话我把板凳坐穿。我才不管那么多，他们哪里知道我的梦想。我练的字"天生我材必有用"就是在自我激励，同学们给我的毕业留言也多是"梅花香自苦寒来"之类励志的话语。

后来，在牡丹江师范学校建校 45 周年庆典上，我应邀作为历届毕业生代表在主席台上发言。当我的声音回荡在几千人的礼堂上空时，当学弟学妹们投来羡慕的目光时，我深刻地体验到了那句"梅花香自苦寒来"的含义。四年寒窗苦读的负重感全部释怀了，颇有"忽如一夜春风来"的感觉。当地的"晨光"广播电台记者采访了我。后来陆续有师范毕业生分到立新实验小学来，他们看到我时，首先就讲起那次校庆上我发言的事。

一次面向学弟学妹的演讲产生了晕轮效应，使他们愿意做教师、愿意做立新实验小学的教师。成功的体验让我获得了极大的满足，有一种莫名的幸福感。我将这种体验化作一股强劲的力量，以至于永不停歇，让我在以后的岁月中、在教育的沃土上诗意行走。

二、初为人师的冰火体验

图 2　20 岁的我

20 岁那年，我带着梦想走进立新实验小学。据说，这是当地最出色的学校。我幸运地赶上了第一个教师节，感受到了校园里处处洋溢着的喜庆，似乎空气都是甜美的。为庆祝节日，全校教师欢天喜地地在校园西侧的小二楼里排练节目。就在那时，我认识了学校的教师群体。对于当时排练节目的场景及他们的一张张面孔，我至今记忆犹新。这是一个不同凡响的群体，在这个群体里我是个十足的"小不点"，就连和我一同分配到立新实验小学的两名年轻教师也比我大一两岁。大概正是因为我年龄最小，加之个头也小的缘故吧，我们三个新教师虽然都当上了班主任。

学校让我教一年级，他俩分别教三年级和四年级；不仅如此，还专门安排了一名即将退休的特级教师带我。我感觉到了学校对我的不放心，但我却对自己充满信心。我相信自己能行。我的信心来自四年师范生活的丰富积淀，我相信自己准备好了。在新生到校的前一天，学校开始做准备，写新生名单的事就让我大显身手，没想到我的柳体书法应用到了抄写新生名字上。许多教师看到大红纸上颇有些功底的字体都啧啧称赞。我虽表面谦虚，但内心无比自豪。

开学的前一天晚上，我几乎一夜没睡。一次次想象着我们班的那一群未曾谋面的可爱的孩子，想象着他们的模样、神态。我发誓，无论是漂亮的、听话的，还是不漂亮的、不听话的，我都会喜欢他们。即使他们犯错误了，我也会语气坚定而又温柔地批评他们，然后耐心地引导他们。

第二天早上，我早早地来到学校，果然如想象的那样，看到了一群可爱的孩子。他们旁边站了一群家长，家长在打量着我。我觉察到了他们眼神里的不信任，这让我一下子举止都不自然了。我看到那群等待我的孩子，他们的眼神里有陌生、新奇，还有些怯懦，而我对他们却满是热情和期待。我看到家长们一张张没有"温度"的脸，不知道接下来会发生什么。我美好的心情降至"冰点"，自信心连同自尊心都受到了极大的挑战。我们班名单上的学生有个别没来报到，这也算正常。奇怪的是他们已经到别的班级去上课了，甚至有的学生前一节课还在我们班，后一节课就坐在另一个教室里了。而我并不知道这些情况，还因担忧学生的安全亲自去临时厕所找孩子。需要说明的是，当时的立新实验小学正在原址上重建教学楼，全校师生临时安置在新建成而未投入使用的江滨小学新校舍。工程尚未完成，厕所临时搭建在一个大坑上面，对于低年级学生来说有安全隐患。更考验我的是让我去拿着毛笔在已经张贴在墙上的大榜上面改名单。当我亲手把我们班的名单上的名字划掉，再写到别的班的名单上时，大概我的脸色是灰暗的，心里冰冷至极。我们班从最初的 52 人变成了 40 人。我知道这是学生家长对我这个年轻教师的不信任，也是校领导的无奈，但对于我这个渴望成长、心怀梦想的年轻人来说却是个不小的打击。面对这个在起跑环节遭遇的挫折，我选择了勇敢面对。

天生倔强的性格让我产生了一个不服输的念头：我一定要让我们班的孩子个个优秀。于是，向往优秀、希望在同行和同龄人中脱颖而出的梦想就带着被刺痛的感觉在我心里扎了根。

　　这一年，我全身心地投入到班级团队的建设中。我要用行动追逐心中的梦想；我要成为全校最优秀的教师；我要让孩子们喜欢我，让家长们信任我，让同行们羡慕我，让校领导赏识我。我把精力用在了自己身上，也用在了孩子们身上。白天上课，晚上用心研读教材，认真批改作业，第二天一早像发布新闻似的给孩子们讲评作业。孩子们像可爱的天使一样活泼乖巧，聪慧懂事。开学后第二周，学校领导就来听课。由于备课充分，因此上课时我不慌不忙，沉着自然地教着拼音复韵母。这是拼音字母中比较难教的部分。我每教一个韵母，都同孩子们熟悉的事物联系起来。学习内容丰富，教学方式灵活多变，使孩子们产生了浓厚的学习兴趣。生动活泼、轻松愉快的课堂吸引着全班的孩子，也吸引着前来听课的领导。课后，这位领导逢人就讲，这个年轻的老师不得了，绝对是个好苗子。第二学期，我就接到了一项光荣的任务——为全市作文教学研讨会做一节观摩课，上一年级说话课《美丽的公园》。课前我一边带领孩子们参观公园和校园，一边指导孩子们观察，看哪些地方最美，并引导他们把这些优美的景色说出来。正式上课的那一天，在前来听课的200多人面前，孩子们不慌不忙地把看到的一切用口头语言流畅地表达了出来，与会的研究员们无不为之振奋、惊讶。我感觉到台下的人投来了赞许的目光。当我走下讲台时，一路上隐约听到了他们的窃窃私语，议论着眼前这个年轻人的新鲜事，如她多才多艺，自己能画挂图；她的粉笔字不错，听说她在师范学校读书时就练过书法；她声音很好听，经常在课上给孩子们播放她自己的朗读录音。听了这些，我心里美美的。这一次小小的成功让我信心大增，似乎感到心中的梦想就要起飞了。

　　这一年，我付出的是带着激情的辛劳，孩子们用超出我想象的进步回报我。所有给我们班上课的科任教师都喜欢我们班的孩子们，夸奖他们有灵气、有素质，出公开课都愿意用他们。当时学校的一位颇有名气的音乐教师决定在我们班进行乐器进课堂实验，实验的效果让他欣喜不已。仅仅一年，我们班就获得了多项荣誉，如"红旗中队""文明路队"等。特别是孩子们突出的进步让我由衷地自豪，良好的班风初步形成。每一个孩子都热爱集体、热爱老师，每一位家长都喜不自禁。让家长们满意的不仅是他们的宝贝爱学习、有礼貌，还有一个重要原因是孩子入学前的一些不良习惯改变了。这主要得益于我在班级里开展的一项活动——"人人争做不偏食的好孩子"。

　　我们班的孩子大部分是独生子女，年轻的家长们对孩子普遍娇惯溺爱。中午孩子们都在教室里吃带的饭。我发现有的孩子不爱吃饭，也常有家长很苦恼地反映孩子挑食造成营养不良。一次座谈会上，一位家长忧虑地说："我的孩子偏食，菜不吃，水果也不吃，眼看都八岁了，可体重还不到 30 斤，孩子听老师的话，如果隋老师能帮助教育孩子不偏食，那就帮了我大忙了。"家长的话引起了我的深思，我决定开展一项特别的中队活动。经过拜师访友、精心准备，一（二）中队的"人人争做不偏食的好孩子"活动开始了。中队会上，儿科大夫高医生（我们班的学生家长）给孩子们讲了蔬菜、水果、鱼、肉、蛋等食品所含的营养成分，告诉孩子们如果长期偏食，会缺乏多种营养，不但对身体的正常发育有害，还会引起各种疾病。高医生担心孩子们记不住，又向孩子们提出了一些问题。孩子们很上心，基本上回答正确。接下来进行第二步：我让每一名孩子把中队委员会的信交给家长，家长们为此忙碌起来了，精心选购蔬菜、鱼、肉、水果等。孩子们遵照我的嘱咐细心地观察着家长怎样热情、细致地为明天这顿丰盛的午餐做准备。第二天，孩子们好容易盼到了中午，高年级友谊中队的大哥哥大姐姐为他们取来饭盒。教室黑板上"愉快的午餐"这几个引人注目的大字带着一种神秘的色彩。我的一番知心话更使孩子们笑得很甜："同学们，以前你们带的饭和菜都是自己喜欢吃的，而今天不同，每个同学带的饭和菜都是平时大家不吃或不喜欢吃的。高医生给大家讲过，要有一个健康的身体，就不能偏食。为了帮助大家改掉偏食的习惯，我们今天举行中队集体午餐。现在请大家打开自己的饭盒，把你从来不吃的饭菜高高兴兴地吃下去。"我的鼓励激发着孩子们的食欲和兴趣。每个孩子都摇晃着小脑袋大口大口地吃着。有的孩子一边吃一边站起来看看别人的饭盒，唯恐自己落后。我嘱咐大家要细嚼慢咽。我特别注意到宁宁，他正拿着一个菜包子吃得很香，旁边还放着一个苹果和一个橘子。哟！松松从来不吃鱼，但今天带了两条呢！斌斌平时不吃豆腐，这会儿却吃了那么多……一会儿工夫，孩子们就一个接一个地拿着饭盒给我看："老师，我吃完了！"岩岩告诉我，欧欧没吃完，他剩饭了。欧欧立刻说："我吃饱了，妈妈给我带了满满一饭盒，我吃不下那么多。"我笑了，对孩子们说："今天大家都是听话的好孩子，把你们平时不吃的东西都愉快地吃下去了，但是增强营养只靠一顿可不行。以后，在家里爸爸妈妈做什么饭菜，大家就吃什么，不要挑拣，自己纠正偏食的习惯。"

　　从这以后，他们变了。我也干脆不去食堂吃饭了，每天和孩子们一起吃。孩子们果然说到做到。宁宁不但什么菜都吃了，每天午饭后还能吃一个苹果或橘子。我的引导、同学的激励使宁宁不再偏食了。原来他由于身体不好，又任性，缺乏毅力，语文、数学成绩都是四十分左右。在我的表扬、家长的鼓励和集体的帮助下，他不仅改掉了偏食的毛病，还增强了上进心。后来的几次考试，他的语文、数学成绩都能达到九十分以上。这项活动的开展竟然促进了孩子们学习成绩的提高，这可真是奇迹。

欣欣的妈妈在来信中写道："原来我的孩子不吃鸡蛋。我和他爸爸两人都是医生，认为孩子吃鸡蛋过敏。开展不偏食活动后，孩子吵着要带炒鸡蛋。看到孩子的转变，我们不能不支持，可又担心万一过敏，反而对孩子不利。几个月过去了，孩子并没有任何反应，而且还喜欢吃鸡蛋了。这对我们的教育真是不浅。"

这一年，我用行动证明了我能行，我在向心中的梦想靠近。迎难而上需要勇气，知难而进需要毅力，困难会让追逐梦想的路变得崎岖，同样也会让追逐梦想的路变得有滋有味。

三、我的八六级二班

我加入的一个微信群叫"八六级二班"，这是我作为一名班主任的"封笔"之作，是我教过的最后一个班级，也是唯一一个大循环。教这个班的几年是我生命中最快乐幸福的一段记忆，也是我为师路上最闪光的一段经历。如今，班里的 46 名同学都已到中年，在工作和生活中也都有了自己的一番天地。

教师节那天晚上，群里一片沸腾。同学们热烈、激动地回忆起他们的小学时光，除了对老师的感恩、祝福外，更多的是自豪感。他们幸福地讲述着小学时班里的趣事，讲到当年我生宝宝后，同学们在班长的组织下集体给我买了一本相册，并在相册里放进了每个同学的照片作为送给我的礼物，这个珍贵的礼物我已收藏了三十年。三十年后，我也给同学们准备了一个礼物——一段当年公开课的视频。这段视频是1987 年由牡丹江电视台录制的，内容是二年级的语文课《东郭先生和狼》。同学们看到三十多年前的自己在课堂上的灵动表现，都万分惊奇，兴奋不已。那一晚的幸福感、成就感化作一股清泉在我心底缓缓流淌，令我甜蜜地回忆起这个班级的陈年往事。

图 3　八六级二班的学生回校看我

1986 年，也是我工作后的第二年，当时由黑龙江省发起的小学语文"注音识字·提前读写"改革实验轰动全国。学校领导决定在全市率先尝试这项改革实验，我被推荐作为全市的首批实验教师。于是，我重新教了一个一年级班。又是一年级二班，而这次开学时的情况与一年前的情景大相径庭。很多家长托人说情要把孩子送到我们班。这回，我是带着大家的信任和期待稳稳地上路的。开学第一天，一进校园，我猛然看到之前教过的一年级二班的孩子在哭。我走过去，问他们为什么哭。一个小女生扑到我怀里说："隋老师，他们说你不教我们了，是真的吗？"我的眼泪倏地流了下来，低声告诉他们："是真的，不过，学校安排了一位更好的老师教你们。"那一刻，我的心在隐隐作痛，仿佛是我无情地撇下了他们。我感觉对不起这群孩子，这种感觉竟然一直延续至今。那次校园里孩子们泪眼婆娑的场面驻留在我的脑海，挥之不去。我常在心里想象我一直带着他们到小学毕业的情景，至今我还能清楚地记得他们的名字和小时候的模样。后来我知道了，有一种师生关系叫作缘分，有一种师生情谊叫作牵挂。

对于这项小学语文改革实验，当时的校领导和家长内心十分忐忑，既充满期待又惴惴不安，而我却坚定不移，信心十足。我有这种感觉，是因为这项实验恰好可以最大限度地发挥我的优势，我能借助实验追逐心中的梦想。这项实验发源于黑龙江，符合儿童学习语言的规律，有利于学生听说读写能力的协调发展，并对开阔学生视野、开发学生智力具有积极作用；自 1982 年开始在省内的佳木斯市第三小学、

图4　1987年参加牡丹江市首批小学语文"注音识字·提前读写"改革实验赛课

讷河市实验小学、拜泉县育英小学试行，四年后在省内各地扩大实验，我便是此时参加实验的。我对这项实验的信心和激情来自开学前参加了省语言文字工作委员会组织的实验教师培训班。那次培训，我极其认真虔诚。虽然赶上了哈尔滨最热的几天，我却如饥似渴地听着专家的讲座，拼命地记着笔记。就在那一次，我认识了省语言文字工作委员会专家、"注音识字·提前读写"实验的发起者和元老丁义成、李楠、包全恩等。听了专家们对实验的解读及对其优势的分析，我内心涌动起一阵阵对实验教学的热情。实验虽然还处于初期阶段，但我已经初步掌握了实验的基本原理和教学方法，特别是对实验的优势——刚入学两个月的儿童就可以依靠拼音读书和写作，这样就抓住了儿童智力发展的关键期，能给儿童充分的发展机会——坚信不疑，有一种想马上尝试的冲动。对于实验教学，我准备好了；对于迎接新一届一年级的小天使们，我也准备好了。

新学期开学了，我全身心地投入到这项实验中。我既是一名实验教师，又是全市实验教师的培训者，不仅给牡丹江市的实验教师做培训讲座，还给他们上示范课、引路课。

与带第一个一年级二班相比，对于带好第二个一年级二班，我有充分的准备和足够的信心。我喜欢班级里的每一个孩子，满怀激情地迎接他们。孩子们也远远超出了我的期待，他们大多是独生子女，聪明灵动，善解人意，敢于表现，愿意和老师交流。我就像一个快乐的陀螺，领着这群孩子课上课下转个不停。

我的课堂教学彻底颠覆了传统的教学方式，摒弃了枯燥的讲解，大大激发了孩子们的学习兴趣。师生皆充满活力，多彩且灵动。课堂上孩子们可以不用举手，直接站起来发言。这样，孩子们的思维不会被阻断，可以无障碍地表达，课堂气氛异常活跃。孩子们善于动脑，大胆质疑，常常是几十个人就一个问题投入地思考和辩论。他们不仅互相辩论和评价，还经常向我发起挑战。有一次教学副校长因事推门进来，看到我满脸涨红，误以为是我生气训斥学生所致，很惊讶地问缘由。当教学副校长听到原因时，再看看班上的学生，大笑着说："你的班级简直天下无双。"

拼音教学是实验的基础和关键。所以，在新生入学后的前几周，我精心设计每一节课，对每一个孩子做耐心又巧妙的指导，注重培养孩子们的学习兴趣，注重与孩子们的生活实际巧妙结合。讲到整体认读音节"yun"时，我让孩子们走到窗前看蓝天上的朵朵白云，再让孩子们把"白云"一词中"云"的读音去掉，声调拉长声音读，就读出这个整体认读音节的读音了。孩子们特别感兴趣，纷纷试读。班级来了新桌椅，我指挥孩子们往教室里摆，有几个男孩子不按顺序摆，先往自己的座位上拖，结果弄得横七竖八。见到这一场面，我走到黑板前，用拼音写了一个词"自私"，孩子们就马上静下来了。显然，他们读懂了，明白了。我让孩子们说说这个音节词的意思，孩子们争先恐后地说："只想着自己，不为别人着想就是自私；方便了自己，不顾集体就是自私；自私的行为要改正；我们不要自私，要团结友爱，还要关心集体。"我高兴地夸孩子们聪明又懂事。以后，孩子们学习的劲头更足了兴趣更浓了。他们爱动脑，乐于应用，善于表达，还在学习中懂得了做人做事的道理。

在我不懈的努力下，实验效果显著，新生入学一个月后就能拼读文章，两个月后便可用拼音夹汉字写日记、假条、留言等小应用文了。寒假前，我大胆地给孩子们留作业："老师要回虎林过年，一个多月的假期，我会想同学们的，所以请你们每人给老师写一封信，在信里告诉老师你在假期做了哪些事情，你想和老师说些什么心里话。不会写的字用拼音代替，信封的书写可以让家长指导，一定让老师收到噢。"说完这番话，我看到了孩子们很振奋，信心十足。刚放假，我自己竟也如孩子般充满了期待。没过几天，我陆续收到了孩子们的来信。我一封一封仔细阅读，看着那用拼音夹杂着汉字书写的句子，我仿佛看到了他们丰富多彩的假期生活，看到他们和父母在公园里吃冰糖葫芦、看冰灯、滑爬犁的情景。我自豪地跟家人炫耀，刚入学几个月的孩子就能写信了，我的这群小精灵就是厉害。

我的写字教学也收到了意想不到的效果。从笔画书写开始，我试着用写毛笔字的方法教孩子们写铅笔字，要求写字有笔锋。这些小宝贝们聪明极了，竟然模仿得有模有样。我只想要一片枫叶，他们却给了我整片枫林。开始有几个孩子写得好了，紧接着大部分孩子都写得不错了。到了二年级上学期，市教研员到我们班听课，发现孩子们的铅笔字美观、漂亮、有笔锋，高兴地给我一项任务：让我们班的每个孩子都抄写一首诗送给他。他又送给领导和专家看，这些颇有威望的前辈们一一看后，个个赞不绝口。

刚上二年级，班上的很多学生就被学校挑选为解说员，没想到他们经过短期训练就能在大场合给来自全国各地的客人做小解说员、小向导员了。他们有的在校史馆、劳动基地做定点解说员，有的在校门口做流动解说员。无论面对多少客人，他们都落落大方，表达流畅，语言清晰，灵动机敏。每当听到人们夸赞这些孩子时，我就感觉像灌了蜜糖一样甜美。

这是一个让我终生难忘的班集体。在这里，我品尝到了育人的幸福和乐趣，也体验到了作为教师的价值和意义。在这里，我和孩子们激情飞扬，智慧的火花不断闪现，生命的河水奔腾流淌。看到他们的成长时，一种喜滋滋的满足感总会从我心底油然而生。但每每高兴之余，我又会在心里叮嘱自己，路还远，心要沉静，步子要稳。我要坚实地、一步一步地向我的梦想迈进，成为一名受人尊敬、让领导赏识、让同伴羡慕的好老师。

四、年轻教师的巅峰时刻

20 世纪 80 年代，从黑龙江起步的小学语文"注音识字·提前读写"改革实验轰动全国，以至于在多个省市推广。牡丹江市是实验区，立新实验小学是实验校，我便自然而然地成了实验教师。之后的六七年间，课堂成了我挥洒青春的阵地，公开课成就了我——一名年轻教师的巅峰时刻。

校级赛课，初露锋芒。上班头一年，我在全校教师面前讲了一节公开课《蚂蚁

搬食》，那是学校组织的所有主科教师参加的课堂教学大赛。在经历了学年初选之后，我如同小时候盼望开运动会一般盼望大赛的到来。比赛采取的是现场出课、现场打分、当场公布成绩的方式，我虽多次出公开课，但是当着全体教师的面上课还是第一次，特别是面对有经验的、经历过大场面的骨干教师的时候，我心里还是有些紧张。不过，我提前做了充分的准备，自制抽拉式幻灯片，还把课文中最生动的一段描写做成配音朗读录了下来，结果课堂效果特别好。当讲到"一只绿色的大苍蝇奄奄一息地躺在洞口，一只蚂蚁发现了这个美味而又庞大的食物，想搬回洞里和大家享用，但它自己根本搬不动。于是，它就急忙回去报信了。不一会儿，一群蚂蚁排成队冲过来了，他们推的推，拉的拉，七手八脚地把食物搬回了家"时，我边放朗读录音边演示自制抽拉式幻灯片，一下子就吸引了在场的所有人。孩子们瞪大眼睛看着，学习热情空前高涨。有的说前面发现食物的那只蚂蚁很聪明，有的说这群蚂蚁真团结，还有的说这个集体纪律性强。我顺势引导孩子们明白了"团结起来力量大"的道理。孩子们的热情被点燃了，思维灵动起来了，接二连三地列举生活中的事例说明课文揭示的道理，就连窗台上的君子兰排列整齐的叶片也成了他们的论据。热烈的课堂氛围感染了听课的每一位教师。最后，这节课的成绩一跃成为全校第一。我成了校园里大家津津乐道、人人欣赏的小名师。从此我底气十足，内心向往着更好的发展前景。

省级赛课，脱颖而出。1991 年秋天，省语言文字工作委员会举办全省首届小学语文"注音识字·提前读写"实验课堂教学大赛，我有幸被推荐为牡丹江市参赛选手。这个光荣的任务没有给我带来压力，因为我把它看作一次机遇，我可以和省内名师一决高低了。我选的课文是三年级的阅读课《海滨小城》。这是一篇写景的课文，写的是 20 世纪中期广东省的一座海滨城市的迷人景色。当时，我这个地道的北方丫头从未见识过南方的景致，也从未见过大海，去讲这篇课文着实有些难度。但我备课的长项是善于想象，能根据课文描写的景象在脑海中呈现出生动的画面，先把自己感动了，然后再想办法感动学生；我上课的长项是教学语言颇有感染力，把我体验到的东西也让学生体验到。正式上公开课时，我把这些方法都用上了，除此之外，还制作了以歌曲《渔家姑娘在海边》为背景的朗读录音和海边景色的幻灯片。孩子们个个激情饱满地读着、议论着，好像真的见到了遥远的海滨小城的院子里那一棵棵花正开得热闹的凤凰树和海边沙滩上静静地躺着的五颜六色的贝壳。孩子们如痴如醉的神情和琅琅的读书声，和着评委们的频频点头及听课教师们的阵阵掌声，我知道这次公开课圆满成功了。那一刻，我觉得天是蓝的，空气是甜的，阳光温暖又柔美。

国家展示，巅峰时刻。1992 年，全国小学语文"注音识字·提前读写"教学实验改革推广会在哈尔滨召开，这次大会要给与会代表上两节展示课。省语言文字工作委员会专家在那次全省大赛后向领导力荐我，最终决定再增加一节。这样，我将在这次推广会上讲一节阅读课。

图 5   1992 年全国小学语文"注音识字·提前读写"教学实验改革推广会上的展示

这回，我有压力了。因为我知道这次公开课代表的不仅是学校，不仅是牡丹江市，也不仅是黑龙江省，而是这项遍及全国的改革实验项目，要让与会领导、专家、学者们看到它的丰硕成果和独特优势。省市两级教研部门都极其重视，备课的过程不同以往。我在市里备好课后，由教学副校长和市教研员陪同去哈尔滨试讲。省语言文字工作委员会专家詹恒乙、哈尔滨市特级教师徐荣斌等亲自听我的试讲并细致地指导。我的心理压力更大了，回到牡丹江就一头雾水地走进校园。身为学段主任，一些事务性的事情也纷纷找上门来，我真的感到"压力山大"。晚上，我静下心来思考，渐渐地有了思路。这次公开课不同以往，备课有人帮，教具有人做，但要得心应手地运用就必须靠自己的理解消化了，非下一番苦功不可。我既盼望着那一天早些到来，好结束这神经紧绷的日子，又对自己的备课方案没底，害怕讲课失败。我真正体会到了"不经一番寒彻骨，怎得梅花扑鼻香"的含义。经过苦心钻研、反复斟酌，在市教研员的悉心指导下，我终于设计出了自己满意的教学方案，焦灼地盼到了激动人心的时刻。讲课的地点在哈尔滨市兆麟小学。

那一天，会场里人头攒动，举架特高的俄式建筑里挤满了记者，闪光灯不停地闪烁。我是第三位出场的教师。站在陌生的讲台上，面对不熟悉的学生，瞄了一眼台下黑压压的人群，我在几秒钟的紧张之后就自信地露出了微笑。我开始找到了感觉。这从未见过的大场面和让我第一眼就喜欢上的可爱的孩子们使我进入了冷静而又兴奋的状态。我讲的是四年级的课文《小镇的早晨》。我仿佛真的带着孩子们走进了改革开放后的江南小镇，感受到了小镇的早晨人们忙碌而又欢乐的情景。孩子们动情地读着"城市的早晨是汽车的喇叭声惊醒的，小镇的早晨是小船的摇橹声唤醒的"，硕大又色彩鲜亮的幻灯片同时再现了小镇热闹繁忙的场面。孩子们灵动又聪慧，大胆又稳重。师生和谐交流，情感交融。课堂气氛使在场的每一个听课的人都如沐春风。不知不觉中本节课的任务圆满完成了。当我宣布下课时，会场响起雷鸣般的掌声。

孩子们刚刚和我道别，就有人组织讲课的教师和与会的领导合影。这时，我才知道当时的国家教育委员会副主任何东昌、柳斌也在会场听课，还有副省长戴谟安、省教育委员会主任苏林等领导陪同。这可是我做梦都没想到的。

图 6　与时任国家教委副主任柳斌（前排中）等领导合影

中午到宾馆用餐时，来自全国各地的代表们纷纷与我攀谈，夸奖我的课，称赞我的课堂素质好。陪我来上课的市领导、市教研员个个面带笑容，鼓励、称赞声不绝于耳。虽然这么多天心灵饱受煎熬，付出了常人难以想象的辛劳，但是这种成功后的喜悦也是别人无缘体会到的。

第二年，省语言文字工作委员会举办全省第二届小学语文"注音识字·提前读写"实验课堂教学大赛，我应邀做本次大赛评委。从一名讲台上的参赛选手到与专家同台给选手打分的评委，这是我人生的一次跨越。这种跨越式的发展来自心中的梦想，来自不断强大的信心。我体验到了，自信心真的可以支撑一个人心中的梦想。

有时候，成功是穿成串、排成队的，每一次成功都为后面的发展奠定了基础。有了这次成功，才有了之后更大的机遇。记得三年级课本上有一篇很有意思的小文章，讲的是一棵小松树总想知道它后面有些什么，总是巴不得一下子长高。小的时候，它看到的是身边的小花、小草；长大后，它看到了周围的树林；再长大些后，它看到了远方的森林。渐渐地，它明白了只有长得更高才能望得更远的道理。我感到自己就像那棵积极向上、不断进取的小松树，渴望长成森林里最高的那棵树。我在自己取得小成功的同时思考一个更重要的问题——我有责任帮助我的学生成长，我要带着他们一起成长。这是我的责任，也是我作为一名年轻教师自身成长的真正意义，更是教师这个职业的光辉所在。教师要成长，学生更要成长，学生的成长才是教师最大的成功。

五、小小主任的苦与乐

六年的班主任经历，让我从青涩的"新兵"成长为享誉省市的带着光环的"明星教师"。1991年元旦刚过，我遇到了人生的一次重要机遇，准确地说是一次非常重要的选择。校领导在酝酿学校中层干部人选，我位列其中。我的恩师、市语文教研员苑雪莹老师却强烈反对，专程到校与我就道路选择的问题长谈了一次。她语重心长地说："小隋，你的素质非常适合在课堂教学上发展，将来你能成为一名非常出色的教学专家。你适合走教学专家之路，事务性的工作会让你丢了业务专长。"我理解恩师的一片苦心，但是我仔细思考之后还是决定去迎接新的挑战。

那年我26岁，由班主任升职为教导主任，主抓低年级的教育教学管理工作、全校的语文教研工作及全校教师的业务培训工作。从此，我步入了一片充满新奇、充

满理想而又特别纠结的芳草地。从年轻的班主任一跃成为学校中层干部，我感觉自己一下子站在了高处。但我很清楚，自己只是比同龄人多了一份幸运而已。在短暂地享受那份被重用、被提拔、被羡慕的光荣感、自豪感后，我立即体会到了一种危机感，由名师光环带来的强势陡然化为在新岗位上面对一切人和事时的茫然、不知所措的弱势。

前一位教导主任是一位德高望重的老主任，老主任的工作特点是雷厉风行、威严、魄力十足。而眼下站在老师们面前的这位身材娇小、年纪轻轻的小主任，何以服人呢？天生不服输的我已心有定力，我要靠业绩服人。正如体坛的郎平由明星队员到杰出教练的成功转型，业绩就是硬道理，我要以业绩赢得教师们的拥戴与信任。

我想，从一名优秀教师成长为一名优秀干部的角色转换，其实质就是把一己优势转换为一个个他者优势，继而形成团队优势。教师的业绩靠自我展现，中层干部的业绩要通过教师来展现，实力要靠行动去构建。20世纪90年代初，学校年年进新教师，一批批上进心强的年轻教师亟待成长。恰逢当时的教学改革如火如荼，赛课、亮相课的机会又多，于是我投身于各种教研活动的筹备与组织。正是在这一过程中我得以锻炼成长。我每天都忙于指导年轻教师备课、上课，特别是给出去赛课的教师导课。我从早忙到晚，倾智倾力，乐此不疲，从"运动员"变成了"教练员"。每指导一节课，我都像自己出课一样投入，用心钻研。工作期间在校统一指导，业余时间带回家个别指导。很多年轻人都到我家里研过课，这样我也可以兼顾幼小的儿子。经我指导的教师屡屡获奖，我也因此名声大振。当年每一位年轻教师出课和研课的内容、研课的场景、赛课时的激动、取得优异成绩时的喜悦，我至今仍历历在目。记得有一年我带着年轻的小G老师去佳木斯参加全省语文课堂教学赛课，她参赛的内容是拼音教学"声介合母"。她的参赛资格是在市级赛课基础上经选拔确定的，因此教学设计已经没有问题，只是板书功夫需要加强。我希望赛课教师必须展示出高水平的板书功夫。小G老师刚工作第二年，板书基本功略显稚嫩。第一次参加省级赛课，一般需要耐心指导、委婉指点，而我却严厉批评。她哪里能接受得了，干脆撂挑子不干了，收拾东西要回家。这让我始料未及，急忙真诚道歉。待她情绪缓和之后，我帮她分析书写原理和技巧。她几乎一夜没睡，我也陪着她整夜未眠。赛课那天，她现场板书水平果然比原来进步一大截。在这次赛课的总结大会上，当宣布小G老师的课获优胜奖时，我和她的手紧紧地握在一起，两人都激动

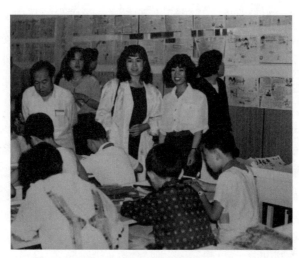

图 7　学生现场办手抄报

地眼睛湿润了。这件事之后，我一个人静下来专门做了反思，还在工作随笔中记下了感悟。指导教师除了应传授精湛的教学技艺外，还要研究教师乐于接受的方法，否则事倍功半，欲速则不达。

作为一名教导主任，不仅要指导教师，有时还要将功课直接作用于学生身上。"注音识字·提前读写"实验班的学生在听说读写上都有明显优势，我不停地组织并指导学生参加省市的手抄报、朗读、写字等各项比赛。其中，难度最大的项目要数办手抄报了。指导小学生办手抄报是比较复杂的工程。我首先给全校的语文教师做办手抄报的培训指导，教师再回班指导班级的学生办手抄报。办一张手抄报，从报名的策划、报头的比例到版块的设计，再到插图的绘制及文字的抄写，我逐一研究后，详细地讲解与指导。各班级学生尝试办的手抄报完成后，我收集上来，做统一分析和点评，从中找出合格的作为范例，再为教师做具体分析指导。下了功夫才有收获，《红领巾报》《金龙报》《小叶子报》等二十几份出自实验班孩子之手的优秀作品获得了国家级奖励，并被编入《全国小学生优秀手抄报集》。

《提前读写报》整版刊发了一组立新实验小学学生的优秀作文，从一年级到六年级各选取一篇，并且加了编者按，对立新实验小学的整体作文教学概况进行了详细分析与高度评价，给了师生与家长极大鼓舞。

随后，学生的写字、朗读、口语表达等方面也分别在各种竞赛中捷报频传，在各种现场活动中崭露头角。

做教导主任期间，我既是教练员又是战斗员。让我记忆深刻的是牡丹江市首届小学青年教师教学基本功大赛的夺魁经历。1994 年春是立新实验小学的教师一年中最忙碌的季节，因为学校承担了市运会上出大型团体操的任务。教师上课之余，每天在操场上组织学生练操。就在这时，学校接到通知，牡丹江市举办首届小学青年教师教学基本功大赛。比赛的规则是每个区（县）由三位选手组成团队参赛。立新实验小学是市直属小学，要在自己学校教师中组队参赛。学校把这项竞赛任务交给了我，我和两名男教师组成立新代表队准备参赛。我既是选手，也是教练，还兼顾练团体操。我是年轻的教导主任，领导信任我，我自然也就成了多面手。比赛那天是个星期天，我们三人组成的"青年队"走进了赛场。各参赛团队阵容强大，参赛选手是举全区（县）之力选拔上来的，还有颇具经验的教练团队；再看看我们三个，当中最大的是我 29 岁，另外两位都只有 21 岁，十足的"青葱团队"。我们的特点是自信、无畏。赛前，我们互相用眼神交流、鼓劲。比赛内容共九项，包括简笔画、朗读、讲故事、即兴演讲、毛笔字、粉笔字、钢笔字等，设团体奖三个、个人全能奖三个、单项奖每项三个。我心里暗自下决心，一定要拿到奖项，哪怕是单项奖、第三名也好。比赛开始了，首先进行的是简笔画，根据成语"守株待兔"五分钟作画。幸好我有读师范期间学画的基础，三分钟就画好了。第二项比赛是钢笔字，我从容地抄写着指定的一首古诗，监考老师巡视时走过来仔细看了片刻，小声赞叹了一句"写得真漂亮"。我顿时像充了气的皮球，信心足足的。比赛一项一项地进行着，一直到下午两点结束。然后，我们就等着评委统计分数并公布比赛成绩。我心里盘算着，第一名、第二名与我们无缘，不知会是哪支代表队斩获，我们队要是能拿个团体第三名就好了，回去好向校领导交差啊。我正在心里盘算时，郊区教育局的带队老师走了过来。当听到她神秘而又兴奋地小声告诉她的队友他们得了团体第三名时，我的希望一下子破灭了。尚存一线希望的是我们三个人每人或许都能得个单项奖。我正在心里嘀咕着，评委和领导都来到了会场，开始宣布比赛成绩。结果揭晓，立新实验小学获得了团体第一名，我获得了个人九项全能第一名，我们三个人每人还分别获得了好几个单项奖。我有点晕了，足足愣了三秒钟。用"喜出望外"这个词来形容我们几个当时的心情一点也不为过。当我们手捧着大红奖状时，每个人都美滋滋的。如果那时有手机的话，我肯定会立即给校长打电话报喜。这是一次能激励我一生的光荣经历，这次比赛的结果轰动全市，全校沸腾。

就这样，我在教导主任岗位上终于又体验到了做名师时的荣耀，再次被光环笼罩。

有人说，做干部就得吃苦在前。我从自己的成长经历中体会到，我吃的不是苦，而是人生旅途中的营养餐和加速剂。有一件事让我记忆犹新。校运动会那天，师生都在操场上观看比赛时，突然阴云密布，下起了大雨。学校紧急安排学生撤离操场。我指挥着两个年级的学生依次冒着雨向教室撤离。在学生们一个班一个班地进了楼之后，我已经完完全全变成一只落汤鸡了。记得当时，一位男班主任劝我先进楼，他替我指挥后面的班级，我婉言谢绝。北方的五月，天气还是有些寒凉，可是我哪里可以享受在前？我必须是最后一个离开操场的人。虽然身体冷得有些发抖，心里却感觉自己在风雨里威武地成了一面旗帜。

小小主任虽吃苦在先，但甜随后就到。为了心中的理想去拼，拼出来的是可喜的业绩。一批批教师在飞速成长，他们的业绩就是我成长跋涉路上的一块块奖牌。后来，我在心中暗自庆幸当初的选择。教导主任这一岗位让我从一个人实现优秀到带领团队实现优秀，这份"团优"对学校发展是贡献和推动；对自己是一股强大的力量，将我推向了新机遇。当然，也是我人生的新挑战。

六、做副职的"道"与"术"

我当了六年的教导主任之后，机遇又一次垂青于我。我被提拔为学校的副校长，那年我 32 岁。进入校领导班子的第一年，我分管德育工作，一年后又因工作需要主抓学校的教学工作。我在副校级岗位上一干就是十年。回头看这十年的历程，我一直在成长，并不断地走向成熟。我想这其中的奥秘是"道"与"术"。

也许有人会认为，"道"在于正职，把握大局和方向；"术"在于副职，只要按既定的方向与战略去执行、贯彻就好。但我认为，副职也应有"道"。如果说正职的"道"是"大道"，那么副职的"道"应是"中道"或"小道"，是在明确学校的办学方向和掌握学校发展的总体战略的基础上制定的分战略。同时，副职更要有"术"。

"术"是战术,是一种执行力,是将战略转化为战术、将愿景转化为现实的能力。一个理想的副职,既要有"术",还应明"道"、悟"道"、有"道"。"道""术"兼修,方能行稳致远。

我当年做副职时,并不懂什么"道"与"术"的原理,只是凭着一股对工作的拼劲和韧劲去做,还有一股比较爱动脑的钻劲。我刚进入校领导班子时,分管学校的德育工作,当时学校的近期目标是动员师生全力以赴创建省文明单位。围绕这一重点,我深入思考后,设计了"小学生三文明塑形行动方案",核心是引领小学生们在校做文明队员,在家做文明孩子,在社会做文明小市民。依据这三点,我设置了争做环节,大大激发了学生的积极性,以小目标吸引、激励学生形成文明素养;同时,面向全体教师做了题为《提升教师文明素养的四个关键词》的引领性讲座。在随后主抓教学工作的九年里,无论课堂教学改革,还是教师的校本研修培训,我都是思想在前、实践跟进在后。例如,为了培养学生的创新精神,我设计并实施了教与学的"双八字"方针。所谓"双八字"方针就是教师的教要遵循"全面、尊重、启迪、激励"八字要求,相对应的是学生的学要遵循"参与、主动、探索、超越"八字要求。为了有效实施校本培训,促进教师专业发展,我研究了"四级五环"校本培训模式,还研究了校本名师团队打造的有效策略。随着一项项创新性工作的不断实践,这一系列创新措施在师生成长与发展中效果突显,我自己也逐渐走上了实践与研究之路,创新性工作思路已经成了我的"惯性"思维方式。

进入21世纪,新课程改革的浪潮席卷着整个基础教育界。在新课程理念的冲击下,作为在当地颇具影响力的小学的教学副校长,我开始深入思考,酝酿着一项更大的工程——构建一种全新的、生动的、科学又有活力的校本研修文化,使教师们在文化的熏陶下由被动接受向主动参与转向,由学科型教师向复合型、综合型教师发展,让教师在浓郁的文化氛围中成长,使学校教学和教研工作步入一个新的领域和境界。然而,这一工程从哪入手,又如何推进呢?我心中的蓝图是以四种文化的构建勾勒出学校教研文化的全景。

第一种文化即梦想文化,通过构建梦想文化,在教师中形成追求卓越、拒绝平庸之风,让教师在精神上树立一种追求意识,理念上目标要高,行为上敢于超越,态度上具有理性。我们总能在不同阶段、不同层次的教师身上看到他们的关注点不一样,他们的精神状态不一样,他们的境界也不一样。但不管怎样,他们都有一种潜在的责任感、使命感。然而，仅仅这样还不够，他们还需要有一种精神力量的推动，这种精神力量的源泉或者说动力就是心中有目标——一种追求卓越的目标。如何引领教师树立远大理想，形成人人有追求、人人敢超越、人人有自信的风气呢？学校要为教师的发展搭建平台，营造追求理想的氛围。隔周一次的政治、业务理论讲座是学校领导对教师进行理想教育的主阵地。精心准备、脱离教科书般的说教，寓教育于活动之中，是每次讲座的特色之一。张校长抓住赴日本、美国、加拿大考察的契机，向教师做专题报告，不仅谈自己的异国见闻，而且结合自己的理性思考来谈发达国家教育的发展，使教师们大开眼界，真正做到了资源共享。我也面向教师做了题为《拒绝平庸，追求卓越》的讲座，西点军校的例子和"青蛙和沸水"等故事使教师们一次次受到心灵的震撼。如果说校领导的讲座激起了教师们心中的热情，那么我们相继开展的"走向名师"系列活动则为教师们树立了一个个榜样。所谓系列活动，即举办一次名师精品朗诵会，着眼于了解名师，崇尚名师；举办一次解读名师座谈会，着眼于了解名师风格；举办一次名师行踪发布会，着眼于了解名师近期活动信息。在名师精品朗诵会中，教师们模仿央视《子午书简》主持人的样子，在暖暖的灯光里伴着舒缓的音乐读着名师的成长经历，在感动着其他教师的同时也深深地感动着自己。斯霞、霍懋征、于漪、钱梦龙、李吉林、魏书生、窦桂梅的事迹在教师们的脑海中留下了深深的印记，激荡起教师们心中的梦想。在学校两年一次的首席教师评选活动中，一批批名优教师脱颖而出。学校以学段为单位举办了首席教师访谈活动，通过对话的形式解读他们的教学风格，宣传他们投身教科研的精神。在这种不断的学习与感悟中，学校打造出了属于自己的"名师品牌"，为教师的发展创造了机遇，促进了青年教师标高超越。学校配置了校园内的网络教学设施，不但各科室配齐了电脑，而且部分班级配备了电脑、液晶投影仪、电子大屏幕等现代化多媒体设备。教师不仅可以借助网络点击新闻、查找资料，而且可以通过网络与外界交流。他们自己建起了"立新群网"。由此我们萌生了建立"教研群网"的念头。由"电脑通"做网管，由教学副校长做坛主，我们开辟了一个"教研天地"群网，吸纳了45位校级骨干教师，还建立了自己的网站，开辟了"网络论坛"空间。网速更快了，发帖更便捷了，教师们参与的热情也更高了。当年的网上活跃分子都成了几个重要版块的版主。在这个网络空间里，教师们心灵放松，呼吸自如。这里没有长官意识、尊卑之分，有的是感情上的交流、思想上的沟通、业务上的探讨。教师们都喜欢上了"教研天地"。网络教研真正成了校本教研的重要途径之一，也成了青年教师放飞理想的平台。

第二种文化即书香文化，通过构建书香文化，在教师中树立乐书、善读、勤学之风，使教师在精神上树立一种发掘意识，理念上立足于"博"，态度上崇尚慎思。如果说教育对于教师是一种客观要求和责任，那么学习对于教师则是一种主观需要。教师只有对学习充满兴趣，有一种内在的渴求，才会成为一名学习型教师。多读书——陶冶情操，提高素养，举办读书沙龙。新课标指出：好的教师是学生可信任的人，是拥有专业力量的、值得尊重的人。这种教师权威不是外部强加的，而是内在养成的；不是靠制度力量确立的，而是通过教师的教学风格树立起来的。这种内在养成的重要途径之一就是多读书。为了引领广大教师亲近书籍，亲近文化，大力倡导读书风气，我们开展了别开生面的读书沙龙活动。记得那次活动的主题是"感动心灵、感悟人生"，大屏幕上打出了主题，两边是一副大红对联——"茶亦醉人何必酒，书能香我无须花"。活动共分三个版块：谈作品，说人物，感悟人生。每个人都被鼓舞着、感动着。读书沙龙活动只是教师读书系列活动中的一个片段，读书活动得到了教师们的积极响应，读书已经成了许多教师的一种习惯。多习作——感怀人生，笔耕不辍，创办立新校刊。为了把读书活动搞活，把书读活、用活，中秋节我们举办教师征文大赛；春节期间我们又以"春节畅想"为主题开展教师作文大赛，对于优秀作品还要进行交流。杨春霞老师的散文《你在天堂还好吗》让人读起来潸然泪下；桑玉敏老师的《内心独语》婉约清丽，厚积薄发。许多平常的小事，许多生活中的点滴感触，都能激发出教师们创作的火花。不久，由教师自己编辑、设计的立新校刊《绿溪》问世了。它以时尚的设计、灵活的版式及一个个熟悉的名字、一篇篇生动的文章，成了教师们的最爱，成了学校馈赠来宾的首选，成了立新实验小学的又一张名片。多交流——海纳百川，拓宽视野，文化名人进校园。我们请来了牡丹江市文化界名人——肖广森。肖先生是从教师行列里走出的学者、原市委宣传部部长，他从一个学者的角度、一个曾经的领导者的层面解读当今社会林林总总的文化现象，可谓"居高声自远"；傅伯庚，著名的书法家、画家，他以文化人的视角解读和诠释文化现象，风趣中不乏睿智，幽默中蕴含哲理；付军凯，国家一级编剧，他让教师们领略了一个剧作家敏锐的感知和独特的视角。教师们在开阔了眼界的同时，更经受了文化精神的洗礼。在立新实验小学，书籍已不再是教师们书架和办公桌上的饰物；读书也已不是个别现象，它已融入教师们的生活。有好书，大家互相传阅；有作品发表，大家争相品读；有文章面世，发到网上来个"华山论剑"。书香校园的形成不仅带来了气质上的儒雅、精神上的充实，也带来了行动上的超越。

第三种文化即绿茵文化，通过构建绿茵文化，营造一种和谐、民主、生动、活泼的课堂之风，使教师在精神上树立一种培养意识，理念上重在"笃"字，行为上善于导学，态度上一贯专注。我认为，要想深入研究课堂教学，首先要弄清两个问题：一是教育的终极目标是什么，是让人活得更美好、更有意义、更有价值、更加幸福；二是教育的任务是什么，是让人变得更聪明。基于这种认识，学校课堂教学改革的基本思路是构建有利于学生主动、生动发展的智趣课堂。"智"即智慧、潜能，就是让课堂教学能够充分开发学生的智慧和潜能，让学生变得更聪明；"趣"即心趣、情趣、乐趣、雅趣，就是要通过课堂教学唤起学生学习的热情、求知的渴望及对学科的兴趣和对生命的热爱。围绕构建智趣课堂，我们开展了两个系列的小主题教研活动。其一是个性化小主题教研，首先解读林冬英的课堂教学风格。林冬英是国家级骨干教师，她诙谐风趣、轻松自然又妙语连珠的教学风格是青年教师学习的榜样。我们以组织教师听课、评课、研讨、反思等多种形式，对林老师的个人风格加以研究和解读，达到资源共享。在此基础上，我们结合高段男教师多的特点，在高段中开展了男教师课堂教学风格的小主题教研活动。虽说教学风格不以性别来划分，但总体上来说男教师和女教师的确在语言色彩、教学组织、教学机智上都有所不同。和女教师相比，男教师更具有干练、果断、大气、幽默的特点。研究普遍认为，如果男教师能在课堂上具备以上特点，再加上严谨的作风、强烈的责任感和应有的细心和耐心，就会赢得学生的喜欢与敬佩。其二是具有普遍性的、人人参与的小主题教研活动。我们分别进行了"构建激情课堂""关注学生，恰当点拨""尝试双语教学"等小主题教研活动，呈现出"千树万树梨花开"的景象。每次活动都突出一个重点，集中解决一个问题，通过共同研讨获取一个趋同的结论，具有一定的实效性，深受教师们的认同。为使三级教研形成合力，调动教师的教研热情，学校还开展了以互助互学为主旨的"五个一"工程，即每位教师在每一个学年度最少要出一节公开课，组织策划一次学年或学科教研活动，在集体备课活动中做一次主备人，写一篇高质量的教育随笔或教育案例，写一篇论文。如果说"五个一"工程的开展是普及性活动的话，那么"新芽杯"赛课就是拔高的过程。"新芽杯"赛课是立新实验小学自 20 世纪 90 年代初至今一直坚持的传统教学活动之一，已成为立新实验小学教师互相交流和学习的平台、展示自己的舞台、一试高下的演武场。每次赛课都是从学年开始，经过学年、学段的层层选拔，进入全校性的决赛。每次赛课都成了教师们课堂教学的盛大节日，也是年轻教师走向成功的"星光大道"。

图 8   和教师讨论教研主题

　　第四种文化即微尘文化，通过构建微尘文化，在教师中形成一种勤察、勤思、勤记、勤研之风，让教师在精神上树立一种反思意识，理念上重在"细"字，行为上常剖析、评判自己，态度上常自我反思。有位哲人这样说过："人的真正的生命是人的思想。"教师首先应成为有思想的人。我理解的有思想的教师就是有一种信仰，有一种理念，有一种境界，有一种善察、善思、善研的能力和习惯的教师。当一节课、一次教研活动、一学期的教学活动结束时，一般的教师可能在心里画上了句号，而有思想的教师却在心里画上了破折号，他们还将继续在心中延伸思索、诠释、质疑、反思和分析，体验、感悟成功或失败，为今后的再次实践奠定基础。这样的教师会在平凡的工作中品味幸福，享受幸福，有一种"聚天下英才而教育之"的自豪感和幸福感；这样的教师会以坚韧不拔的恒心去承受寂寞，而内心却乐此不疲。做有思想的教师，从实践层面来看，还需要养成反思的习惯。反思是优秀教师成长的共性特征，反思与实践的结合对教师教学机智的提升具有不可估量的作用。学校实施了旨在促进教师向专业化发展的"零教案"改革。"零教案"改革就是不用书写文本教案，而是在书中勾画、标记备课的思路、要点。这样减少了教师原来为书写教案而耗费的时间，从而让教师把大量的精力用来研讨教材、书籍和与教学内容相关的资料，有更多时间反省教育教学中的得失成败。为了使反思成为一种习惯、一种规范、一种制度，我们设计了"三本"，即学习笔记本、教育随笔本、教后记本。教师们没有了以往应付教案的无奈，取而代之的是在"三本"上记录和抒发教学实践中的快乐与烦恼、感悟与体验。我每次翻看教师们用心书写的"三本"时，常常被他们真实又充满情意和渗透教育智慧的文章打动。

至此，一种充满活力、奋发向上、自主创新的教研文化在教师们中形成。

在做副职的"术"上，我也有自己的理解和实践。我认为，做副职要精于"术"，以"术"得道。"术"是行动与落实，可以概括为三个字：勤、实、真。勤，即深入跟进，走下去。每日最少巡视三遍成为我必做的功课，其显性效果就是我"看到了"。看到了教师的工作状态、工作方式，抓住了其闪光点，同时也及时发现了问题与瑕疵。你看到了教师，教师也看到了你。有时走下去，不用"看"，只需做，就会给教师一种心理暗示——领导和我们在一起。我几乎每天中午都要在楼道里走一遍，经过教室门口时看到许多班主任都没休息，而是在辅导学生或批改作业。我走进去简短问候几句就够了，甚至不用走进去，只需在门口会意地点一下头。有一次中午巡视时，我走到一个班级，发现很多同学都在专心地捧着课外书很有兴趣地读着。不一会儿，上课铃声响了，同学们一个接一个把手里的书放回窗台上的小书架里。这不正是我一贯倡导的书香班级的好典型吗？我及时在教师大会上描述了这一真实场景，肯定了这位班主任的做法，也激励了更多的教师行动起来。走下去不仅是一种发现，也是一种看望。还有一次中午巡视时，我看到一位教师的桌上放着一份体检单，甲功七项中每一项指标都有问题，有的指标超出参考值十几倍甚至几十倍。看着这位教师瘦弱的身体，我与她交流了一个中午。其实教师并无更多的要求，只需要校领导的理解，前提是我要走下去并且看到。实，即务实、扎实。做副职要沉下去，对布置的工作任务要落实。沉下去，就不能蜻蜓点水，而要一抓到底。一件一件地抓，不出成绩不放手，直到抓出实效。立新实验小学学生的写字水平、办手抄报能力及口头表达能力就是这样抓出来的。真，即较真。我在管理上的信条是"义不行贾，慈不带兵"，做事较真，决不敷衍，不模棱两可，不做老好人。在业务上，我对自我的要求与对教师的要求一样。我常说的一个词是标高超越，要么不做，要么做到最好。

做副职的这十年，我的真实状态就是持续地学习与奋斗，思想与行动不断交错。等到自己当了十多年的校长之后，再来总结与提炼做副职的这段经历时，我觉得最重要的便是"道"与"术"。

七、最后一任校长

一晃在立新实验小学做副校长十个年头了。2006年深秋的一天，市教育局组织部领导专程到校对我进行组织考核。大家对这件事窃窃私语，议论纷纷，猜测这是上级要提拔我的前奏。可是，市教育局直属小学一共三所，校长都当得好好的，并无空位。因此，连我自己都迷惑不解。

一周之后，有了答案，结果出乎意料。原来，上级派我去一所区属小学——北山小学任校长。北山小学是爱民区的一所学校，因其毗邻的牡丹江师范学校要升级为省专科学校，需要教育资源整合调配，市政府决定将北山小学校舍划归牡丹江师范学院。北山小学已停止招生，逐渐过渡。待现有的学生陆续毕业之后，学校将解散，教师将分流到其他小学。此时学校只剩五个年级，加之一大批学生转学，一批教师调转或被借调到区里，学生由1300多人减至800多人，教师只剩60多人。

局长语重心长地说："这里的学生和老师都需要一个好校长，你的任务就是确保平安，平稳过渡。"面对这所没有前景的学校，我的确心有彷徨。艰巨的任务与挑战已然在眼前，加上内心对自己原生单位的眷恋，我感觉从心底泛起一阵阵怅然若失的忧伤。

整整想了两天，我毅然决定迎接挑战，接受新任务。我想，学生的小学阶段只此一回，不可重来，学校的变迁不应影响到学生的健康成长，他们理应受到好的教育；这里的教师也应该是向前向上发展的。虽然面临着办学经费、安全工作、教师的思想稳定等诸多问题，但有上级部门的支持和关注，我仍有信心。在短短的时间内，我做了三件事。

第一件事：分析校情，准确定位。在校长室里，几位班子成员围坐在一起分析学校现状。既然大局已定，而且还有留下来的几个年级的学生和一批教师，那我们就更应面对现实。依据校情，我们急需做的是稳定队伍，凝聚人心，激发热情，确保安全。我认为，我们的办学理念应定位于"对现有的学生负责，为教师的发展服务"。让所有在校学生享受应有的教育，让留下来的教师享受成长的快乐，班子成员对此十分赞成。

第二件事：师校兼顾，设计愿景。理念已经确定，但不能是校领导的一厢情愿。那么，如何让这一理念为教师所认同并成为全体员工的共识？教师们又有哪些愿望和思考呢？我想了一个办法：请全校教师每人给我写一封信，可以向我说说心里话，可以帮我出主意，可以提出办学的意见或建议，也可以提出个人的愿望与想法。有话则长，无话则短，但要求每人都要写，并直接交给我。第二天上班，我接到了几乎所有教师的信，教师们的智慧、责任感与心底的热情都超乎我的想象。从信中，我看到了教师们对学校深层问题的思考与真实想法，也感受到了教师们对我寄予的热望。一位教师在信中说："您的当务之急就是要在人心涣散处凝聚人心，在失去热情的队伍中焕发热情。"我似乎感到了一种强大的支持力量。教师们有这种渴望和信任，我心里有底了。紧接着，我连续三次面向全体教师做激情演讲，传达了市教育局对北山小学的关心与支持，包括对教师个人利益相关问题的解决途径；分析了学校的现状与困难，鲜明地表明了校领导的工作定位与决心；更设身处地地站在教师立场上，分析教师所处的环境与个人发展前景。与其坐等分流，被动地等待着学校解散，不如主动地、有效地利用好这一段独有的时空资源，强素质，练内功，为下一步做好充足的准备。随着学生数量的不断减少，教师的工作量随之减轻。学校会帮助教师加大校本培训的力度，将自身办成教师素质提升的练兵场、训练营。教师们一下子被激活了，有了信心和动力。至此，北山小学的教师目标一致，愿景明晰，立足于当下，着眼于明天。学校为教师的发展服务，教师对学生的成长负责。大家都坚信，在未来的几年中，北山小学将以独特的生存状态释放生命的活力，北山人将以行动为明天奠基。

第三件事：依据理念，策划思路。"对现有的学生负责，为教师的发展服务"的办学理念已定，工作的重心就定位在了对学生的教育和对教师的培养两个方面，主要集中于人的精神的铸造与内涵的丰富上。有了这个支点，走文化立校之路就有了可能。于是，经过论证，我们确定了工作思路——立足校本，以师生素质提高为切入点，走文化立校之路，倾力构建以美为核心的学校文化，把学校办成师生共同发展的家园与乐园。其实，我是在这里迁移并升级在立新实验小学做副职时实施的教研文化，依然是四种文化，但内涵与外延不同。内涵指向美育，外延由原本的教学领域拓展到学校全方位、多领域的工作。

其一，构建梦想文化，追求理想之美。梦想文化突出的是人对理想的追求，是一种信念、一股动力、一份永不放弃的执着。在实践中，我着重从以下三个层面入手。

在中层干部层面上，改革与实践并进，帮助他们实现名优管理者的梦想。针对主任多、岗位少、人浮于事的局面，我实施了一项改革，即中层干部岗位实践制。每月一轮换、一考核，每人实践一个月。实践期间制订方案，组织实施，监督检查，月末总结。学期末，教师对主任民主评议。不在实践期间的主任进行自我学习。工作中，主任最大限度地发挥了自主创新能力，得到了充分的锻炼，客观上促进了工作能力和个人管理水平的提升。下半学年，我采取了定岗定责制，要求主任边实践边写体验日记。为了对主任进行直观引领，我还安排了一次校级领导给主任讲述自己的成长故事的活动。几位副校长动情的讲述、理性的思考，让年轻的主任钦佩和感动。为了提升中层干部的思想素质和管理水平，每周五中心理论组都会进行"如何做干部"主题系列研究活动。"干事与共事""局部与整体""权利与责任""学习与实践"等主题的确定，既贴近工作实际，又能引发深层思考。中层干部正是在这种有意识的学习与实践中历练成长，向理想境界迈进的。

图 9　为北山小学教师做讲座

在教师层面上，构建培训平台，帮助他们实现名师梦想。通过树名师之志，激励教师寻找名师，了解名师，树立远大理想；组织开展"名师精品朗诵会""名师行踪发布会"等活动，吸引教师关注名师；通过走名师之路，引导教师研究名师教学风格和成长成名的方法、途径，以此促进自己立足现实，加速发展。梦想只有与行动相结合，才能创造出丰硕成果。2006年寒假，我给教师留了一份有创意的寒假作业：读书——读一本励志的成功人士的传记；上网——查找自己崇拜的名师的相关资料，研究其教学风格；看电视——看央视《百家讲坛》和《子午书简》两个栏目，主要学习名家解读经典及节目的表现方式。2007年2月1日，《牡丹江日报》以《教师也有寒假作业》为题报道了此事。我们通过创名师之业，帮助教师成就梦想，鼓励教师靠勤奋与智慧积累业绩，形成风格。我们借鉴企业的理念，践行"你有多大的本事，我就给你创建多大的舞台"，曾专门为一名音乐教师举办了一次较有规模的"电脑音乐制作"展示会，并邀请上级领导和媒体参加，以扩大其知名度，极大地提升了他的自信。

在学生层面上，拟定了新的"校园美少年"评选细则。通过评选校园美少年，实现校园小明星的梦想，一改原来的期末评优方式，使学生间形成了一股人人争先的力量。

其二，构建书香文化，追求学养之美。书香文化倡导的是让读书成为习惯，让学习美化人生，让喜读善思之风浸染校园。让书香浸润校园不仅可以丰富校园文化，还在潜移默化中抚平了北山小学师生焦躁的心理。学校大力倡导"让读书成为习惯，让学习美化人生"的理念，师生中形成了乐书、勤学、善思之风。教师行动起来了，营造了文化氛围，构建了富有书香气息的文化走廊、文化科室。学校给每位教师买了一个小书架，购买、订阅了一大批书籍、杂志。楼道挂满了教师的书法作品，办公室设计了以读书为内容的黑板报。我们还确定了读书交流时间，每周三下午雷打不动的"每周开讲"栏目由专人组织，教师都有机会到前面读、演或讲，内容是"名著新看点"和"时事追踪"。"名著新看点"是以重温四大名著为契机，从自身的视角新解名著里的人与事；"时事追踪"是追踪国内外及教育热点话题，发表评论，如"节能减排畅想2008"，使教师通古博今，关心国事，积淀底蕴，学会思考。学校行动起来了，给每位教师印制了"三本"，即读书笔记本、教学反思本、教育随笔本，以促进教师读书、研究、思考。学生行动起来了，开展了建书香班级系列活动，

"图书漂流""文化墙"克服了硬件上的不足，利用了现有的资源，让书籍从家庭到班级再到每一名学生手中，赋予了图书生命。读书成果又以"文化墙"的形式展示出来，形成了自成一体的书香班级建设风格。我们还确定了"晨读午说"时间，晨读十分钟，吟诵古典诗词；午说十分钟，说自己的理想。先后组织了"读《论语》，温国学""吟诗诵词，做少年君子"等全校性竞赛活动。楼道里、操场上，充满了琅琅的读书声。

其三，构建绿茵文化，追求生动之美。绿茵文化鼓励教师释放激情，在工作上呈现一种积极向上，充满活力的状态，如茵茵绿草般生机盎然。有活力的集体才会拥有力量，有朝气的团队才敢直面困难。北山小学原本是一所有办学特色、丰厚底蕴的品牌学校，可是在经历变革的特殊时期后，各种办学资源都发生了客观变化，包括诸多的不确定因素、未知数。教师们心里有压力，工作热情、信念都有所变化。绿茵文化的构建唤起了北山小学教师蓬勃向上的朝气和执着进取的锐气。

图 10　运动会上与北山小学班子在一起

我带领班子成员富有激情、乐观、自信地工作。校领导的这种积极向上的工作态度，再加上上级部门对北山小学的支持与信任，自然而然地感染着教师们，也自然而然地引领着他们进入心灵的阳光地带。由于调走的和借调的教师较多，教师原本极强的艺体实力如今已大不如前。但我发现，大家参与各种活动的热情很高。学校借此大力倡导教师健身娱乐活动，每月一次的工会活动雷打不动。学校借来乒乓球台，利用空教室建成两个乒乓球活动室，我带头每日必练。对于教育局工会组织的爬山比赛、排球比赛，虽然人员捉襟见肘，但我们积极参加。班子除我外，所有人都上阵，爬山比赛竟然取得了名次。成绩不是最重要的，我们要的是一种精神——团结、向上、敢拼的团队精神。全市小学生运动会上，学校在没有运动员的情况下仍组织体育教师参加了两个团体项目：定点投球和二十人二十一足。结果还都取得了好成绩，这让师生激奋不已。我感到良好的对外宣传不仅可以外树形象，而且可以内提自信。我们有效利用网络平台，加大了对外宣传力度。牡丹江教育网的主页上几乎每天都有关于北山小学各项活动的信息。全年统计有百余条，所有的信息都围绕着四种文化构建这一主线。敢于将自己展示出来，推出自己，迎接挑战，在竞争中赢得自我，塑造个性，这正是绿茵文化的真谛。

其四，构建微尘文化，追求行为之美。微尘文化突出的是脚踏实地的工作态度，是不断反思、力求完善、讲求奉献、不计得失的境界。其含义是如一粒尘埃，细小却实实在在，平凡却扎扎实实，日积月累，厚积薄发。我们把重点放在打造学习型班子、创建学习型团队上，结合教师培训，利用"三本"，以干部为先锋，掀起学习之风；开办了中心理论组学习班，恢复了党支部学习制度和中层以上干部例会制度。在多种学习与培训中，我特别注重班子的引领作用，专门找时间由班子成员与大家交流学习经验及方法。两位年轻的副校长讲述学习在成长中的作用，我把自己撰写的《做好校领导的八多八少》《人格是种生命力》等文章呈现给大家。这些活动成了开启智慧之门的钥匙，激发了干部成员的深入思考。干部成员形成了学习—思考—实践的良性循环，踏实勤勉，一步一个脚印地开展工作，为我们带来了自信与充实。

安全工作被放在了头等重要的位置，可以说是重于泰山。上级领导的嘱托和学校的现实状况让我们丝毫不敢懈怠，一系列的教育和管理措施确保了和谐、安宁的校园环境。虽然北山小学与师范学校间的围墙已被拆除了，但课间没有一个学生到师范学校去玩耍。教师们时时关注校园设施，发现问题就主动汇报，并亲自动手修复。校园上下形成了人人讲安全、处处都安全的良好氛围。

学校教育教学常规秩序井然，家长们十分满意。在座谈会上，他们说，原本想给孩子转学，但看到学校稳定、教师负责、孩子高兴，也就不想转学了。

如果说梦想文化是一种愿景，书香文化是一种积淀，微尘文化是一种态度，绿茵文化是一种景观，那么四种文化建设就是学校工作的全部线索。两年中，北山小学就是沿着这一思路，加上市教育局领导的强力支持，使得学校人心稳定，各项工作步入正轨，部分工作还有所突破。

2008 年，在第二十四期全国小学骨干校长高级研修班上，我介绍了北山小学的文化建设与实践成果，引起了学员们的高度认可与关注。记得江苏省一位资深校长这样评价北山小学：从"悲壮"到"雄壮"，从"低起点"到"高瞩目"。以致多年后再次相逢时，他们仍记得我当年那段独特的办学经历。那年暑假，我通过公开比选回到了立新实验小学任校长。2009 年春，市教育局平稳地将北山小学余下的学生分流到爱民区其他学校，教师也被平稳地分流到三所市直小学。其中，有 20 名教师被分流到了立新实验小学，又与我成为同事。

回望在北山小学这两年的经历，很叹服北山人（包括自己在内）的坚毅、勇气和自信，并且特别感激那些教师及与我搭班子的校领导，在那所注定要"黄"的学校还能支持我，同我一起那么努力地去工作、学习。每当想起这段往事，心中满是感激！

八、回校赶考

一所特殊的学校，一段独特的时光。一晃做了两年的校长，我和北山小学的教师们一样，在学校一切安好的平稳中过渡，在远离迎来送往的喧嚣的环境中成长，在自我加压的跋涉中积蓄力量。也许这段时间在别人眼中是无奈又荒凉的岁月，但我们这群"当事人"的内心却在自由快乐地吟唱一曲教育原野上余韵悠长的田园牧歌。

不想，在静好的岁月中我又迎来了重大机遇。2008 年 7 月初的一天，我不经意间在牡丹江教育网上发现一则通告，市教育局在全市公开比选六所中小学的校长，立新实验小学也名列其中。这一消息让我喜出望外，毫不犹豫地报了名，准备参加比选。因为立新实验小学是我梦想开始的地方，我从二十岁师范毕业就在这里奋斗。这不仅是一次机遇，也是一次检阅和挑战。我如果能抓住这次机遇，就能再回到熟悉的校园，再回到那个优秀的集体。想到这里，希望就像一股热流在周身沸腾起来。

然而，比选规则让我对这场竞赛既充满期待，又不敢"起脚射门"。按比选方

图11　2008年的我和教师

案，经过资格审核及初选后，每校确定两个人进入最后一关。赛前分析，喜忧参半。竞选者现场述职演讲，现场答辩；评委现场投票，现场公布结果。我很有信心。然而从现场评判主体看，我又觉得自己不占优势。按规定，现场投票人由三部分组成：市教育局领导占百分之四十，特邀社会各界代表占百分之十，立新实验小学教职工占百分之五十。前两部分就看现场发挥了，对于第三部分我感到最不占优势。我的担忧源自毕竟离开立新实验小学两年了，"人走茶凉"是自然规律。但转念一想，这是多么难得的机遇啊，即便不成，我也是赢家。因为从当教师那天至今，我一直在努力，从未停止脚步，从未放弃梦想，一直保持着那份"没有比人高的山，没有比脚长的路"的信心和豪迈，也曾有过"坐观垂钓者，徒有羡鱼情"的怅惘。而今，机遇就在眼前，我还是坚信"天道酬勤"。所以，我把这次比选当作对自己这几十年坚持与努力的一次成果测试和一次个人素质亮相的机会。能在这么多领导、教师和当地各界权威人士面前亮出自己的真本事和业绩，也不枉在教育界走一回。这样的心态使我在会场表现得特别从容和自信，仿佛奔赴一场大考，又仿佛在出一节规模盛大的公开课。

那天早上，我提前半小时来到会场。参会的还没有到场，只有工作人员在忙着做各项准备。会场布置得庄严肃穆，这是全市教育系统公开比选的第一场角逐。比选历时一天，将选出六所学校的校长。

首先出场的就是比选立新实验小学校长的两位选手。我在工作人员的引领下从侧门进入会场，一百多人的会场静得连一根针掉到地上的声音都能听清楚，气氛十分紧张。我站在演讲席上，内心异常镇静。在大家的注视中，我开始了演讲。五分钟演讲内容是提前准备好的，我完全脱稿，坚定又自信。演讲的同时，我的目光勇敢而平静地扫视着台下的听众。我看到了前排的局领导和特邀代表们，看到了坐在他们后面的立新实验小学的教师们。整整两年不见，我又看到了一张张熟悉的脸。

我简述了自己的从教经历和参加此次比选的理由，向大家坦诚又动情地陈述自己心底最强烈的感受，那就是自信和憧憬。自信是因为我具备三大优势：在资源优势上，谈了自己在立新实验小学二十一年，熟悉立新实验小学的各项资源；在能力优势上，谈了自己的业务能力、创新能力及领导能力；在资历优势上，谈了自己的工作经历、在北山小学的历练和在社会上的兼职及影响。这三大优势让我对走上立新实验小学校长岗位充满信心。

我话锋一转，接着说第二种感受——憧憬。我描述了立新实验小学的愿景，借以谈出自己的工作目标、策略。

演讲结尾是一种心灵呼唤："两年前，走出立新，我带走的是一份依恋和自信；此刻置身于立新，我体验的是一种期待和信任。假如把立新交给了我，请大家相信，我一定会全力以赴，与你们同舟共济，让每一名师生都成为更加值得骄傲的立新人。"从大家的目光中，我感到自己的演讲成功了。

当结束演讲和答辩走下台时，我如释重负。我对自己的表现十分满意，但全场的评委们如何评价，就不得而知了。坐在会场后面焦灼地等待时，很多教师回头微笑着用眼神向我打招呼。结果很快就公布了，我赢得了比选，领导当场宣读了校长任命书。

上午八点半，正是人们上班的时间，新一任立新实验小学的校长已经产生。消息的传递是神速的，在多少人心里产生多大反响，不得而知。这毕竟是在当地备受关注的学校，我只感觉到手机不停地振动。回家的路上，我在脑海里回顾着刚才的经历的全过程，回味着一路走来的酸甜苦辣，眼前的胜出竟恍如梦中。

我真切地感到我是幸运的，幸运地遇上这次好机会。幸运的另一头便是感恩：感恩领导创设了这样公开比选的好机会，感恩立新人和各级评委给我投了支持、信任的一票，当然也感恩自己一直持续努力。

幸运，感恩，继续努力，为学校的发展和师生的成长竭尽全力！我要兑现自己比选时的诺言：让每一名师生都成为更加值得骄傲的立新人。

九、百年老校的新校长

公开比选一锤定音，我成了举"市"瞩目的百年老校的新校长。欲戴王冠，必承其重。当这副担子真实地落在肩上时，我才真正地体会到它的分量。我反复思考着面临的重任。立新实验小学是一所高起点学校，是历任知名校长和一批批优秀教师倾力倾智构筑的学校。学校的发展和个人的发展一样到了高原期。要想再向前迈进一步，在新时期独领风骚，再创佳绩，对于校长来说是极大的挑战。作为新一任立新实验小学的校长，我该如何规划学校的未来，如何展示教师的群体智慧和勇气，如何超越和完善自我？我陷入了思考。

公示期间我几乎无暇回复祝贺的短信，对新岗位的思虑覆盖了比选成功的喜悦。2008年8月1日那天，市教育局党委书记亲自送我到校与学校领导班子见面。依然是熟悉的校园和熟悉的人，但面对的却是陌生的岗位和全新的角色。当时正值暑期校园维修改造，踏着破损待建的地面走进二楼小会议室时，我的心情也如脚下的水泥、沙土和堆砌的砖石一样杂乱无章。

领导的嘱托和信任是一种由鞭策激励而升起的力量，内心的坚毅和使命感是面对挑战的动力来源。从此刻起，我就是立新实验小学的领头人了。我必须成为那个运筹帷幄的舵手，让立新实验小学这艘大船在新的起点上扬帆远航。

那么，我将从哪里入手呢？老子说："有道无术，术尚可求也。有术无道，止于术。"道是关键，首先要定准道，立新实验小学这艘大船方可破冰起航。这个道是道路、方向。办什么样的学校、育什么样的人是办学治校最根本的问题，也是核心的问题。悟道定向要从研究"家谱"开始。

我仔细地、全方位地重新审视这所学校。翻开《牡丹江市志》，立新实验小学诞生、发展壮大的脉络清晰可见；走进立新校史馆，在发黄的老照片中，更能品味到漫漫百年立新人一路走来的艰苦卓绝。回顾自己师范毕业就从这里起步，一路走来，经历了五任校长，也经历了从班主任到教导主任再到副校长、校长的成长历程，对于学校的认识从而逐渐明晰起来，相伴而生的是对这所百年老校的敬畏感、自豪感与使命感。敬畏它有着悠久的办学史，自豪它有着厚重的文化底蕴和鲜明的办学特色。伴随着敬畏感与自豪感而生成的便是神圣的使命感。从"家谱"看，我是立新实验小学第三十四任校长，接力棒在我手中，我感到无比神圣。我必须要在我这一棒跑出一个好成绩。

规划学校的发展蓝图，既要立足学校，又要有开阔的视野，了解和把握当下的国情世情。在对学校的发展历史、办学优势、发展前景和时代需求进行了综合分析和深入探究之后，我把学校定位在传承与发展上。"传承"的是立新实验小学的高起点，"发展"就是在原有的高起点上再思考、提升与创新。通过多角度分析，我心里有了定力，决定把寻找学校文化根基作为未来发展的"支点"，从而回答办什么样的学校、育什么样的人的问题。

面对一所普通的、薄弱的学校，我想的是如何改造它；面对一所名校，我想的是如何继承它、发扬它。对于立新实验小学未来的发展，我必须努力地去总结、研究，提取其精粹，并将其作为下一步工作的起点和基础。这个过程正是文化传承的过程，为实施"文化立校"策略提供了机遇。

立新实验小学是一所始建于1921年的老校，与中国共产党同龄。她经历了国民政府的动荡不安、伪满统治下的压迫与奴役、新中国成立后的振奋与改革开放以来的迅速崛起。自1958年开始，劳动教育取得显著成果；1978年，学校被黑龙江省确定为首批重点学校，市里的名师纷纷调入，各方面工作全面提升；1981年，学校被团中央评为"全国红花集体"，在全省乃至全国初露锋芒；1986年，随着新教学楼的建成，国家重点课题"注音识字·提前读写"实验在学校拉开了序幕，此时的学校名师辈出，师生获奖的喜报纷至沓来；1999年，伴着国家新课程改革的第一缕曙光，学校组织专家、教师着手对现行课程体系中的相关学科的整合进行探索与尝试，构建了六种校本课程，为国家新课程改革提供了可借鉴的经验，同时学校也跻身全国特色名校行列。可以说，学校在任何一个时期都是排头兵、领跑者。立新实验小学先后培养出十位特级教师，曾经从这里走出过两位全国人大代表。

无论是"文化大革命"时的动荡不安，还是"非典"突袭时的全民皆兵，都没有动摇学校坚持劳动教育的初衷。劳动教育坚持了六十多年，与立新实验小学骨肉相连，学校的发展与劳动教育相辅相成。一代代立新学子在劳动基地挥洒汗水，留下了许多弥足珍贵的记忆，学校也因坚持不懈地实施劳动教育而享誉省内外。作为学校新一任校长，我必须心无旁骛地在这一特色的守正与创新上做文章。在劳动教育办学特色的进一步提升与发展上，我把目光落在了教育本质的回归与关注学生的生命意义上，通过劳动教育培养学生做人做事的能力。这一理念的确立使劳动教育融入了文化的气息，使传统特色、办学优势与现实基础整合，为"劳动育人、文化立校"这一办学模式的实施提供了保障。

作为牡丹江市最早的一所学校，立新实验小学担负着先行、实验、示范的历史使命。那种艰苦奋斗的传统，争创一流、立意创新的精神，以及弥漫在校园中的人文气息、群体氛围和文化气质，都让我在研究新的办学模式的过程中着重思考了传承与发展的关系：传承和发展是对立统一的，传承是发展的基础和前提，不传承多年来积淀的传统文化，不可能有以后的跨越式发展；而传承学校传统不能固守田园、故步自封，需要在传承的基础上与时俱进，开创未来。这样传承才会有新的生命力，开辟出一个新的天地。

于是我确定了新时期学校的发展思路：打文化品牌；秉承立学焕新，为学生打好人生底色的理念；走劳动育人、文化立校之路。

方向确定之后，就是行动跟进了。在劳动育人层面上，创设劳动教育的两种环境，开发劳动教育的三级九类校本课程，培养学生创新精神与实践能力，让学生在劳动教育中学生活的知识、练生存的技能、悟生命的意义；在文化立校层面上，围绕"立学焕新，为学生打好人生底色"这一核心，营造一种能促进师生更好发展的学校文化，培育一种能体现师生内在修养的学校特色，创造一种能促进学校持续发展的学校精神。在队伍建设方面，我们以"五评五不评"原则引领教师客观评价自己，科学评价他人；以"四讲四比"活动激励干部立志成长，提升管理水平；以"一日校长制"唤醒教师潜在能量，让教师置身于浓郁的文化氛围之中，个性得到张扬，情操得到陶冶，内涵逐步丰厚，综合素质获得迅速提升。

2010年，央视"芝麻开门"节目组来了，和立新实验小学的学生携手走进雪乡；俄罗斯教育考察团来了，在学生们手工制作的富有浓郁的中国风的作品前流连忘返；黑龙江省人大代表视察团来了，对学生们的劳动教育特色展示活动赞不绝口。同年，全国基础教育改革会议对立新实验小学素质教育课程改革经验材料做了书面交流，获此殊荣的小学在全国只有十一所。在教育部基础教育课程改革科研成果评比中，立新实验小学的"劳动教育校本课程的开发"项目荣获三等奖。2011年8月24日，《中国教师报》以《立新实验小学：老校焕发新生机》为题大篇幅报道了学

图 12　2010 年冬，央视"芝麻开门"节目组携手立新少年走进雪乡

校的办学成果。2011 年 9 月 6 日，学校举行了庆祝建校九十周年的庆典活动。2012
年，学校继 1999 年之后第二次被授予"全国特色学校"的荣誉称号。

立新实验小学虽然依然面临着重重困难和层出不穷的困惑，但是真真切切地在
更高起点上再度起航了。

十、人生两大主题

我觉得人生应该有两大主题——事业和生活。这两大主题就像蝴蝶的两只翅膀，
缺一不可，且不可偏颇，只有同样健硕和美丽，才能飞得平稳且高远、自由且惬意。
只有事业而无生活，生命一定会缺少色彩，干瘪乏味；相反，只有生活的绚丽而无
事业的支撑，生命也将暗淡无光，缺乏意义。

我是一个很幸运的人，因为我喜欢的事成了我的终身职业。我特别庆幸自己是
一名人民教师。在我看来，教师是一种幸福并且充满诗意的职业，因为我们的工作
对象是人，是一群有着如山泉一般清澈润泽的心灵的孩子。

因为热爱，所以我把工作当作事业来做。从教三十多年，无论是激情燃烧的青
年时代，还是奋发进取的中年时期，抑或是渐入"长者"行列的现阶段，我对工作
都保持一种特别投入的状态，而且是持续地努力，从未松懈过。

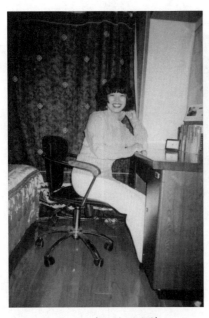

图 13　永远充满激情

为了工作，我可以挤出婚假的时间去进修，可以在休产假期间因学校工作需要而提前上班，可以在备公开课、为学校写材料时把两岁的儿子关在门外，可以毫不吝啬地用个人休息时间来辅导年轻教师，可以为研究学校工作而废寝忘食。当生活与工作交汇叠加在一起时，我也会感到力不从心；当为一项任务思虑、钻研、熬夜时，我也会疲惫焦虑；当工作中遇到特别棘手的问题，矛盾交织、危机四伏时，我也会意志动摇。每当快要撑不住的时候，我鼓励自己的办法就是坚定地坚持。我始终相信，坚持终将迎来美好。干事业虽苦，但有伴随成长与成功而来的成就感做平衡，更何况危机和困难也能磨炼意志、丰富阅历。

虽然我始终以坚毅的品质对待工作，享受着成长的快乐，但是我从不愿把自己变成那种"女强人"，甚至不愿看到用"蜡炬成灰泪始干"之类的诗句来形容教师。我认为，教师应是火炬，照亮别人，温暖自己；应是天使，走进孩子的世界，陪伴和引领他们成长。我要做那种既会工作又懂生活的人。正如中国近代思想家、政治家、教育家、文学家梁启超所说：人要过有趣味的生活。这是我从教三十多年来的一贯追求。我一方面干工作很拼、忘我，另一方面又一直向往有品位的生活。我喜欢在周末洒满阳光的早上去散步，喜欢在飘雪的夜晚去江边感受雪夜的静美，喜欢上午咖啡下午茶的浪漫，喜欢和三两朋友交流心底的诗和远方。我有几项比较痴迷的业余爱好，如乒乓球、游泳、形体舞等。虽然这些项目对我来说都是零起点，但我只要喜欢上了、想学了，就如对待工作一样执着、投入和痴迷。

三十几岁时，我迷上了乒乓球，每天中午都去体育馆找同事练球。开始用直板练，后来手指没劲儿拿不住拍，就又改横板。会打球的男同事都是我的教练。每天晚上回家，我都把拍随身带回去，晚上写材料、备课累了，就挥拍、颠球，就当"课间休息"了。我练球就像对待工作一样专心致志，一心一意。体育馆里，我是大

图14 2009年"三校"乒乓球友谊赛

家公认最刻苦的一个，要么不学，要么就学精。我追求动作的标准，一招一式都很规范。工作中的同事此时变成了球友，平时的学校领导变成了虚心学习的小学生。工夫没有白下，我的球技大长，还主动找对手比赛。比赛是激发训练兴趣的好方法，挥汗如雨中畅快淋漓，既交流了球艺，又锻炼了身体，还增进了友谊。练球让我有两点感悟。一是教练很重要，遇上一个好教练有事半功倍的效果。我眼中的好教练不一定是球技高超的，但一定是善于鼓励的。二是有个水平略高于自己的对手很重要。有一个这样的对手，我就会兴趣大增，一天都不想放下球拍，就连换鞋时都急着上场。我和球友都不约而同地慨叹"感谢对手"。

四十几岁的我，心血来潮想学游泳。第一次进游泳池，水至胸高时，我感觉自己快要被淹死似的心慌气短，万分恐惧。伙伴们越是给我讲方法、要领，我越发蒙。但是，当我站稳了静静地观察同事在水中畅游时，真是羡慕极了。我用目标激励法告诉自己，一定要学会游泳。我想象着自己也能优美地、舒缓地在水里游着，身体完全放松，整个人被水托浮起来的感觉时，想学会游泳的愿望一下子就膨胀起来了。我让别人不要管我，自己站在那儿。我仔细地回味着同事刚才讲的要领，慢慢地试着沉入水里，竟然能松开别人的手让身体浮起来了；再过一会儿，就能像青蛙似的手脚并用划几下了。我第一次体验到水的浮力是多么有力、神奇，从此以后就一发不可收，每天下班都会去游泳馆。我没用教练教，完全是自学自悟。能沉入水中漂浮起来，又琢磨着如何手脚协调划动，让身体向前行进；手脚基本协调了，又琢磨着如何换气而不沉入水底；终于学会抬起头出水换气了，又琢磨着如何游到终点后自如地转身。有一次练习时由于方法不对，脚猛地向后蹬时因用力太大蹬到了池底，竟把右脚大拇指的指甲生生地蹬掉了，钻心地疼，鲜血也流出来了。

苦练终有成果，三个月后，我已经完全掌握了游泳的要领，不仅会游，还会转弯，学会了不同的泳姿，甚至还学起了跳水。当暑期学校再组织教工游泳时，我熟练的动作和标准的泳姿把伙伴们都惊呆了。

从这两件事中，我感悟到了兴趣是最好的老师。对于感兴趣的事，人们会克服困难，自我加压，积极寻找机会，主动创造条件并举一反三。后来，这两件事也成了我做校长之后思考学校育人策略时的一个重要依据。

其实，工作和生活犹如鱼和熊掌，两者兼得是很难的一件事。一个人的精力毕竟有限，时间也有限，没有谁能做到不顾此失彼。但是两者可以巧妙转化，互为他者。工作不仅仅是苦和累，还能换来快乐和幸福。2014年，我出版了第一本个人专著。那年，母亲病重，我和家人都知道老人家和我们在一起的时间不多了。我夜以继日地赶着书稿，后来书终于出版了。当我捧着书去医院看望母亲时，她特别兴奋，自豪地向医生和来探望她的亲属展示。每当听到别人夸奖她女儿时，她就像孩子一样笑着。看到母亲开心的样子，我的心里特别高兴。因为我知道在她眼里，子女的工作、事业发展比什么都重要，子女的业绩是她至高无上的荣光。母亲的快乐和幸福就是我的快乐和幸福。这份快乐和幸福源于工作，是辛劳的工作换来的。

有的时候，辛劳地工作也会带来意想不到的乐趣。每一次参加大赛获得成功，每一次指导青年教师取得优异成绩，每一次讲座博得喝彩，我都会无比兴奋和满足，这种乐趣是别人体会不到的。

我当教导主任的时候，除了教务处工作外，还常常承担临时撰写材料的任务。有一天晚饭后，学校领导给我打电话，交代了一个撰写党建工作材料的任务。当我先生陪我去领导那里领任务回来时，已是晚上十点了。由于任务急，第二天必须要交到省里，加之我不熟悉党建工作，要先查找相关资料再动笔，因此这个材料我写了一个通宵。那时候住平房，写完稿子，天已经亮了。我走出家门，呼吸着外面的空气，空气是那么清新；抬头看天空，天空是那么美。周围安安静静的，整个世界都那么美，那么静！我伸展着胳膊，活动活动脖颈，感觉特别轻松、愉快。平时这个时间正睡得香甜，我好像第一次欣赏到黎明的美。离上班还有两个小时，就回屋睡了，好像刚睡着就被家人叫起。上班的路上，我感到阳光格外刺眼，只盼着中午能美美地补上一觉。对于这次熬夜赶材料的经历，我现在还记得那么清楚，并不记得当时的累，只记得当时欣赏到的黎明的美。这使我想到一句话：真正的生活，不是你过了多少日子，而是你记住了多少日子。我记住了这一天，因为我曾经那么辛苦地付出过；我记住了这一天，因为我懂得了人生的乐趣总与辛苦相伴。

图15　在六校联谊庆"七一"活动中登台表演

近几年，我的业余生活又多了一项内容：参加了周末的形体舞班。是几位校长朋友将我引进了舞蹈的大门。舞蹈既可以直接和美打交道，又能为未来退休生活做准备；既达到了健身的目的，又能塑形提气质，丰富生活。在练舞蹈的过程中，我也能感悟到很多育人的道理。比如，偶尔一次没练还可以跟上，两次不练勉强能跟上，但如果连续三次落课，就会彻底跟不上，从而产生厌学情绪。我联想到学生的学习不也如此么？如果落课太多，就一定会厌学、放弃，那么有的学生辍学就不难理解了。由此我感悟到，关注学生、不让一个学生掉队是起码的师德，也是校长应关注的问题。

转眼之间，我已到知天命之年，越发感到工作和生活两者缺一不可。工作为生活创造了条件并赋予了意义，生活也为工作增添了趣味和色彩。我爱工作，也爱生活。

十一、幸运的三级培训

在我看来，学习如享用美食一般，是一件很快乐和幸福的事儿。且不说学习能吸纳人类最优秀的智慧结晶以充盈和丰富自己，单就汲取的过程来说，也是能让人愉悦和享受的。特别是当了校长后，能从超"繁"的工作状态中脱身去学习一段时日，实在算得上是奢侈了。在校长中，我是幸运的，不仅多次参加了省市的各级校长培训，还完整、系统地参加了教育部举办的面向小学校长的三个不同层级的培训。

图 16 2008 年参加第二十四期
全国小学骨干校长高级研修班

第一次进京培训是在 2008 年，我有幸参加了第二十四期全国小学骨干校长高级研修班。教育部小学校长培训中心（以下简称中心）坐落在北京师范大学。正值阳春三月，校园里鹅黄色的一簇簇迎春花在蓝色的天空下绽放着；中心的小院里，玉兰花也紧追似的凝聚起神秘的红色花蕾，让人急着想一睹它开放时的容颜。

从踏进北京师范大学的那一刻起，我就有种强烈的感觉，仿佛重回学生时代。当年在学校读书时，会放大学习的那份辛苦，即使努力也是为了心中的目标而坚持着。而今人到中年，经历了几十年的风雨后再回到课堂，只觉得一切都很珍贵和美好，所以我很珍惜、很投入。

这次集中培训历时一个月，突出的是一个"学"字。培训内容很丰富，形式很新颖独特，任务也很繁重。看似格式化的四大模块（专家讲座、名校参观、学员交流和自我研修），在这样一个基调上，又有着别具一格的独特。

报到的当天晚上我就参加了一场振奋人心的开班典礼。来自全国各地的互不相识的七十二位校长齐聚一堂，在中心班主任的精心组织下进行了一场破冰活动。一首有温度的歌曲《相逢是首歌》，一句温馨的主题词"你在我心中很重要"，一组温暖的动作，让彼此不认识的学员通过握手、问好、拥抱，很快就如冰雪消融般消除了陌生的距离。班主任又适时点拨，让学员明确了角色定位、团队意识、学习态度等一系列问题；继而又按福娃分组活动，推选队长、队秘，设计队名、队徽、队歌、队训。大家在一系列活动中增强了团队意识。

令人难忘的破冰活动让每一位学员都能在良好的学习心态下开启学习之旅。我给自己定下了十六字学法，即珍惜机会，努力汲取，积极参与，用心感悟。白天听专家授课，记笔记；晚上写作业，每天要写一篇心得体会、收获、反思与启示。第二天就张贴到教室的墙上，大家互相阅读、欣赏。结业前要撰写一篇三千字的论文和一份千字总结，填写《结业鉴定表》。我除了听、看、记以外，还积极参与互动，动手画，开口讲，同全班同学交流我的办学理念。当时我还在北山小学任职，面对的是一所即将解体的学校。我的发言引起了大家的热议。记得江苏省一位资深校长对北山小学的点评是：从"悲壮"到"雄壮"，从"低起点"到"高瞩目"。这对我是极大的激励。其实，我只是想把自己的思想和理念呈现给大家，以求得甄别和指导，没想到收获远远大于期望。

回头看这一个月的研修，我最大的收获就是学会了学习。在这次培训中，我听到了专家理论的精华，看到了学校中的精品，接触到了各地校长中的精英。我既学到了个人进步发展的策略，也学到了领导与管理学校的法则；既学到了专家对教育理论的深刻分析与感悟，也学到了优秀学员的实战经验；既学到了瞭望教育的前沿信息，也学到了如何立足当下、提升效能；既学到了丰富的专题内容，也学到了专家教授的风格与方法。

一个月的学习，我未敢懈怠，记了整整一本笔记。我感到自己这辆战车已加上了满满的油，有足够的能量在未来的教育之路上驰骋。回到学校，我利用工作间隙做了细致的梳理后，面向全校教师及市教研院干训部的教师做了一场题为《春之旅》的报告。这场报告产生了很大的反响，超出预想。干训部的主任把我的笔记一页不落地复印了一遍。

2012年9月，教师节刚过，我有幸再次走进北京师范大学，参加了教育部"第五期全国优秀小学校长高级研究班"的学习。本期班又称"黄埔五期"。

依然是那座小楼，依然是那些亲切的人：培训学院的院长、总班主任陈锁明，班主任周晓燕，还有余老师、陈老师。本期班是前一期骨干班的升级版。文件中对全国优秀小学校长高级研究班的定位是在全国小学骨干校长高级研修班的基础上举办的高一层次的培训学习，是其延续和提高，目的是通过更有针对性与更为个性化的培训方式指导和帮助优秀的小学校长系统总结办学经验，形成符合教育规律、特色鲜明的教育思想，使其成为教育家型校长。

本期学员共有三十一位，来自三十一个地区。在第一天的开班式上，陈锁明院长对大家说：全国约有三十万中小学校长，你们是万里挑一。本期班要用两年时间，培养你们朝着教育家型校长的方向发展。教育家型校长就要做到四独：有独到的教育思想，独特的教育实践，独立的教育著述，独立的教育人格。每一个学员的心里都沉甸甸的。这一次的学习方式突出的是"研"，开启相当于研究生的学习模式。中心给每位学员配一位导师，学员要在导师的指导下梳理学校的办学思想，并就学校的某一方面工作做深入的课题研究。两年时间的任务分解为：第一次集中确定研究的方向和主题，梳理自己的办学思想；第二次集中做开题报告，开题之后要践行教育家办学方针，走进学校巡回讲学；第三次集中写论文，在导师指导下修改论文；第四次集中进行论文答辩。我一方面感觉到压力大、任务重，另一方面对这次培训也满怀期待。因为我深知自身的实践智慧多于理论智慧，研究水平还很低，所以我要迎接挑战，借此难得的机会加强对研究方法、研究思维的训练，提升自己的研究素养。

两年的培训学习中，我采用的方法是以学促研，以研悟学，研学结合。每一次的集中研修，我都会听到专家精彩的专题报告，从专家的理论中汲取精华，反思我身处的教育现状，思考我校正在研究的劳动教育课题。每一次课题研究或课题实践遇到问题时，我就会主动反思和寻找所学的理论，从中得到感悟并解决问题。

褚宏启教授的专题讲座给我开启了一扇门。他认为：教育片面追求分数与经济领域片面追求 GDP 颇为相似，都是片面的发展观在作祟。考试分数和升学率不能反映教育成本，不能反映教育发展的方式和为此付出的代价，不能反映教育发展的效率、效益和质量，不能衡量教育均衡和教育公平。他的教育发展观让我坚定了学校走劳动育人道路的自信。教育部基础教育课程教材发展中心的刘坚教授的报告中的三个典型事件，让我深刻思考了"学校应培养什么样的人"这一问题，并重新审视了"新劳动教育"的切入点及最终的落脚点。

本次培训学习采取的是多次集中的方式，集中学习和回校实践交替进行，因此

图 17　在首期中小学名校长领航工程首期领航班启动仪式上与
"第五期全国优秀小学校长高级研究班"导师、同学相聚

为学习与应用、反思与实践提供了条件。我非常乐意做也觉得更有意义的事，就是一面吸收，一面输出，一面应用。培训学习的第二年，在牡丹江市教育局名优工程启动大会上，我面向全市中小学校长做了题为《我们该给孩子什么样的教育》的主题报告。我以对教育本质问题的追问为线索，通过事件分析方式深入浅出地阐明对基础教育的全新观点。报告博得了一致好评。从现场气氛与会后交流反馈中，我感到了震撼心灵的效应，如同自己当初的感受。这使我感到把悟到的东西分享出去，是学习的一种高境界。

经过这次学习，我感觉最大的收获就是思维的变化，思考问题的角度、深度有了很大的转变。同时我也更加坚信思维品质是可以训练的，可以通过提升理性思维素养改善思维方式，从而走出发展的高原期。这让我无比兴奋。

"黄埔五期"圆满结束，我以为我的学习生涯到此结束，没想到竟再次幸运地踏上新的学习旅程。2015年，教育部启动了首期中小学名校长领航工程，在全国遴选了五十八位中小学名校长，旨在培养造就高端教育人才。我有幸成了首期领航班中的一员。

又一次幸运地获得了学习的机会，又一次迎来培训学习的升级。这一次，我领略到了它的高度和责任。高度在于是新中国成立以来的首期，责任在于要引导当地基础教育的发展乃至推动全国基础教育的发展。正如教育部教师工作司司长王定华所说：名校长领航班是全国中小学校长培养的最高班次，是人们心目中"皇冠上的明珠"。如果把骨干校长高级研修班比喻成培养本科生，把优秀校长高级研究班比喻成培养硕士研究生，那么名校长领航班就相当于培养博士研究生。

教育部在层层选拔名校长领航工程学员的同时，通过逐层考核确定了八个首批培训基地，并通过学员和基地双向选择把五十八位校长分配到八个基地，在之后的三年时间里以基地为依托组织培训。那一天，在国家教育行政学院，我仿佛参加了一场规模盛大的博览会。我选择了西子湖畔的浙江培训基地，结果如愿以偿。经大会宣布，我正式成为浙江培训基地的领航班学员。平台很重要，领航工程及浙江培训基地是我成长与发展的高位平台。我在基地导师的指导下学习、反思、行动，在学习中进步，在反思中蜕变，在行动中提升实践与研究的能力。

"隋桂凤校长工作室"的建立让我有了领航骨干校长成长的平台。如何借助工作室这一平台引领入室校长成长与发展呢？经过深入思考，在导师的指导下，我将工作室的行动策略确定为聚焦"三力"，为入室校长领航。"三力"即学习力、思想力和行动力。聚焦学习力，就是积聚校长终身发展的原动力，提升校长了解、掌握和积累知识的能力；聚焦思想力，就是提升校长洞察现状与反思问题的能力，让校长结合自己办学所面临的独特问题深入反思，把经验性的认识提炼为概念性的术语；聚焦行动力，就是提升校长践行办学理想的能力，培养校长开办优质学校、实现教育理想的能力。

依循这样一个路径，入室校长们在寻找和总结经验、探索和解决问题的过程中不断地成长、成熟，并开始尝试改变，付诸行动。于是便有了鸡西市南山小学将儿童版画发展为"为每个孩子的发展奠基"理念的拓展，有了佳木斯市光复小学"爱的教育"以爱育爱、以情激情、以行导行三个维度的提升，有了牡丹江市火炬小学"德善教育"目标的完善与特色化课程体系的全面落地。学习力、思想力和行动力构成了一个稳定的三角形，三者相辅相成，为入室校长们的共同提高打下了坚实基础。

2015 年 12 月，教育部领航工程的专家导师们专程来到冰雪覆盖的牡丹江畔为我的工作室授牌，发出了成立"中国品质学校发展共同体"的倡议。2016 年 5 月，"中国品质学校发展共同体"在河北省唐山市光明小学成立。包括北京市史家小学、上海市上外静安外国语小学、杭州市崇文实验学校等在内的 8 所小学共同发布章程，以"办品质学校"为目的的教育联盟诞生了。同年 9 月，"中国品质学校发展共同

体"举行了首届高峰论坛。与会专家和领航校长们在论坛中抛出了品质学校发展的核心要素，将品质学校定位于学校的精神气质、办学理念和教育品格的发展。在偏重指标堆砌的一流学校的功利化教育盛行的今天，这在办学理念发展、办学模式、道路创新及课程改革方面起到了积极的引领作用。我的工作室建设策略与成果得到了浙江培训基地的高度认可，并被推荐到教育部领航工程的阶段性总结大会上，其文字材料刊发在《中国教育报》上。

在十余年的校长生涯中，我经历了一轮系列性、进阶式的培训，学制一次比一次长，层次一次比一次高，收获一次比一次大。我真正感悟到了学习的优越性和重要性，感到自己是如此幸运。每一次的学习都会让我向优秀的方向迈进一步，优秀又让我获得更好的学习机会。面对自己的成长与收获，我只有感恩，努力去回报教育，才能不负厚望。

十二、新劳动教育遇见 2018

2018 年岁末的一天，我接到了《中国教育报》编辑部的约稿，大意是他们将在全国中小学校长中遴选几位具有代表性的校长，谈谈这一年中的所思、所做、所感，届时将作为年终特稿发表在"校长周刊·人物"专版上。放下电话，我立刻思绪万千。作为一名边陲小城的小学校长，这一年的确太不平凡了，我和我的团队在砥砺前行中亲历了那么多的期待、激荡、骄傲与惊喜。

2018 年对国人来说是标志性的一年，举国上下同庆我们伟大的祖国改革开放四十年的巨大成就。这一年对立新实验小学来说也是里程碑式的一年，我们为之倾尽心力、矢志不渝的"新劳动教育"实现了新的跨越，其成果大放异彩。年初，我们从市领导手中接过全国首批文明校园奖牌；5 月，我们的《城市小学新劳动教育理论与实践的研究》获黑龙江省教学成果一等奖，被省教育厅推荐向基础教育国家级教学成果奖发起冲击，并于 8 月如愿以偿地荣获基础教育国家级教学成果奖二等奖。接着，省教育厅官网发布喜讯，我校荣获全国中小学德育典型经验奖。下半年，《中国教育报》刊发了关于我校"新劳动教育"的文章。紧接着，全省中小学劳动教育现场会在我校召开，人民网、中国新闻网、《中国教育报》、中国教育在线、东北网、中国教育电视台、《黑龙江日报》等多家媒体争相报道。

最重要的是，学生在"新劳动教育"中越发灵动、自信。陈一阁同学在人民大会堂做精彩演讲，彭子骅同学在全国青少年科技创新大赛中获奖，六名立新实验小学学生带着自己的课题在中国少年科学院举办的大赛中获得"小院士"称号。这一年，"新劳动教育"精彩绽放。我和立新人都明白，这不是昙花一现，而是几代立新人执着与坚持、奋斗与等待的成果。

从 1958 年到 2018 年，立新实验小学的劳动教育整整走过六十年。六十年的风雨对于一个人而言，足够令他从风华正茂到雪鬓霜鬟。立新实验小学的这六十年，从劳动教育到"新劳动教育"，从筚路蓝缕到艰难玉汝成，印满了沧桑跋涉的足迹。一甲子的时光流转，让她似一位巨人在 2018 年这个光辉节点上站成了一座丰碑。

每一位为此奋斗过的立新人，都会在记忆里永久收藏那些生动难忘的镜头，都能讲出一个个感人的立新故事。

20 世纪 80 年代中期，我从师范学校毕业，成为立新实验小学的一名新教师。我忘不了那年暑期到学校报到时的情景。我第一次踏进立新实验小学校园时，就完全被惊住了，难以相信这是一所城市学校，仿佛一个生机盎然的生物园。教学大楼前的两片植物园里面有各种果树，几十棵高大的杏树上挂满了黄澄澄的杏子。杏树前有一片农作物园和蔬菜园，虽然面积不大，但种类繁多。农作物园里高粱、玉米、大麦、小麦整齐地排列在那里，蔬菜园里水灵灵的黄瓜、豆角、西红柿、辣椒挂满了枝蔓。楼前的花坛里、植物园东侧的百花园里，各种鲜花姹紫嫣红，吸引来了许多蝴蝶和蜜蜂。温室花圃里培育着一盆盆花苗，葡萄园里密密麻麻的叶子下面依稀可见一串串未成熟的葡萄，瓜廊里缀满了不同种类的瓜。老校长张宪武兴致勃勃地向我介绍："这是咱校的劳动教育基地，除了这些植物外，还有好多动物呢，那边就是红领巾饲养场。"我更惊讶了，好奇地跟着他去校园东侧参观。那里有一排平房，屋脊上面立着一行特别醒目的白底红色的大字：教育与生产劳动相结合。我似乎感受到了（准确地说是闻到了）劳动的味道。我看到了鸡舍里一排排的鸡笼，各种颜色的鸡咕咕叫着。鸡舍的墙角放着一筐筐鸡蛋，张校长说鸡舍里的鸡每天能产蛋 80 斤。接着，他又兴致勃勃地带我参观猪舍、兔舍，还给我讲起了学生下场劳动的趣事。我惊讶得合不上嘴，赶忙用手捂住鼻子，快要抵不住这难闻的气味了，胃里的东西向上涌，有种想吐的感觉。张校长察觉到我的反应，笑着说："小隋老师，你以

后还要带着学生下场劳动呢，经过劳动锻炼就能攻克这一关，还能培养学生吃苦耐劳的品格。"我听了，心里竟开始打怵了。

到校报到第一天，我在惊奇中感受到了立新实验小学的劳动教育特色，并领教了这劳动的味道。殊不知这仅仅是表层感知，等我当上班主任后，才真正体验到了立新实验小学劳动教育的深刻和丰富。

在我的记忆中，20世纪八九十年代的劳动教育最典型的活动就是组织学生下场劳动和每年一次的"一日夏令营"活动了。下场劳动是每一名立新实验小学的学生必须要经历的劳动实践。每个班级每学期都要轮流下场劳动一周，但并不是一周中全天都要劳动，而是每天上午的第四节课劳动。别看每天只有四十分钟的劳动，对于小学生来说绝对是意志和品格的磨炼。轮到我们班下场劳动了，我提前一周领任务，然后把学生分成六个小组，每个小组任命一名小组长，负责领工具、分派任务并组织劳动，还要观察同学们的劳动表现，一周结束后评出"劳动小能手"。

学生们第一次下场劳动前感觉新鲜、有趣。可是，当走进劳动现场时，作为第一代独生子女的"小皇帝""小公主"们的"娇气""动手能力差""怕脏""怕累""不会合作"等特点都一一显露出来。到花窖搬花盆的学生们呼呼地喘着粗气，流着汗，但是还在坚持着；那几个到猪舍、兔舍、鸡舍打扫畜禽粪便的学生们的表现可就糟糕透了：有的学生不会使用铁锹，有的学生穿着靴子站在门口就是不肯进去。猪舍里的学生有的一只手捏住鼻子，另一只手拿工具；还有的干脆哇哇地吐起来……

好不容易挨到放学时间，我送学生到大门口。刚回到教室，还没等吃上午饭，一群家长就找上门来"理论"了。年轻的家长们哪里舍得让自己的"独苗苗""心肝宝贝"吃这样的苦。他们列数了种种理由，试图说服学校，坚决不再让孩子下场劳动了。

这样的场景不只是出现在我带的班级，几乎班班都有这样的反响和经历。但逐渐地，立新实验小学的学生们和包括我在内的年轻教师们，都能经受住这样的洗礼，闯过"怕脏"和"怕累"这两大关，最终在成长的记忆中打上了深深的烙印。以至于多年以后，当学生们再回忆起小学时代的生活时，无一不提到当年下场劳动的经历。

2011年，在立新实验小学九十周年校庆到来前夕，我去拜访当年立新实验小学的小饲养员，后来的牡丹江市副市长、医学院院长、传媒集团董事长。问及当年的小学校园里的劳动经历对他们后来的事业发展和成就有无影响时，他们几乎是同一种回答：小学时期的劳动教育造就了他们吃苦耐劳、奋发向上的意志品格。

同下场劳动的脏、苦、累相比，"一日夏令营"活动给立新实验小学学生留下的则是美好欢乐的记忆。

每一年的六月，学校都会组织一次全校师生都参加的"一日夏令营"活动。学生们像盼望过年一样期待着这一天早一点到来，光是活动前的准备就让他们兴奋不已。学校杀了两头大肥猪，给每个班分了一大盆猪肉，同时还分了一大盆鸡蛋和从蔬菜园里采摘下来的新鲜蔬菜，以此作为每个中队上山野炊用的基本食材。每个中队再将这些食材分到四个小队。每个小队在小队长的带领下认真讨论，秘密策划着野炊时的菜谱，同时分配大家从家里带野炊所需的配料、燃料、炊具、餐具等。老教师告诉我，这一步很重要，如果提前策划不周到的话，到时候可就尴尬了。除了准备野炊的相关事宜外，还要准备其他工作，如制作队旗、起队名、设计队徽……学生们个个忙得不亦乐乎。

"一日夏令营"活动的那一天，全校学生个个精神抖擞，像过节一样，早早地来到学校，整装待发。二十多辆大客车浩浩荡荡地开赴山区。山岗上、草地上、小河边，到处队旗飘飘。除了大队统一组织的登山比赛、文艺表演、找宝活动外，最有趣的就是野炊比赛了。六名小号手并排站在山岗上一起吹起午餐号，各小队开始动手做菜。野炊都是由学生们独立完成的，他们尽情展示平日里学到的烹饪技能，每个小队都能做十多种菜。他们开心地劳动着，也享受着劳动的成果。因此，"一日夏令营"活动也是立新实验小学的劳动节。在这个欢乐的节日里，学生们能更深刻地体会劳动创造财富、劳动带来快乐的道理。

到了21世纪，学校在张雅英校长的主持下，制定了以劳动教育为突破口、全面推进素质教育的学校发展策略，在劳动教育中培养学生的实践能力。让我印象深刻的是中高年级学生的"红领巾实践周"活动。当时，学校借助和第二发电厂联合办学这一契机，修建了学生宿舍，四年级以上学生每四个班轮流在学校宿舍住宿一周。学校通过组织学生住宿、用餐、放学后参与丰富多彩的校园活动来培养学生的生活自理、合作、创新等能力。当时很多家长并不放心让自己的孩子夜宿学校，纷纷聚集在大门外向里观望，学生们也不习惯离开父母独自生活。为此，学校有针对性地组织开展了多种有趣的活动。例如，周日下午，学校大队部组织开展实践周授旗仪式，让学生体会独自生活的仪式感；为训练学生的自理能力，学校请部队官兵指导学生整理内务；晚上举办篝火晚会。这些活动的开展既增强了学生对集体生活的兴趣，又充分历练了他们的自我服务能力、组织能力及合作能力。

时代变迁，时光流转，校园里发生了很多变化，但无论面临怎样的困难，劳动教育都不会改变。2003 年那场席卷全国的"非典"疫情，也同样对立新实验小学劳动教育基地的畜禽构成了威胁。家长们担忧起来，纷纷要求学校停办"红领巾饲养场"。考虑到师生的生命安全，学校不得不将饲养场里的畜禽移出校园，把猪舍、兔舍、鸡舍改建成了木工室、陶艺室、插花室、劳技室，并在平房前建起了微型小动物园。孔雀、火鸡、珍珠鸡等小动物来这里安家，吸引了学生们来这里观察、了解小动物们的生活习性。大队部号召少先队员们行动起来，收集易拉罐、废旧报纸等送到废品收购站，将卖废品的钱攒起来去给小动物买饲料。

这些经历都为学生们写观察日记、办手抄报提供了丰富的素材。当有客人来劳动基地参观时，他们都纷纷争当小解说员。经过训练后，学生们敏捷的思维、流畅的表达、自信的神态每每都会赢得好评。

学校这些因地制宜的劳动教育活动的目的只有一个，就是将劳动教育坚持下去，可以迁移，可以转向，但无论遇到什么情况，都坚决不能废止。

2008 年，我接手校长工作。此时立新实验小学的劳动教育已经坚持了半个世纪。在长期的影响和教育下，传统的劳动教育思想与实践早已融入立新实验小学师生的学习与生活之中，但一些问题也逐渐显露出来：劳动教育顶层设计不够；教学内容和形式比较单一且缺乏系统性；部分学生和家长在思想上抵触，行为上怠慢等。

随着时代的发展，社会的进步，劳动的内涵与外延都发生了巨大的变化，因此劳动教育的内容与途径、方法与措施、课程与评价等一系列问题都需要得到重新认识、分析和思考。

如何正视这些问题，在学校原有的劳动教育特色基础上再发展是摆在我面前的重要课题。

还好正值假期，我有足够的时间静下心来思考。我组建了学校的劳动教育研究团队，拜访了学校的老校长，访问了部分家长，也找到了一些学生进行面对面访谈。经过多渠道多角度的分析研究之后，我确定了接下来的工作思路和实施步骤。

　　我想，对于学校的传统劳动教育特色必须坚持传承与发展并重、实践与研究并行的原则。接下来工作的重点是对现有的劳动教育进行总结和提炼，同时寻找科学的理论支撑，并以此为依据，跟进时代主题，对其准确定位，继而进行劳动教育的课程化、体系化建设。

　　同时我也在审视自己。我实践得多，研究得少，往往是实践智慧大于理论智慧，管理水平优于研究水平。要想突破这一瓶颈，跃上新的高地，唯一的途径就是学习。

　　我借助三级培训的机会向专家学习，特别是借助领航工程的高位平台高频率、深层次地向导师请教先进理论，如具身认知理论、深度学习理论等。同时我还向书本学习，十年中我阅读了很多书籍，从中汲取营养，寻找理论依据，如《陶行知全集》《成功智力》等。外出讲学也是一种学习，它会让我由任务驱动转化为内在需求，从而主动梳理劳动教育的理论体系和课程体系。无论是哪一种学习，我都会将学习反思和实践结合起来，在此基础上逐渐形成了自己的劳动教育思想。

　　在这一过程中，我也感觉自己的思维品质有了提升。起初出去讲劳动教育，我往往讲的都是怎么做的；后来的每一次讲学，只要讲到劳动教育，我都会从教育的本原问题入手去阐述属于自己的独家的关于劳动育人的思考。

　　康德说："人是目的。"我们就以"人"为原点展开思维，一切教育行为都要从这里出发，最终也一定要落回到这个原点。作为一名小学校长，我的目光始终关注学生的健康成长。我发现儿童的世界和成年人的世界不一样，他们对大自然有一种天然的亲近。大人看到水坑会绕开走，孩子却故意走进去；在学校里，体育训练用的沙坑里的沙子被学生们一捧一捧地运到塑胶跑道上；下雨后，几个低年级的学生在后院的墙根挖蚯蚓，上课铃声响了也不愿意回班级；春天，工人师傅在学校教学楼前的花坛里栽上花苗，有的孩子偷偷地把花苗拔起来寻找蚂蚁，还有的孩子给花苗浇上自己喝的牛奶……

　　如何守护好学生的童年，让教师和学生共同成长呢？校园文化建设是关键。通过多年的劳动教育实践，立新实验小学已经形成独特的劳动育人文化。经过深思熟虑，我提出了"文化立校"的思想理念。这一思想理念开始于我当教学副校长时提出的教研文化及我在北山小学工作时的文化立校思想，也是对立新实验小学近百年文化积淀的提炼与创新，所以"文化立校"之"文化"指的就是"劳动文化"。在新的时代背景下，我们为学校的传统文化注入了新鲜的血液，让劳动文化充盈校园，让立新人在劳动文化的涵养下成长、发展。这是我任立新实验小学校长后最初的思想。

正当我心中的发展蓝图渐趋清晰之时，2009年，《国家中长期教育改革和发展规划纲要（2010—2020年）》颁布，强调教育与生产劳动相结合、教育与社会实践相结合。"两个结合"使我认识到，学校教育要将课程内容与学生生活、现代社会联系起来，将课程实施、课程评价与实践结合起来，使学生学到能够应用于生活的知识，并能在实践活动中巩固和运用所学的知识。因此，我将立新实验小学的劳动教育升级为"劳动育人"，明确了"劳动育人、文化立校"的办学思路，并以"立学焕新、打好人生底色"为办学目标。在具体规划层面，我以陶行知"生活教育"理论为支撑，创建了劳动教育的两种环境，即生态环境和常态环境；开设了三级九类劳动校本课程，包括基础课程、拓展课程和创意课程，让学生在劳动教育中"学生活的知识、练生存的技能、悟生命的意义"。2010年，学校的"新劳动教育"校本课程获得了基础教育课程改革教学研究成果三等奖。

围绕"人"这个中心点，我们团队一刻也没有停止过对"劳动育人"的思考与探究，反复思考两个问题：一是劳动教育在学生成长中究竟有怎样的作用？二是新时期劳动教育的核心点应该在哪？几十年的劳动教育在学生健康成长方面的作用是明显的，这一点毋庸置疑，关键是要找到理论支撑，以建立起一个科学的劳动育人的理论体系，我们的劳动教育之路才能更加光明。马克思主义关于人的全面发展的学说让我们不仅找到了自信，而且开阔了视野和思路。马克思说："人的全面发展是与人的片面发展相对而言的，全面发展的人是精神和身体、个体性和社会性得到普遍、充分而自由发展的人。"还说："教育与生产劳动相结合是实现人的全面发展的唯一方法。"我们的育人实践也充分证明了劳动教育有促进学生全面发展、综合育人的功能，关键是如何进一步发挥、放大其育人功能，促进生命成长。我带着问题再读《陶行知全集》时，整个人就像走进森林寻宝一样着迷。

我捧着《陶行知全集》，一本一本地看，越看越兴奋，越看心里越开阔。陶行知"生活教育"理论就是解开这一问题的金钥匙。陶行知说"做"含有下列三个特征：行动、思想、新价值的产生。一面行，一面想，必然产生新价值。他生动地举了鲁滨孙在岛上把泥土变成水缸的例子，说明这是"教学做合一"之做。

受这一思想的启发，我想，进入新时代，小学生劳动的侧重点变了，纯粹的体力劳动、艰辛的生产劳动少了，而综合性劳动多了，这就更需要他们具备能做事情的能力。根据这一特点，我们把新时期的劳动教育的核心点由"劳"转向"动"，放在对学生行动力的培养上，让学生行动起来。行动就是做事情，行动力就是做事情的能力。

　　小学生能够把事情做得好、做得快、做得多，就是行动力强；如果做得不好、做得慢、做得少，就是行动力弱。行动力在行动中产生，因此，我们要给学生创造行动起来的机会。

图 18　"新劳动教育"思想在
《中国教育报》发表

　　按照陶行知"教学做合一"的思想，做是发明，是创造，是实验，是建设，是生产，是破坏，是奋斗，是探寻出路。小孩子做的是小发明，小创造，小实验，小建设，小生产，小破坏，小奋斗，探寻小出路。小孩子的做是小做，不是假做，假做是生活教育不能允许的。他又说，"教学做"有一个共同的中心，这个中心就是"事"，就是实际生活，教、学、做都要在"必有事焉"上用功。

　　我反复地在"教学做"共同的中心就是学生要做的"事"上用心琢磨，"新劳动教育"思想也逐渐明晰起来。这里的"事"就是课程，就是我们的"新劳动教育"校本课程。于是，"少年商学院""少年科学院"应运而生，同时劳动育人校本课程升级为以"认知、实践、创新"划分的三类十门校本课程。这一阶段的劳动育人校本课程更加丰富，课程构建更加符合儿童成长规律，更能触摸儿童的发展脉搏。多彩的课程让学生行动起来了，以"一带一路"主题活动、"二十四节气"主题研究活动为标志的"新劳动教育"让学生真正成长起来了。学生自主查找资料，自主编导，自主设计方案，自主表演。活动的开展异彩纷呈。2016 年，《中国教育报》以《隋桂凤：将新劳动教育绘成人生底色》为题，肯定了立新实验小学的"新劳动教育"；2018 年，《新劳动教育理论与实践研究》成果获得教育部教学成果奖二

等奖。荣誉的获得使我们备受鼓舞，而真正让我们获得自信的是学生的成长、家长的高度认可，以及在社会上的口碑。

这个暑期，学校招生工作正在进行，主管副校长打电话向我汇报一件让他为难的事。原来学校的创始人郑桂林先生的外孙到学校来找校领导，想让他的外孙入学。我愣了半天才反应过来，也就是郑桂林先生的第四代子女要入学。我当即决定，无论多难也要收下。当我们同孩子的外祖父谈到由他的外祖父郑桂林先生当年创办的学校在牡丹江市这座边陲城市历经百年、经久不衰，办学成果愈加显著时，大家无不感慨万分，大加赞赏。

"新劳动教育"的研究获得国家级奖励之后，我们又立即投入新一轮思考，将以行动力为核心的劳动育人校本课程调整为以自治、逸美、焕新为支撑点的三类十五门校本课程，并且对"新劳动教育"的概念做了重新界定。

就这样，从2008年初任校长至今，我和立新团队始终在思想与行动的交错中探寻一条更适合儿童发展的路。从劳动教育到"新劳动教育"的历程中，我们在不断地立和不断地否定中发展，也在艰难中坚持和坚守。

这些年，"新劳动教育"不仅突破了理论体系建构的难关，还克服了没有资金支持的困难。我们经历过2010年在省标准化建设验收中学校因没有经费支持而未达标、未通过时的无助，也经历过不断申请劳动教育政策支持却屡屡受挫时的难过。2015年12月，教育部领航工程专家团专程到牡丹江市为我的工作室授牌。由于学校多功能会议室年久失修，连桌椅都得通过黑胶带来维持，又没有电子屏幕等必要的现代化设备，授牌仪式只好借用当地一所中学的会议室进行。当天下午，专家走进立新实验小学，看到孩子们在"新劳动教育"下自信灵动的表现时大加赞赏。但是，当他们看到劳动基地陈旧的设备、劳技室斑驳的天棚和因受潮起皮的墙面时，不无遗憾地和当地领导说："立新实验小学的劳动教育是在艰苦的条件下惨淡经营啊！"当时我的心情真是无比复杂。显然这话也触动了领导，我甚至能体会到领导的爱莫能助和力不从心。让我没想到的是，第二年就迎来了一个大惊喜。2016年暑期，市教育局投入一大笔资金对劳动基地进行改造和扩建，将其由原来的六室改为九室，基本满足了学生对劳动教育的需求。

天道酬勤，立新实验小学的劳动教育走过沧桑，芳华依旧。立新实验小学的"新劳动教育"在2018年尽唱凯歌，满是硕果。新学期还没有开始，全市教育系统大会就召开了。会上，专家大力表扬和肯定了立新实验小学的"新劳动教育"，并号召在全市中小学中积极推广。会间，领导把我叫去，欣喜地拿着一本《人民教育》指给我看，原来是立新实验小学的"新劳动教育"案例被收入 2018 年中国基础教育年度报告，这无疑确定了我校"新劳动教育"在全国的领航地位。此刻我又将作为全国中小学校长代表在《中国教师报》上发声，自然有说不尽的喜悦和幸福。光环的背后是方向的印证，无论"新劳动教育"取得了怎样的成果，我们心中的准绳只有一个，那就是学生的健康成长。为了学生的成长，我们依然行走在路上。

我的教育思想

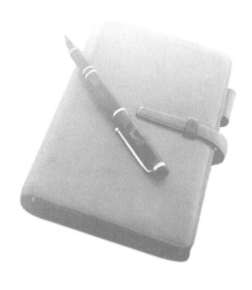

做校长之后，始终萦绕在心头、挥之不去的一个问题就是我们究竟该给学生什么样的教育？在仔细地研究立新实验小学坚持了半个世纪的劳动教育之后，思想越发明晰起来。我必须要毫不动摇地坚持，因为我看到了一代代立新人在劳动教育思想引领下的健康成长和全面发展；同时，我还要坚定不移地去改变它，因为我要让立新人在时光流转与时代变迁中，传承劳动育人文化，培育新时代劳动精神，形成一生受益的劳动价值观，打好人生底色。

一、打好人生底色

（一）"打好人生底色"的由来

信步校园，与任何一位教师交谈，都会感觉到立新实验小学的教师所做的每一件与教育相关的事情的目的只有一个，那就是为学生打好人生底色。

"打好人生底色"这六个字是从立新实验小学百年办学历程中萌发、生长并凝结而成，又因一次机缘被固定下来的。

1990 年 12 月 27 日，《人民日报》头版头条以《打好人生第一底色》为题报道了牡丹江市立新实验小学的办学经验。从此"打好人生底色"就成了立新实验小学的办学目标，时至今日已凝结成立新人共同的教育理想。从"第一底色"到"底色"是顺应时代发展的一种进化。学前教育和家庭教育越来越受重视，其教育作用也越来越明显。小学教育在儿童的成长过程中已不能再被称为"第一底色"。于是立新实验小学的办学目标悄然变成了"打好人生底色"。

图 19　1990 年 12 月 27 日《人民日报》头版头条报道了牡丹江市立新实验小学劳动教育成果

那么，《人民日报》的记者为什么会来到立新实验小学呢？他来到立新实验小学采访时到底看到了什么？是什么触动了他，让他以《打好人生第一底色》这样一个题目来报道一所边陲小学的办学经验呢？

20 世纪 80 年代的教育正经历从拨乱反正中逐渐复苏的过程。立新实验小学自 1958 年建立起学生劳动教育基地"红领巾饲养场"开始，一直坚持劳动教育，从未中断。1979 年和 1980 年，在牡丹江市的小升初统考中，立新实验小学的名次没有排在前面。就在这个时候，当时的校领导照常提出办好饲养场、坚持让学生参加劳动、加强劳动教育的要求，这在教师中和社会上都引起了很大的波动。教师们怕组织学生参加劳动教育影响教学，怕成绩上不去影响学校声誉。社会上类似"徒有虚名""搞花架子"等冷嘲热讽一起压过来。"七项第一不如统考分数一个第一。""孩子思想好坏不用你们管，多送几个学生升重点，我们就选你们当标兵。"面对咄咄逼人的舆论，当时的校领导没有退缩，一致认为学校教育要对国家负责，要对少年儿童将来成为什么样的人负责，决不能干"一俊遮百丑"的事。所以学校按原计划丰富了劳动项目，把劳动课程纳入教学计划，切实上好了劳动这一课。

　　1983 年，邓小平同志提出了"教育要面向现代化、面向世界、面向未来"的要求；1985 年 5 月 27 日，中共中央、国务院颁布了《关于教育体制改革的决定》，提出了"两个必须"，即教育必须为社会主义建设服务，社会主义建设必须依靠教育，明确了教育的基本功能。《关于教育体制改革的决定》还指出："在整个教育体制改革中，必须牢牢记住改革的根本目的是提高全民族的素质，多出人才，出好人才。"这是素质教育最初的思想源头，既开启了教育体制改革的大门，又拉开了时至今日仍然如火如荼的教育教学改革的序幕。

　　面对教育改革的风起云涌，基础教育开始了与素质教育相关的各种尝试，对应试教育弊端的大讨论催生了对各种教育思想、教育模式的探索。各种教育改革的尝试层出不穷，让人眼花缭乱。教育行政部门等相关权威机构开始探寻有一定基础且发展方向明确的成功教育模式，通过宣传、讨论等途径加以推广，以引领全国教育教学改革。从 20 世纪 80 年代开始，"成功教育""和谐教育""愉快教育"等一些重在培养学生综合素质的教育模式相继创立，此时立新实验小学的劳动教育也迎来了一次发展的巅峰。1987 年 7 月，国家教育委员会副主任杨海波到校视察后赞扬："坚持改革，求实创新，发扬优势，办出特色。"1990 年 8 月，《人民教育》杂志总编辑刘堂江称赞："立新实验小学是北方教育的明珠。"1991 年 2 月，中共中央政治局委员、国家教育委员会主任李铁映来校视察，对立新实验小学的办学给予了充分肯定，称赞立新实验小学是"全国教育的一面旗帜"。来校采访的《人民日报》记者姬云程写道："劳动可以帮助孩子识别真善美，追求真善美。""大自然为他们打开了一本活生生的《十万个为什么》，激发了学生的求知欲，使他们不仅在课堂上更加专心、刻苦，而且激发了他们主动探索、解决问题的兴趣。学生们的个性和创造性在

图 20　1991 年 2 月 8 日国家教育委员会主任李铁映到校视察

劳动中显得更加飞扬、更加活跃。"

那么，为学生打好怎样的人生底色呢？三十余年来，我不停地在心里追问着。我们的教育到底能给学生留下什么，要给学生留下什么？我想，不同的时代、不同的人会有不同的回答。但对于人的需要和社会的需求而言，健康的身心、良好的习惯、持续的学习能力和对创新创造思维的适当开启，应该是小学教育对人一生的发展所能产生的主要影响。

（二）"人生底色"为何

纪伯伦说："我们已经走得太远，以至于忘记为什么出发。"每一位初登讲台的新教师，心里升腾的都是为人师表的荣光与教好书育好人的豪情。我从刚入职的懵懵懂懂到后来的唯经验说，还没来得及深入地想一想，便已从教多年，成了别人眼里的老教师。

人的一生从呱呱坠地时便已出发，为何出发，来不及思。

当上教师的第一天，我也已出发，为何出发，模糊不清。

小小的婴儿出于生命的本能，在争取温饱的过程中学习哭闹的技巧，在对周围人的情绪的迎合中提高了社会交往技能，在各种感官功能的学习应用、协调整合中完成成长的过程。0 到 6 岁的孩子身体的自然成长是飞快的，所以家庭生活和幼儿教育中保育占十分重要的比重。当孩子进入小学后，其身份便自然过渡为学生，学习将逐渐成为重要任务。小学教育与之后的中学教育、大学教育相比较，其在启蒙、打基础、激发潜能、形成健康心理素养和综合能力品质等方面的作用更大，因此，小学阶段的教育内容更加丰富，教育形式更加多元，这也决定了小学阶段的教育"育"大于"教"。

我从教三十多年，当校长十多年，时常萦绕心头的就是我们该给学生什么样的教育。小学阶段是学生行为习惯、意志品质、潜能开发的关键期，6 至 12 岁的儿童具有较强的可塑性和模仿性，小学教育对人格、人性的影响远远大于传授知识。因此，小学教育的目的要以保障学生的身心健康为基础，以促进学生的全面发展为根本。

那么"打好人生底色"到底是什么？我们先来看三个小例子（在"第五期全国优秀小学校长高级研究班"上刘坚教授讲的案例）。

【1】退一步，海阔天空！

他是江苏省化学奥赛金牌得主，他是南京大学第一个跳级生，他是"寒门出才子"的典范，他获得斯坦福博士学位。事发前，他已经是美国一家公司的首席工程师，年薪 20 万美元。他叫王庆根。是什么让他丢下妻子和两个未满十岁的孩子，选择永远离去？

有网友说："当所有人在关心你飞得高不高时，只有少数人在关心你飞得累不累。"如果不是那些光环，他这一生或许会活得更轻松些。归根结底，他首先要学会过有自我的幸福人生。

不少网友认为，不可否认，寒门苦读值得鼓励，知识是改变命运的通道。不过，上名校、找好工作并不是唯一的价值体现方式，如何帮助学生养成健全的人格才是最重要的。

【2】兴趣驱动，自由发展！

正在牛津大学读博士的 23 岁的张维加，近日被英国皇家天文学会吸收为会士。张维加以兴趣为驱动、不追求分数、自由发展的成长轨迹引人思考。

张维加出生于杭州市一个普通人家，母亲是中学老师，父亲是电脑工程师。他没上过幼儿园，小学、初中也没有择校，就在镇上的普通公办学校就读。"从家里走过去就五分钟。"张维加母亲告诉记者，"学校里也有由尖子生组成的实验班，但我们是普通人，读普通班就行了。"2004年，张维加以优异的中考成绩进入杭州二中就读。"开学不到一个月，张维加就来到校长办公室问有些课他能不能不上，他已经自学过了。"杭州二中校长叶翠微说。叶翠微请班主任和任课老师评估后，决定让张维加的大部分课程免试，也没有动员他参加任何学科的奥林匹克竞赛。就在这样一个相对自由的环境中，张维加在高二时写的论文进入全国青少年科技创新大赛前三名，他也因此获得保送北京大学元培学院的资格。

"钱学森之问"是中国教育之痛，张维加的成长轨迹是否能令广大教育工作者思考，少谈一些分数、竞赛，多关注孩子的天性、兴趣呢？在教育中尊重孩子的选择并通过合理的方式固定、提升，转化成志向，这样的教育才有希望。

【3】坐在路边鼓掌的人

女儿的同学都管她叫"23号"。她的班里总共有50个人，每次考试，女儿都排名第23。久而久之，便有了这个雅号，她也就成了名副其实的中等生。中秋节，亲友相聚，坐满了一个宽大的包间。众人的话题也渐渐转向各家的小儿女，趁着酒兴要孩子们说说将来要做什么。钢琴家、明星、政界要人……孩子们毫不怯场，连那个4岁半的女孩也说将来要做央视主持人。人们忽然想起，只剩女儿没说了。在众人的催促下，她认真地回答："长大了，我的第一志愿是当幼儿园老师，领着孩子们唱歌、跳舞、做游戏。"

众人礼貌地表示赞许，紧接着追问她的第二志愿。她大大方方地说："我想做妈妈，穿着印有叮当猫的围裙，在厨房里做晚餐，然后给我的孩子讲故事，领着他在阳台上看星星。"亲友愕然，面面相觑，不知道该说些什么。老公的神情极为尴尬。

期中考试后，我接到了女儿班主任的电话。首先得知，女儿的成绩仍是中等。不过班主任说，有一件奇怪的事想告诉我，他从教30年了，第一次遇见这种事。语文试卷上有一道附加题：你最欣赏班里的哪位同学？请说出理由。除女儿之外，全班同学竟然都写上了女儿的名字，理由很多：热心助人、守信用、不爱生气、好相处等，写得最多的是乐观幽默。班主任还说，很多同学建议由女儿来担任班长。他感叹道："你这个女儿，虽说成绩一般，可为人实在很优秀啊。"

我开玩笑地对女儿说："你快要成为英雄了。"正在织围巾的女儿歪着头想了想，认真地告诉我说，老师曾讲过一句格言：当英雄路过的时候，总要有人坐在路边鼓掌。她轻轻地说："妈妈，我不想成为英雄，我想成为坐在路边鼓掌的人。"

我忽然被这个不想成为英雄的女孩打动了。这世间有多少人，年少时渴望成为英雄，最终却成了烟火红尘里的平凡人。

如果健康，如果快乐，如果没有违背自己的心意，我们的孩子，又何妨做一个善良的普通人。长大成人后，她一定会成为贤淑的妻子、温柔的母亲、热心的同事、和善的邻居。在那些漫长的岁月里，她都能安然地过着自己想要的生活。作为父母，还想为孩子祈求怎样更好的未来呢？

三个小例子，至少带给我们以下思考。

思考一："人生底色"是生动的、有活力的，是以身心健康为前提的。如果让我回答学校教育要培养什么样的人，答案很明确：要把孩子培养成人格健全的人、全面发展的人。我们培养出的学生中一定会有自由发展、个性鲜明的张维加，会有"坐在路边鼓掌"的快乐的普通人，也会有"寒门才子"型的尖端人才，但必须人格健全，心理健康。

纵观学校教育，我认为人的一生占有知识很重要，比知识更重要的是能力，比能力更重要的是习惯，比习惯更重要的是品格，比品格更重要的是人性。人性有善的一面，也有不善的一面，学校教育就是顺应人性的发展，扬善抑恶。

《国家中长期教育改革和发展规划纲要（2010—2020年）》提出坚持德育为先、能力为重、全面发展。刘坚教授说："什么是教育家办学？当一所学校在促进学生健康发展的路上哪怕是迈出一小步，我们就可以说，这所学校已经走在教育家办学的路上。"基础教育应该为孩子的人生打下全面发展的宽基础，而不是只重视知识和分数、只会应试的窄基础。

思考二："人生底色"是多彩的、自由的，是以激发和培养好奇心和想象力为目的的。儿童最大的资源优势是童心、童真和童趣，基础教育最应该做的事就是保护好孩子的好奇心和想象力，好奇心和想象力积淀到一定程度的时候就会转化为对学习的兴趣和持久的学习力。有专家说："到了大学才是一个人真正学习的开始。"可是，如果在小学、中学就已经耗尽了精力，对学习倦了、厌了，那么到了大学本该进入探究学习状态，我们的孩子却停了、放松了。所以，我们要为学生打好"人生底色"，就一定要呵护学生天性中的好奇心和想象力，并引导其不断发展。

图 21　学生在百花园探索植物的奥秘，好奇地吸花蜜

思考三："人生底色"要给学生大视野、大格局，要给学生一个向上的力。教育其实是一种影响。一个天真稚嫩的孩子进入校园，读了小学、初中、高中后，他们变化了的不仅是身高，也不仅是知识、能力、习惯，还有性格、品行、修养、气质等，还有对社会、对世界的认知和对自我在这个世界中的定位的判断。早在 20 世纪80 年代，邓小平同志就提出了关于教育的"三个面向"。针对小学阶段的教育我们不妨再加一个面向，那就是"面向人的一生"。我们的学校教育带给学生的影响会伴随学生的一生，学生的一生将带着这一特质。这一特质就像隐性基因，不会常常显现，但在关键时刻会起到重要作用。这就是我在办学过程中十分关注学校文化氛围的原因。教师综合素质、班集体、校园文化等，这一切构成了学生的学校生活的环境。这个环境是良好的，学生就会健康、快乐成长；这个环境是恶劣的，学生就会产生隐性的问题。因此，办学思想、育人理念和目标的确立应更人文、更开放，着眼点要高，着力点要小，要面向学生的未来和一生的需要来培养学生的核心素养。

（三）核心素养与国际竞争力

核心素养这一概念来源于国外，起始于 2003 年联合国教科文组织针对 21 世纪人才要求提出的"教育五柱"，出现于 2005 年经济合作与发展组织提出的"三类九项核心素养"。随后欧美一些国家先后提出了符合各自教育需要的核心素养纲目，逐渐重视学习与创新素养、数字化素养、职业与生活技能素养等。经过十余年的发展，已基本完成核心素养的国家推行。

我国核心素养首先出现在教育部《关于全面深化课程改革，落实立德树人根本任务的意见》（教基二〔2014〕4号）中。这一文件明确提出要"着力推进关键领域和主要环节的改革"，处在"关键领域和主要环节"首位的是"研究制定学生发展核心素养体系，明确学生应具备的适应终身发展和社会发展需要的必备品格和关键能力"，并要求"各级各类学校要从实际情况和学生特点出发，把核心素养和学业质量要求落实到各学科教学中"。核心素养一词随之成了近几年来的教育热词。各方专家、学者都对核心素养进行了分析和解读，使之成了继素质教育、全面发展之后的又一风向标式的教育名词。但国内在核心素养的实践领域还处于起步阶段，尤其在小学中，核心素养的校本化建设仍处于探索阶段。

2016年9月颁布的《中国学生发展核心素养》包括文化基础、自主发展、社会参与三个层面，分成人文底蕴、科学精神、学会学习、健康生活、责任担当、实践创新六部分内容，目的是培养全面发展的人。核心素养是学生在长期稳定的学习生活中逐步形成的。小学是核心素养形成的初始阶段，也是关键时期。

目前，中国以大国崛起的姿态站在了国际舞台的中央，中国制造乃至中国创造都已在国际竞争中占据了一席之地。中国在政治、经济、国防、科学技术等方面的迅猛发展，也催促着教育体制的转型与教育改革的推进。"中国学生发展核心素养"明确了现阶段中国教育的目的，在兼具科学性和民族性的基础上强调了时代性，体现了教育思想和教育理念的先进性与前瞻性，对培养具备国际竞争力的人才具有确切的指导意义。

作为中国人，我们对世界又了解多少？在竞争越来越激烈的今天，我们作为教育工作者，又能给未来将要参与竞争的学生什么呢？放眼世界，各国由于有不同的历史、不同的民族及不同的经济发展水平，形成了不同的人才界定标准。处于同一竞争环境中的青年一代将以怎样的综合实力跻身世界舞台，正是当前教育工作者应当思考的问题。小学虽然处于教育的基础阶段，但却是儿童成长过程中学习能力和心理发展的关键期，是充满期待的蛰伏期。小学阶段的教育成果一般不会明显、及时地表现出来。但作为小学阶段的教育工作者，我们切不可因此看轻小学教育，而是要以学生的终身成长为目标，将眼光瞄向世界；必须具备国际视野和全球意识，有将学生送入世界一流人才行列的站位与思考。

那么世界各国需要什么样的人才呢？我们通过一些小例子管中窥豹，可见一斑。

据美国劳工部 21 世纪就业技能调查委员会的一份调查显示，21 世纪美国对人才的要求如下。

三大基础：

智力基础——有较高的读、写、算、听、说的能力。

思维基础——能进行创造性思维，有决策能力及解决问题的能力，有想象能力、学习能力和推理能力。

素质基础——善良、诚实、正派，有责任心、自尊心，能自律，能协作。

五大能力：

统筹能力——具有统筹人员、资源、时间、财力及物资设备的能力。

合作及交际能力——具备团队精神，作为团队一员，对团队负责，能与之共同努力、为之奉献，能给他人传授新知识、新技能，能为顾客服务，并令服务对象满意。

获取并利用信息的能力——能获取信息、评估信息，能组织信息、保持信息，能诠释信息、交流信息，能用计算机处理信息。

系统动作能力——能认识社会系统、组织系统及科技系统的运作机制并有效地支配；能辨别动向，预测影响系统运作的因素，发现问题，及时纠正；能对现有系统提出修正建议，或开发新系统以改善运作。

利用多种科技手段工作的能力——能选择适当的步骤、工具或设备，包括计算机及其相关的技术；熟悉设备的装置调试、运作内涵及适当的工作程序和步骤；能防止、识别并解决设备故障问题，及时保养设备，包括计算机及其他技术设备。

国际上对人才的要求日益趋同，合作意识、创新能力、良好的心理素质等成为新型人才的必备要素，仅仅具备精湛的技术、扎实的智力基础远远无法满足现代社会的要求。学校要将育人目标指向学生的未来生活和发展，将育人方向与国际大环境接轨，将培养复合型高素质人才作为 21 世纪人才培养的方向，将基础教育对人的长远发展的影响作用充分展示出来。

日本作为第二次世界大战的战败国，几乎是在一片废墟上迅速崛起的。许多日本车、日本数码产品进入我们的生活。除了日本企业营销有道之外，日本产品的高质量、高科技含量也在中国市场建立了良好的口碑。日本有放眼世界之势，这与日本的教育有着重要的关系。日本人中接受过高等教育者的比例很高，教育体系十分成熟，人才储备也非常完善。日本员工几乎是终身效力于一个企业，极少跳槽。员工对企业的忠诚度极高，企业对员工的培养也不遗余力。

让我们看一看日本松下电器商学院是如何培训员工的。

5：30松下电器公司旗帜冉冉升起。

6：00象征进攻的"咚咚"的鼓声把大家唤醒。

6：10全员集合。点名之后，各个学员面向故乡，遥拜父母，心中默念："孝，德之本也。身体发肤，受之父母，不敢毁伤，孝之始也。立身行道，扬名于后世，以显父母，孝之终也。"接着做早操，然后，列队跑步3公里。

7：10早饭。每顿饭前，全体正襟危坐，双手合十，口诵"五观之偈"：一偈"此膳耗费多少劳力"；二偈"自己是否有享用此膳之功德"；三偈"以清静寡欲为宗"；四偈"作为健全身心之良药享用此膳"；五偈"为走人之正道享用此膳"。饭后，还要双手合十诵念：愿此功德，广播天下，吾与众生，共成事业。

7：50商业道德课。通过学习《大学》《论语》《孟子》《孝经》，确立"经商之道在于德"的思想。

8：40早会。全体师生集合，站成方队，朗诵松下公司的"纲领""信条"和"精神"，齐唱松下公司之歌。

9：00以班为单位，站成一圈，交流经验。

9：00—16：00共四节业务课。由讲师讲解经营之道，如经营思想、经营心理学、市场学及顾客接待术和商品推销术。

16：30自由活动。打球、卡拉OK、柔道、剑道。

18：50茶道。大家换上和服席地而坐，通过煮茶和品茶，追求形式上的完美、气氛上的和谐和精神上的享受。

22：17点名。全体学员面壁，感谢父母的养育之恩。

22：20全体危坐冥想，总结一天的收获。

22：30熄灯。一天的学习结束。

在时间安排上，我们几乎看不到空闲与休息时间，连吃饭时间都念念有词，既有与道德相关的内容，又有对经营之道的学习。令我印象最深的是对"孝道"和"忠诚"的强化。日本企业培训的最大特点是把军事化管理与效忠企业的信念结合起来，将培养纪律严明、永不放弃、团结协作的人才作为目标，最终达成认知、行为和心智模式的根本改变和统一。

德国人的严谨、规范、精益求精早已闻名世界，德国人对于规则的理解和遵守让人深感敬佩。青岛原德国租借地的下水道在高效率地使用了百余年后，需要更换一些零件，但当年负责修建的德国公司早已不复存在。后来，一家德国企业发来一封电子邮件，说根据德国企业的施工标准，在老化零件周边 3 米范围内，可以找到存放备件的小仓库。青岛城建公司在下水道里找到了小仓库，里面全是用油布包好的备用件，依旧光亮如新。在微信中看到过这样一个小故事：一个人走进了德国某小镇的车站理发室，理发师热情接待了他，却不愿意为他理发。理由是这里只为手里有车票的旅客理发，这是规定。这个人委婉地提出建议，说反正现在也没有其他顾客，是不是可以来个例外？理发师更恭敬了，说虽然是夜里，也没有别人，我们也得遵守规则。无奈之下，这个人走到售票窗口前，买了一张到离这儿最近的一站的车票。当他拿着车票第二次走进理发室时，理发师很遗憾地对他说，如果您只是为了理发才买了这张车票的话，那么真的很抱歉，我还是不能为您服务。当有人把深夜理发师的故事讲给一群在德国留学的中国学生时，这个故事引发了激烈的争执。"聪明"的留学生们共同设计了一项试验：他们趁着夜色来到闹市区的一个公用电话亭，在一左一右两部电话的旁边分别贴上了"男士""女士"的标记，然后迅速离开。第二天上午，令他们惊奇的一幕出现了：标着"男士"的电话前排起了长队，而标着"女士"的电话前空无一人。留学生们走上前去问那些平静地等待的先生们：既然那部电话前没有人，为什么不到那边去打，何必等这么久呢？得到的回答无一不是"那边是专为女士准备的，我们只能在这边打，这是秩序啊……"我们可能会认为这显示了德国人的迂腐、固执、不懂变通，但这不也正是社会应该恪守的"游戏规则"吗？

在德国，学生小学毕业之后会根据教师的推荐升学，学习技工，进入中专或者以后能上大学的文理中学。德国学生上大学的比例还没有中国高，但德国对高级技工的培养却是从小学毕业就开始的。企业要求员工对待工作一丝不苟，严格按制度法规办事，对细节要求完美。诚信、严谨、守法、忠诚是德国企业对于员工的基本要求。那么在德国，政府机构又是如何起到榜样作用的呢？

德国对公务员的选拔要求很高，在公务员的书写、表达等方面要求100%正确，否则有损政府机构形象。为了把最优秀的人员选出来，德国提出了8个方面的公务员选拔要素：

——书写能力

——口头思维表达能力

——政治倾向

——社会能力

——当公务员的动机

——求知欲

——灵活性

——忠诚度

各国对公务员的选拔都很严格，能够成为公务员的人是技能与品德全面发展的人。德国将"当公务员的动机"与"忠诚度"作为选拔要素，对公务员队伍的整体素质尤其是道德水平有基本要求，出于谋取私利而想当公务员的人会被拒之门外。

近年来，国内能够与公务员考试的火热状态相提并论的就是出国留学的热潮了。国内许多优秀学生通过各种渠道申请世界各国的大学，对美国、新加坡、英国等国家的名牌大学更是趋之若鹜。那么我们的学生在国外大学的竞争力如何呢？让我们来看看美国名校选拔优秀人才的标准。

中西教育体制的巨大差异，导致美国高校招生标准与中国完全不同。谈到美国名校选拔人才的标准时，普林斯顿大学周质平教授指出，中国是通过高考这座"独木桥"来选拔优秀学生的，而美国高校选拔优秀人才的方式是多样的。

第一，语言成绩。因为一些专业核心课程涉及大量专业词汇，中国学生赴美读本科，英语能力必须过硬。在宾夕法尼亚大学教育研究生院PCP-PCCW特训招生会上，宾夕法尼亚大学教育学院国际项目办公室中国项目代表秦潇潇表示："托福、美国高考是入读美国高校的一个标准考试。"PCP-PCCW国际项目由宾夕法尼亚大学教育研究生院创立于2001年，在过去的时间里，每年招生人数只有几名到十几名。前七届已从该项目毕业的学生无一例外全部被美国一流大学录取。

第二，高中期间的平均学分绩点（GPA）应达到3.8分（按中国每门学科满分100分计算，100分合4.0分）。秦潇潇表示："尽管美国高校看重的不是中国学生的高考成绩，但平均学分绩点必须达到3.8分，甚至是4.0分。"西北大学外语系主任顾利程教授也指出："入读美国排名靠前的高校，学生的平均学分绩点最低也要在3.3分以上。"哥伦比亚大学东亚系中文部主任刘乐宁教授表示，申请者的必修课成绩必须优异，而选修课成绩一直以来也备受重视。国内高中生在高等数学等比较有难度的课程上如果拥有不错的成绩或获过奖项，足以证明有挑战自我的实力，这对申请成功帮助会很大。"

第三，是否热心公益事业。

第四，推荐信的重要性。

谈到中国学生申请美国名校还存在哪些差距与不足时，杜克大学副教授李坤珊指出，中国学生与美国本土学生在能力和素质方面各有千秋，均衡比较优劣势，主要体现在生活、学习两个方面。

生活方面，中国学生存在的一项明显不足就是独立生活能力较差。主要原因是很多学生从小受到父母的百般呵护，以至于缺乏基本的生活自理能力，有的学生连饭都不会做。

学习方面，语言是中国学生的天然劣势。很多学生托福、雅思等成绩优异，自认为英语能力很强，其结果是到了美国以后，发现实际上与美国本土学生相去甚远。

此外，中国学生还存在思考问题比较单一的缺陷，创新意识与能力相对薄弱，沟通和社交能力不足。谈到中国学生的优点，刘乐宁教授指出，中国学生自律性较好，学习也很用功。

中国学生不缺乏学习能力，综合实力也不弱，主要劣势表现在独立生活能力较差和创新意识与能力相对薄弱两个方面。这两方面劣势的形成与中国的家庭教育和学校教育长期以来以高分为最终追求目标的理念有着直接的关系。

中国学生大多是在家庭无微不至的呵护下和学校整齐划一的"管""教"中走过来的。从中国学生发展核心素养包含的内容来看，中国学生的健康成长可以落脚于满足幸福生活的健康身心、肩负民族复兴的文化认同和立足于世界的国际竞争力，包含其中的责任担当、科学精神、实践创新的基本内容就是与国际竞争力相匹配的核心素养。立足于世界，我们看到了发达国家对人才的需求标准：重智商，又重情商；重知识、才华，又重能力、人品。发达国家需要的是复合型人才、再学习型人才。我们看到了发达国家的基础教育注重学生思维的自由开放，注重独立探究能力和实践能力的培养。正因如此，中国基础教育的转型必须面向世界，面向未来的世界。我们的基础教育要成为学生成长路上可以持续攀登的山峰，而非越挖越深的"井"，让学生在人生的起步阶段便拥有广阔的视野与远大的志向，为国家建设培养合格的、高素质的劳动者。

（四）我的育人观

褚宏启先生写过一篇题为《只有把学生当成未来的女婿和儿媳来培养，教育才会有希望》的文章，开头写道："在学校里，成绩好的学生总是让老师青睐有加。但是分数只在学校这样的特定情境下才体现出'优越性'。一旦走出校门，走进社会，一个人的健康、三观、情商、灵活性、创造力等才是真正的核心竞争力。"这让我再一次陷入对育人观的思考。

"丈母娘的标准"一度引发热议，这个小故事说的是一位教师的女儿到了谈婚论嫁的年龄。有一天，女儿领回了自己的男朋友——这位教师曾经的得意门生。这位教师以丈母娘的标准衡量着眼前的这个青年人："这个孩子原来读书的时候，我多么欣赏他呀！他学习成绩很棒，又特别听话，从来不调皮捣蛋。现在他也挺成功的，不到三十岁就是公司的中层管理人员，按理说，他还是不错的。可是，让他来做我的女婿，我真的不中意。你看他的背，好像有些驼了；走起路来怕踩着蚂蚁，就像个小老头；你看他的眼镜，镜片那么厚，至少也有七八百度；你再听他说话，细声细气的，哪像个小伙子，更不用说像个男子汉了。最让我看不上的是他那么古板，表情那么单一，一点幽默感都没有。我女儿如果跟这样的人生活一辈子，她能获得快乐和幸福吗？"原来很欣赏的学生现在成了被淘汰的女婿人选，这似乎是个悖论，而这恰恰也是我们的教育的现实。

　　儿童在入学之前多与母亲在一起，且独生子女少有玩伴，小学六年又以女教师、女班主任居多。儿童12岁之前的成长环境中女性占主导地位，其性格的形成也会受到影响。尤其是男孩子，在母亲和女班主任的细心呵护和严格要求下难免会形成过于阴柔的性格，缺少男子汉的阳刚之气。学生时代的"乖乖男""乖乖女"不一定在未来的生活中过得幸福，"丈母娘的价值标准"应该是素质教育的眼光，教育的终极目的应该是让学生活得幸福而且有尊严，基础教育要着眼于学生未来的生活与工作。

　　同时，家长对孩子的期望最终都会落在两个字上——优秀，小学时要表现优秀，初中时要成绩优秀，高中一定要考优秀的大学。大多数家长对教育的关注到高考为止。这条从小学到高中的关注线是以成绩为轴的，孩子大学以后直到就业、成家所表现出来的状态则与能力的关系更大。这种单线成长导致的严重后果就是孩子目中无人，只关心自己是不是高兴、是不是委屈，全然不理解父母、他人，淡化了亲情，也没有了社会担当。

　　立德树人是教育的根本任务，培养合格的人才是教育的本质。而在生活中，我们往往偏重教书，忽视育人，甚至只管教书，不管育人。究其原因有三。一是学校在考评教师的过程中忽略育人效果。书教得怎样能通过考试考出来，而人育得怎样无法考，也没人考。二是家长追求好教师看重的是成绩，好教师的标准是能教出考出好成绩的学生。三是社会评价"名师"之名在教书而不在育人，基本不看重育人的结果。然而在现实生活中，往往育人的结果更能影响人的一生。前些年残忍杀害四名同学的马加爵是典型的"寒门才子"，从小到大一直成绩优秀，是老师眼中的优等生。当他考上大学之时，想必他的老师也曾感到光荣，但对于他后来的所作所为，一定没人追究他的老师的责任。于是，在现实工作中我们不知不觉地丢掉了一样重要的东西、忽视了一种责任——育人。

　　我对于育人观的思考是紧紧围绕育人二字展开的。

　　其一，学校教育的目的就是要把学生培养成人格健全的人、全面发展的人。我认为，人性有善的一面，也有不善的一面，学校教育就是要顺应人性的发展，扬善抑恶。只传授知识、技能的教育不是真正的教育，因为人的成长归根结底是心灵的成长、人格的成长。那种不重视育人的教育是伪教育，结果概括起来就是有知识没教养，有文化没修养，有学历没信仰；对人不感激，对物不爱惜，对己不克制，对事不努力。不少人心中只有自己，没有他人；只知接受爱，不懂得去爱别人；小时候对学习不认真，长大了对感情不认真，工作了对事业不认真。

其二，基础教育不能忽略童年，学校是梦开始的地方。儿童的世界和成年人的世界不一样。如果我们的育人环境、教育氛围带给学生的影响是温暖的、阳光的、向上的，那么学生就会长成温暖、阳光、向上的人。儿童最大的资源优势是童心、童真和童趣，基础教育最应该做的事就是保护好孩子的好奇心和想象力，让一切学习活动都以好奇心和想象力为基础和动力，以探索和创新为目的。好奇心和想象力积淀到一定程度的时候就会转化为对学习的兴趣和持久的学习力，成为支撑学生持续学习、终身学习的力量源泉，让学生一直保有"做梦"的能力。教师不仅要让学生"做梦"，还要让学生"做好梦"，而不是为了养成某些良好习惯或达到某些能力水平而进行机械刻板的训练，让学生"做噩梦"。

其三，任何美好品质的养成都来自亲身实践。当我们的学生不停地追问"这样行不行""那样行不行"的时候，也许有的教师会直接告诉学生"行"或"不行"，也许有的教师还会耐心地告诉他们"为什么行"或"为什么不行"，但更多的时候我会告诉学生"试一试就知道了"。"实践是检验真理的唯一标准"是马克思主义基本原则之一，任何理论都要不断地接受实践检验。学生在学校教育中接受的大多是间接经验，学习过程很容易陷入死记硬背的旋涡。而在德育中，简单直接的说教所能取得的教育效果微乎其微，并且极有可能让学生在日常生活中养成"说一套做一套"的习惯。人类的进步是建立在行动的基础上的，在实践中亲身感知的知识、技能、习惯、意志品质等就会融入生命，并在行为过程中表现出来。因此，自主、探究、合作的学习方式不仅适用于学习知识，而且适用于德育。学生在实践活动中感受道德的力量，鉴别美丑是非；在亲身参与的过程中完成对自身良好形象的塑造。

培养什么样的人，既要着眼于国际上对人才的需要，又要符合国情、校情、生情。从国内现行的教育体制来看，无论是家庭教育还是学校教育，都指向高考。学习要出成绩，培养特长的目的是高考加分，家庭教育与学校教育都集中在智育上，高分低能几乎成了优等生的代名词。

褚宏启先生在一次讲座中做过这样的分析：我国教育发展的现实与结果存在的突出问题是人的数量和质量之间的矛盾，也就是总量大，但结构不合理，缺两类人才："手巧"的人，"心灵"的人。手特别巧的人就是技能型人才。目前，我国普遍存在民工荒、技工荒、技能荒现象；心特别灵的人就是尖端型人才、英才、拔尖创新型人才，"钱学森之问"是中国教育之痛，问的就是中国教育为什么培养不出杰出的人才。根本原因是学校的育人目标有问题，定位不合理。很多学校的育人目标不是培养高素质的劳动者，而是将目光盯在了"专门人才"甚至"拔尖人才"上。结果是眼高手低，培养不出杰出的人才，也培养不出高素质的劳动者。

那么，我们培养出来的学生到底应该是什么样的呢？这里讲一个我遇到的真实例子：一天上午，我在办公室里，有人敲门，进来一个小女孩，十二三岁的模样，看上去是一个文静、朴实又挺漂亮的小姑娘。她静静地看着我，用平静自然的声音缓缓地介绍她的来意："我是立新毕业的学生，我叫马××，现在上初中一年级。我的小学老师是宋老师。"说到这，她稍微停了停。我惊奇地看着她，心想一个中学生为什么不去上学，难道是来告老师的状，还是有什么秘密要向我说……正当我心里快速盘算着种种猜想时，她又接着用不高不低的声音说："校长，我是背着我父母来找您的，因为我感冒了，所以这两天没上学。我有个表妹在立新上五年级，学习挺好的。我还有个弟弟，今年6岁，秋天上学，我家不在立新学区内，但我的父母想让我的弟弟到立新来上学，我想请校长收下我弟弟。"我明白了，原来是为弟弟入学的事来找我的。可是，每年新生入学我都犯难啊。还没等我说话，她接着说："校长，我喜欢唱歌，前几天，四中举办了校园好声音比赛，共设四个奖次，一等奖1名，二等奖2名，三等奖3名，四等奖4名，共10人获奖，我获得了第一名。"我赞赏地点点头，问："那就是说只有你一人获得了这次大赛的一等奖？"她愉快地说："是啊，校长，我给您唱一首歌吧。"说着，她站起身来，用手机放音乐，唱了一首《感恩您，我的老师》，声音柔美，表情自然。我不由自主地为她鼓掌。她又送给我一幅她自己画的国画，还打开给我看，不好意思地说刚学了半年，画得不好。我高兴地收下了，跟她说："你一个小姑娘能为弟弟上学的事来找校长，这份勇气让我很欣慰，你弟弟上学的事我会尽力的，如果学区内的孩子招生结束后还有名额的话，我会和校领导班子商量优先录取你的弟弟。"她眼睛湿润了。目送她离去，我回味为什么会答应她。是她的勇气、智慧、气质还有爱心打动了我。她是立新实验小学培养的学生，这让我由衷地骄傲和自豪。这样的学生应该就是我们的培养目标。

二、劳动育人

（一）"五育"之"劳动教育"

在我的记忆里，一提起"五育"，人们想到的是德、智、体、美、劳，而最早并非如此。

新中国成立之前，就曾有过"五育"，通常是指蔡元培1912年初出任教育总长时提出的"军国民教育、实利主义教育、公民道德教育、世界观教育及美感教育"五项主张。

蔡元培把教育分为"隶属于政治"与"超轶乎政治"两类。"隶属于政治"的是军国民教育、实利主义教育和公民道德教育，"超轶乎政治"的是世界观教育和美感教育。他认为，两类教育均不可偏废。为了强兵富国，需要军国民教育和实利主义教育，但"必以道德为根本"。公民道德即"自由、平等、亲爱"，亦即儒家的"义、恕、仁"。他把欧洲资产阶级道德观念同中国儒家传统道德观念糅合在一起，主张培养现实社会的完全的人格。蔡元培提出的教育思想体系以军国民教育、实利主义教育为急务，以公民道德教育为中心，以世界观教育为终极目的，以美感教育为桥梁。

2018年9月10日，全国教育大会在北京召开。习近平总书记发表重要讲话，强调"培养德智体美劳全面发展的社会主义建设者和接班人，加快推进教育现代化、建设教育强国、办好人民满意的教育"，把教育目标中的"四育"提升为"五育"。

那么，劳动教育又是以怎样的形式存在于教育之中的呢？

1957年2月，毛泽东在《关于正确处理人民内部矛盾的问题》中提出："我们的教育方针，应该使受教育者在德育、智育、体育几方面都得到发展，成为有社会主义觉悟的有文化的劳动者。"这一重要论述将马克思主义关于人的全面发展思想贯穿于社会主义教育培养目标之中，形成了新中国全面发展的社会主义教育方针。这

一方针对我国教育事业的发展发挥了持久的指导作用。

1958 年 9 月，中共中央、国务院发出的《关于教育工作的指示》明确提出"党的教育工作方针，是教育为无产阶级的政治服务，教育与生产劳动相结合"，同时指出"教育的目的，是培养有社会主义觉悟的有文化的劳动者"，后来概括为"教育必须为无产阶级的政治服务，必须与生产劳动相结合"（"两个必须"）。这是新中国成立后，我国在中央文件中对教育方针的表述首次冠以"教育工作方针"字样。此后，人们将这一方针与 1957 年毛泽东提出的教育方针结合起来，作为统一的教育方针加以贯彻，这就是 1961 年《教育部直属高等学校暂行工作条例（草案）》（"高教六十条"）中提出的"教育必须为无产阶级政治服务，必须同生产劳动相结合，使受教育者在德育、智育、体育几方面都得到发展，成为有社会主义觉悟的有文化的劳动者"。这一教育方针以我国社会主义的基本国情及其教育活动为实践依据，以党在特定历史时期的基本路线为政策依据，继承了党在民主革命时期关于新民主主义文化教育总方针的优良传统，为我国社会主义教育事业指明了前进的道路和发展的方向。这一方针于 1978 年正式载入《中华人民共和国宪法》。

1990 年 12 月 30 日，党的十三届七中全会通过的《中共中央关于制定国民经济和社会发展十年规划和"八五"计划的建议》提出："继续贯彻教育必须为社会主义现代化建设服务，必须同生产劳动相结合，培养德、智、体全面发展的建设者和接班人的方针，进一步端正办学指导思想，把坚定正确的政治方向放在首位，全面提高教育者和被教育者思想政治水平和业务素质。"1993 年，中共中央、国务院颁布的《中国教育改革和发展纲要》重申了这一方针。1995 年，八届全国人大三次会议通过的《中华人民共和国教育法》沿用了这一教育方针。至此，我国新时期的教育方针已完成了法律程序，写进了教育的根本大法。

世纪之交，随着素质教育的理论探讨和实践发展，我国的教育方针又被赋予了新的时代内容。1999 年，九届全国人大二次会议通过的《政府工作报告》及《中共中央国务院关于深化教育改革全面推进素质教育的决定》中，都在人才培养中提出了"美"的要求。这样，新时期的教育方针就表述为"教育必须为社会主义现代化建设服务，必须与生产劳动相结合，培养德、智、体等方面全面发展的社会主义事业的建设者和接班人"。这一新的教育方针，确立了教育事业为社会主义现代化建设服务的方向，明确了教育培养德、智、体等方面全面发展的社会主义事业的建设者和接班人的目标，揭示了教育与生产劳动相结合的人才培养根本途径。

1999 年 6 月，江泽民在第三次全国教育工作会议上的讲话中指出："我们必须全面贯彻党的教育方针，坚持教育为社会主义现代化建设服务、为人民服务，坚持教育与社会实践相结合，以提高国民素质为根本宗旨，以培养学生的创新精神和实践能力为重点，努力造就有理想、有道德、有文化、有纪律的，德育、智育、体育、美育等全面发展的社会主义事业建设者和接班人。"首次提出了教育"为人民服务"和"坚持教育与社会实践相结合"的指导方针。2002 年 11 月，江泽民在党的十六大上提出："全面贯彻党的教育方针，坚持教育为社会主义现代化建设服务，为人民服务，与生产劳动和社会实践相结合，培养德智体美全面发展的社会主义建设者和接班人。"

——翟博《新中国教育方针的形成与演变》（摘自《中国教育报》，
选入本书时有改动）

由此可见，生产劳动作为实现教育目的的手段、途径、策略，一直贯穿于我国的教育方针之中。其表现可分为两个阶段。

第一阶段："两个必须"，使之成为学校教育的载体。

自 1958 年 9 月中共中央、国务院在《关于教育工作的指示》中提出"两个必须"之后，在相当长的时间里，教育的目的是"培养有社会主义觉悟的有文化的劳动者"，最终的落脚点是培养"劳动者"。学生要会劳动、能劳动，尤其要能参加生产劳动。当时学校很重视教育与生产劳动相结合，很重视培养合格劳动者，在小学就很规律地开展"学农""学工"活动。学生们到农村、工厂参加生产劳动，勤工俭学，不仅提高了劳动能力，还锻炼了意志、毅力，培养了吃苦耐劳的精神，体会到了劳动的光荣伟大及成为一名合格的劳动者的自豪。

第二阶段："全面发展"，使之成为育人的途径和手段。

1990 年 12 月 30 日，党的十三届七中全会通过的《中共中央关于制定国民经济和社会发展十年规划和"八五"计划的建议》中，教育方针发生了较大的变化，教育的目的调整为"培养德、智、体全面发展的建设者和接班人"。从"劳动者"到"建设者和接班人"，从"有社会主义觉悟"和"有文化"到"德、智、体全面发展"，既是国家教育方针与时俱进的发展，又是对教育的发展方向和教育目标的重新界定。于是在 20 世纪八九十年代，随着第一代独生子女成为受教育主体，生产劳动逐渐退出了学校教育，取而代之的是社会实践活动的兴起，"教育与生产劳动相结合"也湮没在了时代变化、经济发展、思想转型的大潮中。

2009 年颁布的《国家中长期教育改革和发展规划纲要（2010—2020 年）》明确指出要"全面贯彻党的教育方针，坚持教育为社会主义现代化建设服务，为人民服务，与生产劳动和社会实践相结合，培养德智体美全面发展的社会主义建设者和接班人"。首先，进一步强调了教育与社会实践相结合，明确了教育的发展走向。我认为，教育"与生产劳动和社会实践相结合"指的是学校教育要将课程内容与学生生活、现代社会联系起来，将课程实施、课程评价与实践结合起来，使学生学到能够应用于生活的知识。其次，进一步明确了"生产劳动和社会实践"作为实现教育目标的基本途径的作用。其包含两方面的含义：一是学生必须参加社会实践活动，在实践活动中巩固和运用所学的知识；二是教育事业要和国民经济、社会发展的要求相适应，使教育的发展和培养的人才满足社会的需要。在这些社会实践活动中，学生获得学习科学文化与加强思想修养的统一、学习书本知识与投身社会实践的统一、实现自身价值与服务祖国人民的统一、树立远大理想与进行艰苦奋斗的统一。

习近平总书记在 2018 年 9 月 10 日的全国教育大会上强调了劳动教育的重要性，"要在学生中弘扬劳动精神，教育引导学生崇尚劳动、尊重劳动，懂得劳动最光荣、劳动最崇高、劳动最伟大、劳动最美丽的道理，长大后能够辛勤劳动、诚实劳动、创造性劳动"，并指出"要努力构建德智体美劳全面培养的教育体系，形成更高水平的人才培养体系"。这次会议标志着劳动教育由教育的载体和途径真正转化为教育内容。

如果说之前的劳动教育也存在于教育内容之中，那么以改革开放为分水岭的话，劳动教育作为教育内容之前多表现为"学农""学工"、参与生产劳动，之后主要表现在德育工作中，即在思想层面进行"劳动光荣"的教育。即便 1981 年劳动技术课正式被纳入中小学教学大纲，学校开始上劳动技术课，其育人效果也受制于具体实施过程。由于场地、设施设备、师资等现实情况的影响，尤其是在应试教育的压力之下，劳动技术课一直处于被人为弱化的境地。

习总书记指出，劳动可以树德，可以增智，可以强体，可以育美。把劳动教育纳入党的教育方针，将劳动教育与德育、智育、体育、美育并列，是中国教育发展过程中的一次重大决策，也是对新时代的教育改革提出的方向性要求。

（二）"劳育"之殇

1993 年，《中国教育报》发表了孙云晓的《夏令营中的较量》。此文一出，在全国范围内引发了一场激烈的教育大讨论。这场大讨论暴露出中国教育的危机，促进了人们对素质教育、对人的全面成长的关注，以及对教育对人的生存、生活、生命成长的作用的思考。《夏令营中的较量》一文以中日孩子在夏令营中的表现进行对比。比如，日本孩子病了硬挺着走到底，中国孩子病了回大本营睡大觉。还有日本家长乘车走了，只把鼓励留给发高烧的孩子；中国家长来了，在艰难路段把孩子拉上车等现象。孩子身上显露出的弱点折射的其实是家长的育儿态度和学校的育人理念，这不能不引起教育工作者的思考。

20 世纪八九十年代正是第一代独生子女成长的关键时期，"80 后"这个带有十分鲜明的时代印记的称谓给他们打上了特立独行、离经叛道、懒惰娇气等标签，甚至有人说"80 后"是"垮掉的一代"。我作为 1985 年参加工作的小学教师，一开始接触到的学生正是这批"80 后"。从我的视角来看，"80 后"成长的烦恼究其根本有以下几点。一是恰逢改革开放初期，市场经济带来的冲击让整个社会浮躁不安，孩子们因为接受新鲜事物的能力更强，所以和他们的父母或"70 后"相比就显得格格不入。二是崇尚"人丁兴旺"的中国人在计划生育制度的制约下面对"一对夫妻只能生育一个孩子"的情况有点不知所措，家族式的宠溺放缓了孩子自身成长的速度，尤其是阻碍了生存能力方面的成长。三是以"应试"为目的的基础教育形式比较单一，综合实践类活动相对较少，劳动技能的训练一般停留在做值日生上；更有甚者，当轮到自己家孩子值日的时候，家长们便一拥而上，全部代劳了。

孩子们在家庭成长过程中缺少的关乎生活、生存技能的训练，在劳动教育被弱化的时期也没能在学校教育中得到补充。国外对于劳动教育的重视带给我们更多的启示。

国际上的中小学劳动教育以课程为载体，已经形成一种制度。其发展趋势是课程目标向以基本技术教育为主线转移，课程内容把信息技术作为必学项目，教学过程注重培养学生的设计能力、创新意识和技术实践能力。一些国家的中小学劳动教育在重视程度、发展方向、体系架构等方面均已初具规模，主要特点有以下三个方面。

特点一：普遍重视中小学生的劳动教育。

一份关于一些国家中学生每日劳动时间的统计数据显示：美国 72 分钟，韩国 42 分钟，法国 36 分钟，英国 30 分钟，中国 12 分钟。有些国家还以法律条文的形式要求孩子劳动，如德国法律明确规定孩子必须帮助父母做家务：6～10 岁的孩子要帮助父母洗餐具，给全家人擦皮鞋；14～16 岁的孩子要负责擦汽车，为家中的菜园翻地；16～18 岁的孩子每周要对房间进行一次大扫除。美国的父母从小就培养孩子自食其力的精神，让孩子重视劳动的价值。中学生中有句顺口溜："要花钱自己挣"，即使是富家子弟也要自力更生；如果坐享其成，则被认为是可耻的。日本人对孩子要求极其严格，4 岁多的孩子生活已能基本自理。在瑞士，从幼儿园开始就进行劳动教育。幼儿园墙上一边是工业工具图片，一边是农业工具图片，让每个幼儿知道这些工具是干什么用的，将来也要用它们生活、劳动；然后告诉他们，父辈就是靠这些工具把瑞士建设起来的，从而进行传统和劳动教育。网上有一篇写日本小学生吃午餐的文章，读后我很受启发。这所日本小学的学生中午在食堂就餐。午餐比较简单：一碗蛋汤，一碗米饭，一点青菜，一点肉。学生们轮流帮厨，穿着白大褂，戴着白口罩、白帽子，拿着餐具，拎着沉重的牛奶箱，里里外外不停地忙碌着。他们的个头很小，一看就是低年级的小孩子。他们的这种劳动叫作给食值班，每天都要抽到一个班，学生不管大小，都要参加擦桌子、去食堂领饭菜、分饭、分菜、分盒装牛奶、分筷子、分汤等工作。学生们有条不紊地完成每项任务，其间还包括熟练地给垃圾分类。

由上文可知，各国对孩子自我服务能力的教育是全民性的，是家庭、学校、社会共同的责任。

特点二：劳动教育与职业教育相联系。

从国外中小学校开展劳动教育的情况看，学校开设的劳动教育课程多为技能培训和创造性劳动能力的开发；在精英教育的基础上，更明确地培养社会需要的技术工人，从小培养孩子对工业、农业等生产事业的兴趣，并让孩子们明白自食其力的生活准则。

综观一些国家的中小学劳动技术课程情况，普遍重视技术培训。例如，从 1991 年起，英国中小学开设"设计与技术"必修课；从 1985 年起，法国中小学开设"科学与技术"必修课；1999 年起，俄罗斯从在原有的"工艺"必修课中增设了"劳动培训"与"制图技术"。苏联对中学生劳动教育的具体安排为：5～9年级——社会公益劳动、一般劳动训练和职业定向；10～11年级——生产劳动和大众化职业训练。我国香港也将技术纳入中小学学生的主要学习范畴。

中小学劳动教育区别于职业教育，以实践体验为主，以培养兴趣、掌握基本生活技能、形成良好的劳动习惯和端正的劳动态度为内容，以发展身心为目标，旨在让孩子们掌握应对生活的必要技能而非专业技术。

特点三：早已建立了比较完整的劳动教育体系。

国外的劳动教育起步比较早，在社会和国民中影响较深。以学校为主阵地的劳动教育与社会、家庭相结合，形成了教育合力。许多国家或学校都已形成完整的劳动教育体系和较大的社会影响力。

苏联的普通学校经过几次教育改革，逐步建立起比较完整的劳动教育体系。这个体系包括校内的劳动教学课、课外的公益劳动和生产劳动、校外和班外的技术创造活动。劳动教学课的教学原则是学以致用，其内容主要是与生产劳动有关的理论知识。学生在参加生产劳动之前都要上劳动教学课，获得相应的理论知识。例如，参加纺织系统生产劳动的学生按教学大纲规定要上44个学时的纺织生产基本知识课。利用暑假参加生产劳动是苏联中学生劳动教育的主要方法之一，其组织形式有：学生劳动联合会，即学生劳动队的联合组织；学生生产队，即农村学校的学生参加农业生产劳动的组织形式；校管林区，即山区学校的学生参加生产劳动的组织形式；劳动休息营，即高年级学生暑期休息、接受劳动锻炼和培养劳动习惯的教育机构。

在德国，教育家 J. 波尔金等人将学校劳动教育的目的概括为以下六个方面：第一，培养学生自觉的纪律性；第二，培养学生对待人民的财富抱有主人翁的态度，即爱惜国家财物；第三，培养学生从事劳动的愿望；第四，培养学生掌握社会生活的准则；第五，使学生达到政治的成熟性，成为爱国主义者和国际主义者；第六，培养学生的求知欲和创造精神，对技术感兴趣。德国工业的发达是世界瞩目的，在工业制造上的精益求精更为世人所赞叹。德国中小学生在劳动教育中所培养和体会的正是在日后的工作中所需要的良好素养和优秀品质。

与国外相比，我国的劳动教育起步较晚，且发展迟缓。在中国古代，人们一边歌颂劳动人民的勤劳质朴，一边向往和追求着衣来伸手、饭来张口的富贵生活，"官本位""学而优则仕"的思想贯穿了中国几千年的封建社会。对于劳动，我们既赞美，又鄙视。我们既知道劳动是一切美好生活之源，又极力让自己摆脱身处劳动人民之列。因此自改革开放以来，劳动教育首先在家庭教育中被忽略了，这与家长们对独生子女望子成龙、望女成凤的迫切心情是直接相关的。家长们渴望孩子以后要成的"龙""凤"不包括农民和工人，孩子在作文里写的"理想"也往往是当科学家、做官、成为大富翁等。颜李学派的代表人物颜元说："君子处事也，甘恶衣粗食，甘艰苦劳动，斯可以无失矣。"我们不妨反向理解，一个人如果不能过简朴的生活，也不能心甘情愿地参加艰苦劳动，那么他将失去君子的处事能力。

家庭和社会对劳动教育的认识，直接导致了学校劳动教育的弱化，其中原因大抵有以下三点。

一是教育方针中明确要求"教育与生产劳动相结合"，但在自上而下的落实过程中却没有给出系统的"相结合"的路径和可操作的标准。在20世纪五六十年代，学生们尚有机会参与生产劳动，虽当时劳动较多，但教育甚少；改革开放以来，学生们已没有机会参与生产劳动，有机会参与社会实践和生活劳动，但其中劳动甚少，教育颇多，尤以纸上谈兵的思想教育见长。

二是开设了劳动技术课，却没有为此门课程的实施建设相应的劳动技术室，劳动技术课不见技术。师生围着一本教材，教学仿佛"看图说话"。结果是教师不愿讲，学生也没有兴趣学。一旦课时紧张，劳动技术课便被挤占，甚至挪作他用。

三是在长期的"成绩当家"的境遇里，没有哪一张试卷考查的是学生的劳动技能。结果是德、智、体、美可以全面发展，而作为教育的载体的劳却在夹缝中苟延残喘，徘徊在素质教育、全面发展的边缘。

陶行知说："在劳力上劳心，是一切发明之母，事事在劳力上劳心，便可得事物之真理。"当今的青少年学生大多家庭经济条件较好，加上应试教育的影响，整天沉浸在书本知识学习中，很少参加劳动。这导致许多学生不会劳动，不爱劳动，在劳动中怕苦怕累，缺乏艰苦奋斗、吃苦耐劳的精神，不知道劳动的意义和价值。不少学生由于没有经受过劳动的艰苦锻炼，在学习过程中遇到困难就怕苦怕累、难以坚持，参加工作以后仍怕苦怕累、不敢担当、不敢开拓进取。因此，忽视劳动教育的教训是深刻的。

（三）他山之石

古今中外的很多教育思想家对劳动教育都有相当经典的论述：关注劳动教育与人的全面发展的关系，注重劳动教育与生产劳动和社会实践的结合，对劳动教育对人的成长和发展的作用进行深刻的论证。这些论述对劳动育人的实践有很大的启发和帮助。

第一，中国古代颜李学派的劳动教育思想。

颜元和其弟子李恭是颜李学派的创始人。颜元是我国 17 世纪一位杰出的唯物主义思想家、教育家，其教育思想有两大特点。

一是重视农业知识的传授。颜元的教育活动始终把向学生传授农业知识置于重要地位。他曾说："以礼、乐、兵、农，心意身世，一致加功，是为正学。"他亲自制定的"习斋教条"规定学生必须学习农学、谷粮、水利等知识，"凡为吾徒者，当立志学礼、乐、射、御、书、数及兵、农、钱、谷、水、火、工、虞"。

二是注重劳动在育人中的作用。颜元认为，劳动不仅可以促进经济的发展，有利于国家社会的强盛，而且有益于人的身体、思想、智力的发展。劳动能"治心""修身"，去除各种邪念。他说："吾用力农事，不遑食寝，邪妄之念，亦自不起。"劳动还能使人勤劳，克服怠惰、疲沓。他说："人不作事则暇，暇则逆，逆则惰、则疲；暇、逆、惰、疲，私欲乘之起矣。"

在颜元的劳动教育思想中，虽然有陈腐的观点，但也有不少合理的内容。在教育内容上，他提出了并传授了有关生产劳动的众多项目。在活动方式上，他提出了观察、实验、测验等方法。他把教育内容和活动方式扩大到空前丰富的地步，突破了儒家传统的教育内容和教育观点。

第二，陶行知的"教学做合一"教育理念。

陶行知是半殖民地半封建的旧中国向人民民主专政的新中国变革的时期的杰出的人民教育家。1927 年，时年 36 岁的陶行知决定在南京神策门外的老山脚下创立试验乡村师范学校，这就是后来的晓庄学校。从此，陶行知开始试验和探索他的生活教育理论，以实现改造旧乡村、建设新乡村的理想。

"生活即教育""社会即学校""教学做合一"是陶行知生活教育理论的主体。其精神实质一是反对"读死书、死读书、读书死"的脱离实践的传统旧教育，提倡读活书；二是主张改革旧教育中教师讲、学生听的传统教学方法；三是批判传统的旧教育内容——教师教的是要考的，而要用的没有教，教的很多东西在生活中用不上。

"教学做合一"是生活法，也是教育法。它的含义是教的方法根据学的方法，学的方法根据做的方法。事怎样做便怎样学，怎样学便怎样教。教与学都以做为中心。在做上教的是先生，在做上学的是学生。在这个含义下，先生与学生失去了通常的严格的区别，在做上相教相学成了人生普通的现象。（《陶行知全集》第2卷第650页）

"教学做合一"是生活现象的说明，即教育现象的说明。在生活里，对事说是做，对己之长进说是学，对人之影响说是教。教、学、做只是一种生活的三个方面，而不是三个各不相谋的过程。（《陶行知全集》第2卷第650页）

陶行知给"做"下的定义是在劳力上劳心，因此"做"含有下列三个特征：行动、思想、新价值的产生。这就是说，这个"做"是"行是知之始"的"行"，行以求知，强调了"行"是获得知识的源泉。"晓庄"试验初期开设的"农事教学做""家事教学做""改造社会环境教学做"等课程表明"教学做合一"的"做"已经与生活结合，与劳动结合。陶行知生活教育理论为现代学校开办教育提供了比较完整的理论基础，是大教育观的雏形。

第三，黄炎培的"职业教育"思想。

黄炎培是我国近现代著名的爱国主义者、民主革命家、政治活动家和民主主义教育家，我国近代职业教育的创始人和理论家。他把毕生精力奉献于中国的职业教育事业，为改革脱离社会生活和生产的传统教育、建设中国的职业教育做出了重要贡献。

黄炎培认为中国的教育"乃纯乎为纸面上之教育。所学非所用，所用非所学"，解决的方法就是采取实用主义，发展职业教育。黄炎培提出的"职业教育"的教学原则主要有"手脑并用""做学合一""理论与实际并行""知识与技能并重"等，其中"手脑并用"是黄炎培的"职业教育"思想的核心理念，贯通于办学宗旨和教育目的、训育方针和德育标准、培养目标和教育内容、教学过程和教学方法。其内涵要义是服务社会、服务平民，做人第一、敬业乐群，注重实用、注重技能，手脑联动、做学合一。这一理念至今仍有重要的理论价值和实践意义。

第四，杜威的"做中学"教育思想。

杜威是美国著名的哲学家、教育家和心理学家，是 20 世纪对东西方文化影响最大的人物之一。1919—1920 年，杜威任北京大学哲学教授，他的实用主义教育思想对现代中国教育的改革有深远影响。

"教育即生活""教育即生长""教育即经验的改造"是杜威教育理论中的三个核心命题。这三个命题紧密相联，从不同侧面揭示出杜威对教育基本问题的看法。他以此为依据，对知与行的关系进行了论述，提出了举世闻名的"做中学"原则。杜威认为，"做中学"也就是"从活动中学""从经验中学"。他明确提出："从做中学要比从听中学更是一种较好的方法。"在杜威看来，"做中学"充分体现了学与做的结合，也就是知与行的结合，它使得学校里知识的获得与生活过程中的活动联系了起来。

在论述"做中学"的含义时，杜威明确指出：工作是"使用中介工具或用具以达到目的"，它与"劳动"和"游戏"的不同是具有理智的特点，涉及一切活动，包括使用中介的材料、用具及技巧。它涉及各种用工具和材料去进行的表现和建造、一切形式的艺术活动和手工活动，只要它们包括为了达到目的的有意识或深思熟虑的努力。这就是说，它们包括油画、绘画、泥塑、唱歌等；也包括各种手工训练，如木工、金工、纺织、烹饪、缝纫等；还包括要动手的科学研究，如对研究材料的收集、对器具的管理。

由此，我们可以得出结论，杜威提出的"做中学"的内容包括艺术活动、手工活动和要动手的科学研究三个方面。杜威认为，"做中学"的内容使儿童关心的并不是那些客观事实和科学定律，而是直接材料的操作和简单能量的运用，以产生理想的结果。教育者要做的就是为儿童提供一个能够实现"做中学"的环境，并指导儿童去选择要做的事情和要从事的活动。

第五，凯兴斯泰纳的"劳作教育"思想。

凯兴斯泰纳是德国教育家，一生从事教育实践和教育研究工作。他批判了德国传统的国民学校和古典文科中学习脱离生产劳动实践和实际生活的教育模式，提倡以实用主义态度看待初等小学和中学教育，主张将文科学习与手工劳动结合起来。其核心思想是建立"劳作学校"和发展"公民教育"。

"劳作"一词的德文原意是农业的"苦工""贱役"，后来渐渐扩展为兼含手工劳动、技术作业和一般需要体力的工作。到了近代，"劳作"一词也指脑力劳动或精神工作。凯兴斯泰纳从公民教育这个教育的至高目的出发，为"劳作"赋予了全新的意义。他认为至少可以从三个方面来理解"劳作"在个人生活和公民教育中的价值。其一，"劳作"是具有教育价值的个人活动方式。他把教育过程中学生的自我活动分为游戏、竞技、工作、劳作。游戏的目的在于活动本身；竞技的目的是获得预期的成绩；工作的目的一半是活动本身，一半是取得某种效益；只有劳作才是完善的、真正的活动，才"真正有陶冶的价值"。这种教育上的陶冶价值在于获取经验的知识和生产的技能。其二，"劳作"是一种身心结合、体脑并用的活动。他认为完全不带精神工作的纯粹的身体工作和完全不带身体工作的纯粹的精神工作在事实上都是不可能的，人们从事的任何工作都是身心、体脑并用的，区别仅仅在于使用程度的不同罢了。既然体力工作与脑力工作是相互渗透的，那么就既要加强劳作，又要在劳作中加强智力训练。其三，"劳作"是具有陶冶价值的学生的独立活动。他认为只有在劳作中让学生按照自己的设想和目的进行操作，并检验自己的劳动成果，才能增强学生适应社会生活的能力，成为真正的国家公民，也只有这样的劳作才能算是具有陶冶价值的活动。

凯兴斯泰纳将国民学校改为"劳作学校"，增设实习工场、烹调室、缝纫室、实验室等，系统地培养学生体力劳作的兴趣、习惯和技能。"劳作学校"把劳作教学作为一门独立的学科，聘请受过训练的教师进行具体指导。凯兴斯泰纳的教育主张与实践基本适应当时德国资产阶级培养大批生产上有技术、政治上服从资产阶级利益的新型劳动力的要求，因而获得皇家实用科学院第一奖。

第六，苏霍姆林斯基的劳动教育思想。

苏霍姆林斯基是苏联著名的教育理论家和教育实践活动家，其劳动教育思想在他的整个教育理论体系中占有极其重要的地位。他把劳动教育作为对学生实施"全面和谐教育"的重要组成部分，终身致力于教育同生产劳动结合的研究，积累了丰富的经验。1947年他被任命为帕夫雷什中学校长，带领学生有计划、有目的地加强劳动教育，抵制了当时苏联其他学校取消劳动、削弱劳动教育的做法，使帕夫雷什中学不仅成为"教育文化中心"，而且成为"工农业技术改革的中心"，促进了学生道德品质、智力品质、审美能力和劳动能力等方面的发展。

苏霍姆林斯基明确指出，劳动教育两个最基本的目的就是劳动的社会目的和思想目的。劳动的社会目的是通过劳动和劳动教育为社会创造财富（包括物质财富、精神财富），劳动能体现出经济的价值。同时，劳动的社会目的的实现还有赖于学生的天资、素质、兴趣及各种才能的充分发展，而且这些才能只有在劳动中才能得到发挥。劳动的思想目的指通过劳动和劳动教育使人的思想面貌大为改观，丰富、充实人的精神生活，提高人的道德素养和审美情操，培养创造性的劳动态度；不仅把劳动看作生活之必需，而且把劳动变成一种生活享受和生活乐趣，让劳动成为人们幸福和快乐的源泉。

创造性劳动是苏霍姆林斯基的劳动教育思想的精髓。其内容为：一是创造性劳动要用足够的知识、充分的智慧去丰富劳动内容，完善劳动过程，提高劳动效率；二是创造性劳动也要用新技术取代传统劳动，用机械代替单纯体力劳动，以此减轻劳动强度，提高劳动效率；三是创造性劳动还要动手动脑、手脑并用、手脑结合，使劳动者在精神生活上得到丰富。

第七，马卡连柯的劳动教育思想。

马卡连柯是苏联著名的教育理论家、实践家、革命家，其教育理论是一个全面、系统且完整的体系。他的集体教育、劳动教育、家庭教育理论对苏联和其他社会主义国家影响深远。

马卡连柯一直主张学校是劳动教育的主要阵地，强调教育不仅要注重劳动，还必须是科学的。他把"前景教育"理论和"平行教育"理论应用于劳动教育之中，取得了可喜的成绩。其一，学校劳动教育与"前景教育"。这里所说的"前景教育"是指教师要不断给学生指出美好的前景，即"建立新的前途，运用已有前途，逐渐代之以更有价值的前途"，引导每一个学生不断完成新的劳动任务，实现从"比较眼前的满足走上比较远大的满足"的跃进。其二，学校劳动教育与"平行教育"。马卡连柯的"平行教育"理论强调在劳动教育过程中把集体作为教育对象，以集体为媒介，在教育集体的同时达到教育个人的目的。马卡连柯认为集体和个人之间是密不可分的，集体是"具有共同目的的个人集合体"。集体里的同学之间的关系"不仅仅用友谊来维系，而是以工作中的共同责任，以共同参加集体工作来维系的"。

在马卡连柯的劳动教育思想中，"劳动"这一概念的含义是广阔的，包括自我服务劳动、社会公益劳动、工农业生产劳动、学生的学习劳动，既有体力劳动，又有脑力劳动。劳动教育的最终目的是培养适应社会激烈竞争的全面发展型人才。

让我们来看几个比较典型的劳动教育的成功案例。

乌克兰：帕夫雷什中学的劳动教育。

在帕夫雷什中学，无论是道德还是知识，最后都落实在与孩子们共同发展的劳动教育中。一进入校门，学生便会处在创造性劳动气氛之中，没有一个学生不在某个技术小组或农业小组里劳动。帕夫雷什中学的劳动教育主要包含以下几个方面：一是促进学生智力和创造能力的发展，促使学生把知识应用于实践劳动，如把学生引入丰富多彩的机械学、电工学、无线电技术、自动化技术、生物学的创造性劳动之中；二是开展学生力所能及的体力劳动，如栽树、嫁接、埋葡萄藤等；三是开设劳动教育必修课，内容包括工农业生产、小手工艺制作、大机器操作和制造；四是开展陶冶个性、培养良好品质的教育活动，如一系列富有创意的劳动传统，每个一年级学生都要在春秋两季的"果园周"里为母亲、父亲、祖母、祖父各栽一棵果树，并且在日后照管。此外，学校还有传统的"首捆庄稼节""新粮面包节""夏季割草节"等。

帕夫雷什中学的劳动教育早已成为学校办学理念不可分割的一部分，学校的劳动教育内容与途径也较为稳定，学生的劳动成果十分显著。

美国：芝加哥实验学校的劳动教育。

芝加哥实验学校就是杜威学校。较小的学生是4岁和5岁的儿童，他们分别在一班和二班。他们每天的活动就是交替进行唱歌、游戏及手工劳动，在午餐时他们也做些简单的家务作业。6岁的儿童进入三班，主要进行为家庭服务的社会性作业。这一年学习作业的重点是观察农场的粮食作物和在烹饪中观察热量对食物的作用，使用戏剧来表演认识的新进展。7岁的儿童进入四班，活动是"以基本作业的历史发展为中心，特别侧重于发明和发现而产生的方法上的进步"。这时儿童已不满足于模仿，开始按自己的思想方法去创造发明。同时儿童的兴趣扩展到别的时代的生活，开始历史学习。儿童用"让我们假装……"这个古老的办法返回到很久以前，设想在原始状态中如何觅食、取火、避难、合作。

芝加哥实验学校对儿童劳动意识、探索能力与兴趣的培养是有独到之处的。例如，六岁的儿童在表演中了解了工人、农民、铁路、火车，从研究农民的生活、农村的动物、羊毛的性质到研究棉花的特征和加工，再进一步由棉花注意到它的生长环境；由环境进入世界地理、气候、水资源的研究；由水资源研究水的性质，进而研究灌溉引水。儿童从对生活的角色扮演中衍生、辐射出对自然、社会发展等许多方面的探索与研究，拓展了知识含量，提高了逻辑思维能力，为成长为具备创新能力的高科技人才打下了基础。

日本：巴学园的劳动教育。

在《窗边的小豆豆》一书中，黑柳彻子用了专门的一章介绍小林宗作让一位农民给巴学园的孩子们上课的情境：校长把一位男老师介绍给大家，小豆豆和同学们都兴奋极了，但这位心地善良的伯伯却挥着手说："不，不，我不是什么老师，是种地的。今天是受了校长先生的委托才来的。"和农民老师并排站在一起后，校长说："不！从现在开始就请您教我们种田，在种田方面您就是我们的老师。这就和学习做面包要请面包师傅给我们当老师一样。"

学生们跟随农民老师从拔草开始学起，并在学习拔草的过程中了解杂草的种类、危害等。在学习用锄头锄地、打垄的做法及如何施肥时，还会了解到有关虫、鸟、气候等方面的知识。学生们劳动过的这块田地也将成为他们今后的责任，他们要定期去观察农作物的生长情况。学生们在观察和实践中体验到自己撒下去的种子将会生根发芽，这是一件多么奇妙的事啊！

让学生跟不同行业的人学习劳动技巧是巴学园劳动教育的主要内容。学生从与不同行业的接触中体会劳动的价值和意义，从不同的研究中寻找自己的兴趣点。

美国：华德福教育。

华德福教育非常重视农业和园艺。为了结合农业和园艺教学，很多学校都建在郊区和乡下，并把农业和园艺课视为人类生活的基础课。华德福教育用直接参与农耕的方式来引导孩子们认识自然，学习动植物的科学知识；教育孩子们用特别的方式对待树木、河流、蝴蝶等一切自然的东西，热爱自然，热爱动物、树林、花草等。

在春天将要到来的时候，华德福幼儿园的教师教孩子用花盆装上土，并播种小麦，用木签做上代表孩子的标记，把这些花盆放在窗台上，让孩子每天给自己种的小麦浇水。当孩子发现小麦发芽和长叶子时，内心会有说不出的喜悦和惊叹。早在

20世纪二三十年代，美国的教育就非常注重农业课，让农村学生在自己家里种花种菜，实现农业教学。这种方式被命名为家庭课。教师驾车亲自巡回检查，并当场施教。华德福教育保留这个传统，并以自然活动、农耕为内容。

从上面古今中外的劳动教育思想和实践案例来看，中国人对劳动的认识与国外的劳动教育理念存在较大不同。主要的区别在于中国的劳动教育思想多是劳动对人的思想信念、道德情操的影响与锻造，国外的劳动教育则更侧重于对技术、技能的传授和对学生未来职业选择的启蒙。国内外劳动教育思想的共同点是都十分明确劳动实践对学习的支撑作用，以及对学生学习兴趣的激发、知识技能的掌握和未来的发展的促进作用。

（四）前世今生

如果有人问我立新实验小学有什么特点，我会告诉他们：立新实验小学最大的特点就是贯彻教育方针一丝不苟，意志坚定，借用一句毛主席诗词"敌军围困万千重，我自岿然不动"来形容也不为过。无论是面对学校秩序被打乱、劳动教育基地被破坏、劳动教育面临毁于一旦的险境，还是处于片面追求升学率，劳动教育在家庭和社会中都备受冷遇的窘境，一代代立新人都坚韧执着地挺了过来，并且在传承与创新的过程中将劳动教育推向了一个又一个高峰。

筚路蓝缕启山林

立新实验小学开展劳动教育的初衷就是贯彻党的教育方针。1958年，党中央提出了"教育为无产阶级的政治服务，教育与生产劳动相结合"的工作方针。当年秋天，时任校长纪耀忠带领全校师生积极响应党中央指示精神，号召师生发扬自力更生的精神，发动学生在学校楼前翻地约两千平方米，种上四十棵小果树，建成果树园。之后，全校师生齐动手，捡砖头，脱坯，盖成了两栋羊圈、一栋兔舍、一栋禽舍，并取名为"红领巾饲养场"。第二年春天，又在校园东西两侧翻地1300多平方米，分成禾科、豆科、油科、蔬菜四个种植区，种上各种农作物，建成"小农园"。学校的劳动教育基地由此诞生，从三四年级抽出百名小饲养员，分五个小组轮流下场劳动。清扫圈舍、喂食和日常管理都由小饲养员负责。从此学校开始对学生进行热爱劳动和培养劳动技能的教育。

图22 1958年秋，学校召开建设劳动基地动员大会，吹响了贯彻
党中央"教育与生产劳动相结合"方针的号角

1959年12月，牡丹江地区专署教育局召开教育与生产劳动相结合经验交流会，立新小学（立新实验小学前身）在会上介绍了建立生产基地、实行教育与生产劳动相结合的经验。《牡丹江日报》报道了此次会议。

图23 学生到"红领巾饲养场"下场劳动

栉风沐雨砥砺行

1963年，党中央提出了"调整、巩固、充实、提高"的八字方针，印发了《全日制小学暂行工作条例》。根据要求，学校在张弼校长的主持下对劳动教育进行了统一的规划，将劳动教育正式纳入课程表，在劳动时间、内容、管理等方面都做了规

定。四年级以上学生全年参加劳动时间为一个月，每周一次，每次不超过两小时。学生由班主任带领、组织劳动，劳动课专职教师负责技术指导。劳动中，教育学生爱护工具，节约材料，保护庄稼、果树、牲畜，遵守劳动纪律，学习一些简单生产和畜牧饲养技能，注意身心健康，保证安全。

在"文化大革命"期间，学校大部分工作都围绕政治运动的要求开展，这期间留下的史料不多，1975 年 12 月 24 日《牡丹江日报》刊登的《教育必须同生产劳动相结合，立新小学饲养场事业有成绩》一文略有介绍：饲养场建场十五年来，坚持教育必须同生产劳动相结合的方针，学生通过参加劳动受到教育，饲养场的生产也有了发展，十五年来先后向国家交售优等肥猪三百三十五头，积肥三千九百五十立方米，同时每年提供优良种猪三百八十多头。这个学校为农业生产学大寨做出贡献。

1978 年 12 月，党的十一届三中全会召开，全国上下一片欣欣向荣的景象。劳动基地由"一场两园"扩大为"两场六园"，学校首次明确提出了劳动教育目标——"四个体味"，即体味不怕脏、不怕累的精神，体味劳动创造财富的艰辛，体味热爱劳动人民的思想，体味在劳动中运用知识和创新的乐趣。

1981 年 3 月，教育部颁发了"全日制小学教学计划"，把劳动课正式纳入课程。学校结合校情，对劳动教育的内容、途径、方法、管理等进行了全面改革，使劳动教育与德育紧密结合。学校明确了"一懂""十会""三知道"的劳动教育任务："一懂"即懂得劳动光荣，劳动创造一切，劳动对自己成长有重要意义；"十会"即会生活自理，会使用劳动工具，会将书本知识用于劳动实践，会观察饲养种植管理，会校内规定劳动项目的实践操作，会讲校内饲养动物和栽培植物常识，会独立写劳动总结，会使用家用电器，会做简单的家务，会购买一种物品；"三知道"即知道学校劳动教育发展史，知道学校劳动教育基地"两场六园"动植物常识，知道只有参加劳动实践才能学会劳动。劳动教育以崭新的面貌进入了大发展阶段。1981 年 9 月 16 日，共青团中央书记韩英来校视察工作，听了学校的汇报，并参观了饲养场，对学校的劳动教育给予了充分肯定。

1987 年，国家教育委员会颁布了"小学劳动课教学大纲"。学校结合实际，对劳动教育的内容、途径、方法和基地管理等进行了全面规划，编撰完成了第一套劳动课教材。学校的劳动教育结束了下场劳动这一主要教学形式，开始了课堂学习指导与劳动实践相结合的综合式教育方式。

20世纪80年代是立新实验小学的劳动教育在党的改革开放政策的鼓舞下重新焕发生机的时期，劳动教育的育人功能被充分挖掘出来，学校的整体办学水平明显提高，陆续取得了多项国家级荣誉：1981年10月共青团中央授予"红花集体"称号，1982年8月教育部、财政部、国家计划委员会、国家经济贸易委员会授予"全面贯彻党的教育方针的模范"荣誉，1983年3月教育部授予"五讲四美"为人师表活动先进集体，1986年9月国家教育委员会授予"全国教育系统先进集体"称号，1988年9月国家教育委员会、国家计划委员会、财政部、劳动部授予"发展勤工俭学，培育四有人才"全国勤工俭学先进集体。

创新发展大跨越

进入20世纪90年代，立新实验小学的劳动教育迎来了创新发展的崭新阶段。《人民教育》总编辑刘堂江到校参观并题词"北国教育明珠"；李铁映、柳斌等领导相继到学校视察，柳斌为学校留下了"坚持四十年成果丰硕，面向新世纪再展宏图"的题词，为立新实验小学的再发展加油鼓劲。

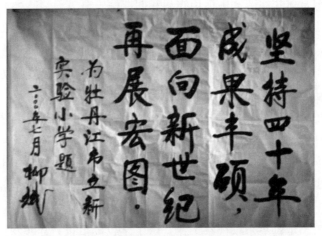

图24 2000年7月原国家总督学柳斌来校视察并题词

1995年9月，国家颁布和实施了《中华人民共和国教育法》，规定了我国新时期的教育方针，又一次把"教劳结合"纳入其中。学校随之制定了"以劳动教育为突破口，全面推进素质教育"的发展策略，采取了三项重要举措。一是明确提出以劳动教育提高学生综合素质的目标，即以劳育德、以劳增智、以劳健体、以劳益美、以劳长技、以劳悦心。二是构建了劳动教育的立体综合教育体系，包括拓宽劳动课内容，建立综合性劳动课；综合各种学科，构建素质教育实践课；以劳动课程改革为切入点，构建全面实施素质教育的综合课。三是在劳动教育中，注重培养学生的创新人格、创新思维、创新能力和创新个性，注重培养学生的实践能力，使劳动教育过程成为学生观察、分析、研究、创造的过程。

1999 年，学校开始涉足国家基础教育课程改革领域研究。第三次全国教育工作会议下发了《中共中央国务院关于深化教育改革全面推进素质教育的决定》，指出要调整和改革课程体系、结构、内容，建立新的基础教育课程体系，试行国家课程、地方课程和学校课程。由此拉开了学校实施国家课程校本化建设，进而开发校本课程的序幕。

在此期间，学校于 1998 年 12 月获教育部基础教育司授予的"劳动技术教育先进学校"称号，1999 年 5 月获教育部颁发的"全国特色学校"殊荣，2003 年 12 月获中国少年先锋队全国工作委员会授予的"全国红旗大队"称号，2006 年 6 月获中国教科文卫体工会全国委员会授予的"全国师德建设先进集体"称号。

薪火相传玉汝成

凡著名的学校大都有自己独树一帜的办学特色；凡成熟的办学特色大都能推动学校全面发展，令学校做出成就。学校的特色皆事出有因，或是因地域特点，或是历史使然，或是长期积淀凝结而成。立新实验小学是一所有着较长历史的老校，这所学校之所以能够享誉省市、蜚声全国，主要是因为走出了一条以劳动教育为核心的特色办学之路。

几十年来，学校始终坚持走劳动育人之路，无论经历多少风风雨雨，从未中断过。劳动教育的内容和形式随着时代的发展和学生的需要悄然发生变化。学校的劳动教育基地已由最初的以养殖、种植为主的"一场两园"发展为"六室六园"现代化科技活动园区；劳动教育的内涵经历了由培养学生热爱劳动到关注学生生命成长的转变；学习方式经历了由单纯的下场劳动到"劳动实践体验育人"模式的转变。劳动教育发展演变成现代劳动教育课程体系，并成为学校落实、开展国家基础教育课程改革的着力点。其发展变化的过程已成为国家教育方针、政策不断转变的历史见证；其研究成果曾为国家基础教育课程改革提供借鉴，为省内兄弟单位深化国家基础教育课程改革提供范例。

2008年，学校进一步改建了劳动教育基地，在烹饪室里加装了液化气炉灶，增设了插花室和小电器拆装室，与原有的无土栽培室、陶吧、木工室并称为"六室"；完善了现代劳动技术教育课程，组织编写了较为完整的技能训练课校本教材。2010年，在中国少年科学院的指导与援助下，劳动教育基地又增设了科技实验室和科技阅览室，开设了科技实验课，以社团活动的形式吸引和组织对科学技术感兴趣的学生进行活动。与此同时，学校还开设了全员参加、排入课表的班级创意课，最终形成了"三级九类"劳动校本课程。2010年，学校"劳动校本课程的开发与实践"研究成果在基础教育课程改革教学研究成果评比中获奖。

2009年春，牡丹江市教育局接到了一封来自中国教育电视台的采访函。函中说："为庆祝中华人民共和国成立六十周年，反映新中国教育事业六十年的巨大成就，由中华人民共和国教育部联合中国教育电视台，以大众电视传媒为载体，将推出大型电视纪录片《新中国教育纪事》，共六十集，每集二十分钟。"关于立新实验小学参与拍摄的第七集，采访函称：本集将以牡丹江市立新实验小学作为"教育与生产劳动"相结合的具体典型，通过对老立新人跟踪拍摄和口述历史的方式，展现立新实验小学半个世纪以来的发展和变化，全面反映牡丹江市立新实验小学在"教育与生产劳动"相结合方面所做出的历史成就。《新中国教育纪事》拍摄完成之后，立新实验小学作为具体典型的第七集在国庆节当天两次播放。

图 25　2009 年，中国教育电视台摄制组在立新实验小学

2011年9月6日，学校举行了庆祝建校九十周年的庆典活动。教育部基础教育司发来贺信。原国家总督学柳斌再次为立新实验小学题词：勤劳为益友，热爱是良

图 26　《新中国教育纪事》片头

师。《人民教育》总编辑傅国亮到校祝贺，并为学校题词，称立新实验小学为"永不褪色的小学劳动技术教育的旗帜"。中国教育学会小学教育专业委员会会长姚文俊亲临学校并题词：校长管有主见，学校办有特色。

从立新实验小学劳动教育的发展历程中不难发现，课程的发展路径是社会大环境与价值取向变化的必然产物。在半个多世纪的发展历程中，每一个阶段都镌刻着时代的印记，承载着特色的传承。走进 21 世纪，劳动课程所肩负的文化使命迫切需要学校迅速调整课程理念、课程内容及课程形态，建设序列化劳动校本课程。

三、新劳动教育

（一）从劳动育人到"新劳动教育"

立新实验小学坚持劳动教育 60 年，历尽艰辛但初心不改，并能让劳动教育在不同时代都焕发耀眼的光芒，这与立新人代代相承的适时创新意识与开拓进取精神密不可分。1985 年，我师范毕业，被分配到了立新实验小学，我的教育生涯的成长与历练都来自这所学校，这所我的原生学校将自己百年传承的文化精髓潜移默化地植入了我的心灵深处，让我时刻以一个立新人该有的历史担当来审视学校的定位与发展，思考劳动教育的传承与创新。尤其在 2008 年 7 月通过比选成为立新实验小学校长之后，我更是将学校办学理念的提升和办学特色的发展当作工作重点。十年之间进行的三次比较大的梳理和调整，可以全景展示我自身教育思想的变化与立新实验小学劳动教育的发展轨迹。

第一次调整（2008—2010 年）：**担任校长之初，提出了"劳动育人，文化立校"的办学思路，将学校引上内涵发展之路。**

"劳动育人，文化立校"这一办学模式的核心内容可分为两个部分。

其一，劳动育人：劳动教育作为学校的办学特色，自起始之日就与学校的办学思想融为了一体。我们认为特色从文化中孕育，文化在特色中传承。

劳动育人的内涵：以教育本质回归为枢纽，以陶行知生活教育理论"生活即教育""社会即学校""教学做合一"为支撑，尊重学生个体生命尊严的独立性与平等性，将现阶段劳动技术教育与时代发展要求相结合，构设劳动校本课程，开展劳动教育，为学生"打好人生底色"。

创设"两种环境"："两种环境"即生态环境和常态环境。所谓生态环境，即构建学校、家庭、社会三位一体教育网络，营造多元劳动教育基地建设环境，运用植物园、畜禽园及对学生进行基本生活技能训练的各种操作空间，为学生提供丰富的劳动教育资源。所谓常态环境，即发挥课程功能的整体作用，营造涵盖教师、学生、教学活动、校园环境等要素的课程环境，并与党、政、工、青、团、队建设相结合，形成长效工作机制，将劳动教育有机融入学校教育、教学、管理的整体运行之中，让劳动教育进课堂、进家庭、进社会。

劳动育人三级九类校本课程体系：设置三级九类劳动课，培养学生创新精神与实践能力，让学生在劳动教育中"学生活的知识，练生存的技能，悟生命的意义"。

基础课程：自我服务课　基地观察课　校园实践课

拓展课程：学科渗透课　家庭体验课　社会实践课

创意课程：技能训练课　科技实验课　综合应用课

其二，文化立校："立校"之"文化"指的是一门特殊的环境课程，她犹如学校的生命，培育着学校特色。从根本上说，就是要营造一种能够促进师生更好发展的学校文化，打造一种能够体现师生内在修养的学校特色，创造一种能够促进学校持续发展的学校精神。学校以"立学焕新，为学生打好人生底色"为核心，构建"四

种文化"：构建梦想文化，强调向往与追求，突出理想，旨在激发师生为崇高而现实的理想不懈努力的信心；构建书香文化，强调承载与积淀，突出学识，旨在为师生奠定博闻强识、厚积薄发的基础；构建绿茵文化，强调护佑与怡悦，突出活动，旨在建设健康风趣的德育体系；构建微尘文化，强调仪规与慎独，突出行为，旨在培养脚踏实地、儒雅活泼的工作、学习习惯。在此基础上打造浓厚、严谨的教学、教研氛围，积极、务实的求学、求知氛围。

在这一阶段，我一直思虑劳动育人与文化立校之间的关系，一度困惑于两者并列给学校发展造成的"双中心"问题，并结合时代特征诠释劳动与文化关系的内涵。也就是现阶段，在劳动育人理念的影响下，学生学会了观察、思考、动手，养成了踏实、勤奋的意志品质，培养了自主、探究、合作的学习能力，增强了生活、生存的意识与能力；教师也提升了专业素养与科研能力；学校借助这一特色不断提升品牌形象，不断全面整顿工作，在本地区已形成名校辐射带动的态势。无论是从学生的角度，还是从教师、学校的角度，都可以看出这是学校文化的提升。学校文化是劳动教育的载体，既要从实际出发，又要从细微处入手，做到理论与实践相统一、共性与个性相结合、传承与创新并举。"四种文化"具体可归纳为以下四点。

一是构建梦想文化——劳动实现愿望，文化成就梦想。

梦想文化强调向往与追求，突出理想，旨在激发师生为崇高而现实的理想不懈努力的信心。师生不断追求理想、不懈努力行动的过程就是一种隐性的劳动，但这种劳动还要被赋予文化的熏陶和感染。立新实验小学的梦想是办成让人民满意的学校。要实现这一梦想，首先就要培养一支文化底蕴深厚、自身素质过硬的教师队伍。我们在这支队伍的建设过程中，始终坚持从师德文化层面提升教师的人格魅力：注重师德，做一名具有人格魅力的教师。从师能文化层面提升教师的学识魅力：注重师能，做一名具有学识魅力的教师，从而提升教师队伍的整体水平。立新实验小学学生从小树立理想，长大报效祖国，为实现中华民族伟大复兴的中国梦而奋斗。学校从校园文化入手，以梦想文化为主线设计走廊文化，营造良好的学习环境。现阶段，"中国梦，我的梦"是一个重要的教育主题，学校引导学生从小树立梦想，从细处着眼，从实际出发，利用各种活动引领学生在劳动中实现梦想。

二是构建书香文化——劳动收获成果，文化丰富内涵。

书香文化强调承载与积淀，突出学识，旨在为师生奠定博闻强识、厚积薄发的基础。让师生养成读书的习惯，让书香浸润校园各处，这不仅是一种校园文化，还是通过读书这种脑力劳动潜移默化地影响师生的思想境界。师生共读，积淀人生底蕴。学校每学期都要组织教师开展丰富多彩的读书沙龙活动；每逢"世界读书日"，学校会组织学生进行读书漂流活动；每逢寒暑假，学校会设计丰富多彩的假期作业，如读书、上网、看电视，倡导大家收看《百家讲坛》《子午书简》节目，鼓励大家诵读国学经典、诗词歌赋，品味古老神韵；开学之后，学校会组织教师开展交流讨论活动。这些活动的开展真正让读书成为习惯，让读书成为风气，让读书成为文明。环境文化让校园诗意盎然，早已成了教育资源中不可缺少的一部分。好的校园文化建设可以为学校教育提供许多帮助，既是对课堂教学的有力补充，又是学校精神面貌的外在表现。立新实验小学的环境文化建设主要着力于书香文化。充满童真童趣的班级文化、书香十足的走廊文化，形成了一道亮丽的校园文化风景线。

三是构建绿茵文化——劳动孕育生机，文化彰显活力。

绿茵文化强调护佑与怡悦，突出活动，旨在建设健康风趣的德育体系。校园里呈现一种积极向上的态势，充满生机与活力。学校始终坚持以学生发展为中心，坚持打造"劳动育人、实践育人、全面育人"的品牌效应，形成了别具一格的德育模式。这种模式加上学科文化、少先队文化等特色文化，使得德育体系更加富有活力。

劳动教育，德育的核心理念。学校始终围绕"以德育为先导，以劳动教育为支撑点"的原则，突出劳动育人的核心地位，创设现阶段的劳动教育课程。家庭体验，学生成长的基础。学校组织学生在家庭中开展"孝敬父母、关心亲人、勤俭节约、热爱劳动"的体验活动。"当一周小管家"和"陪父母上一天班"活动让学生在家庭日常生活管理中和父母一日工作中体验到了父母的辛苦，了解了自己在家庭生活中的责任与义务，从而使学生更加热爱生活，孝敬父母，自强自立。社会实践，学生成长的基石。通过让学生走出校门，走进社会，以开阔的视野观察社会、了解社会、适应社会。学生在校外基地，如社区、农村、军营、工厂等参观、访查、体验、学习，培养了爱心，增强了社会责任感。少先队活动，培养全面发展的少年。学校开展"五个一"工程，让每一名学生在小学阶段当一次小主持人，当一天老师的小助手，当一次升旗手，做一次值周生、进行一次表演（展示）。目的是让每一名学生在六年的小学时光里都能得到一次锻炼和展示的机会，在丰富多彩的特色社团活动中成为一名全面发展的好少年；以重大节日为契机，使学生体验传统文化的丰富内涵和伟大力量。

四是构建微尘文化——劳动践行仪规，文化提升修养。

微尘文化强调仪规与慎独，突出行为，旨在培养脚踏实地、儒雅活泼的工作、学习习惯。这种工作、学习习惯的养成需要教师及学生从平时做起，从实际出发，用自己的行动践行良好的品质，这也是一种劳动的过程。教师敬业奉献，标高超越，坚持"五评"（关心集体、爱校如家的人，为学校争得荣誉、赢得声望的人，勤奋踏实、责任心强的人，善于思考、创新工作的人，维护大局、团结同事、不计得失的人），"五不评"（推诿扯皮、拈轻怕重的人，工作不积极不主动、责任心不强的人，不扎实、不勤奋、不钻研的人，不团结、不协作、不维护集体利益的人，爱说三道四、搬弄是非的人），"四让四不让"（让工作更有效率，不让工作在我手中拖延；让工作更有智慧，不让工作在我手中滞后；让工作更加精细，不让工作在我手中出差错；让工作更有乐趣，不让工作在我手中暗淡）；学生注重礼仪，培养品行。从《三字经》《弟子规》到学校自编的教育规范三字歌，全体教师及学生都在用自己的实际行动培养习惯，践行仪规，提升修养。

劳动育人续传承，文化立校谋发展。在这一系列思想的梳理和实践逐渐成形之后，我组织学校的相关人员整理材料，参加了 2010 年的基础教育课程改革教学研究成果评比，并在这次评比中获得了三等奖。获此殊荣的小学全国只有 11 所；黑龙江省共有 8 项成果获奖，牡丹江市只此一项。同时，2010 年教育部举办的全国基础教育课程改革会议对这项成果的经验材料做了书面交流。

第二次调整（2010—2015 年）：**强调劳动育人的核心地位，着眼理论架构，明确育人目标。**

在整理劳动育人实践成果以参加基础教育课程改革教学研究成果评比之时，我们对劳动教育的内涵及育人功能进行了进一步分析，更加明确了学校的育人目标和劳动育人在学校教育教学工作中的核心地位，着眼理论架构，推动劳动育人办学特色向序列化、课程化方向发展。

劳动教育以它独特的属性灵活地渗透于学校的教育教学等工作之中。我们没有将劳动校本课程的开发从教育教学工作中分离出来，而是将劳动教育的每一个活动都提到课程的位置上来设置；突出劳动育人的核心地位，坚持以"以劳寓德，以劳增智，以劳健体，以劳益美，以劳长技，以劳怡心"为劳动育人理论与实践体系架构的指导方针，建立起了融学科教学、技能训练、实践体验、兴趣培养、社区服务为一体的立体综合式劳动教育模式。

其一，明确了育人目标：立学焕新，为孩子健康成长打好人生底色。"立学焕新"之"立"乃人存于世，修身养性以立命，明理知信以立品，建德修行以立行，创业谋生以立计，处世为人以立身，此为"人生底色"的内涵；"焕"指火光、光亮、鲜明，自身愉快，焕发光彩以照耀、指引他人，这是"人生底色"的外延。这一育人理念的落脚点就是坚持走劳动育人之路，将培养会学习、能创造的人作为指向未来的育人目标。

其二，提炼了劳动育人的核心理念。以陶行知生活教育理论"生活即教育""社会即学校""教学做合一"为支撑，创建劳动教育的"两种环境"，即生态环境和常态环境，开设三级九类劳动校本课程，让学生在劳动教育中"学生活的知识，练生存的技能，悟生命的意义"。

其三，调整了三级九类劳动校本课程。基础课程，包括以培养学生生活技能为主的自我服务课，以在"六园"中观察研究为主的基地观察课，以校园岗位实践为主的校园实践课；拓展课程包括以其他学科在课堂教学中渗透劳动教育为主的学科渗透课，以培养学生家庭责任感和社会责任感为主的家庭体验课，以走进社会、参观学习、开阔视野为主的社会实践课；创意课程包括在"六室"中进行的技能训练课，以劳动科研、劳动创新为主题的科技实验课，班班有内容、班班有特色的班级创意课。

此阶段，立新实验小学的劳动教育已从对学生生存技能的培养向现代化素质教育转变，从"教育和生产劳动相结合""体验实践育人"发展为"关注学生的生命成长"，即通过劳动教育培养学生做人做事的能力，使传统特色、办学优势与现实基础融合，形成了新时期的学校定位与发展思路。2013年，黑龙江教育杂志社执行总编辑魏永生两次来到立新实验小学，深入了解了学校劳动育人的办学成果后，在《黑龙江教育》2013年第9期以《立学焕新·杏林芳菲》为题，全方位、多角度地报道了立新实验小学这一办学特色。

第三次调整（2015—2018年）：提出"新劳动教育"，挖掘新时代劳动教育的内涵，探索劳动教育的未来发展之路。

2015年4月末，《人民教育》杂志记者冀晓萍来到立新实验小学，用了三天的时间观察立新实验小学劳动教育的常规课程，与立新实验小学师生座谈交流，以高端媒体人的敏锐视角剖析了立新实验小学劳动教育的现实情况，并最终在 2015 年第 22 期《人民教育》以《立新实小：劳动为教育开新路》为题详细报道了立新实验小学的劳动育人办学特色。

2015 年 12 月 28 日，借助教育部领航工程为我的"隋桂凤校长工作室"授牌之机，我面对来自全国各地的教育专家、名校长和省市中小学校长 300 余人做了题为《新劳动教育的探索与实践》的主题报告，首次用"新劳动教育"一词概括了立新实验小学劳动育人办学特色的新发展。报告从"新劳动教育"的价值思考、概念体系、课程架构和实

图 27　《人民教育》杂志 2015 年第 22 期

践反思四个方面进行了概括性阐述，获得了与会专家和教育同行的高度认可。"新劳动教育"的提出标志着立新实验小学劳动育人办学特色进入了崭新阶段，对全国中小学劳动教育的开展起到了一定的推动和引领作用。

当时，我们对"新劳动教育"内涵与外延的思考还不是很成熟，对"新劳动教育"的定位也不够准确，对理论与实践体系的架构更多地还是依赖于原有基础，对"新"的理解也还不全面。这一理论在发布之后的两年时间里又得到了多次完善与提升。

"新劳动教育"的理论框架如下。

"新劳动教育"的概念：新劳动教育是以行动力的培养为核心，通过对劳动教育实施课程化、体系化建设，实现弘扬新时代劳动精神、促进学生全面成长的综合实践育人活动。

其中包括劳动教育的德育功能、劳动教育对能力培养的促进作用和劳动教育在"五育"中的核心地位，即以劳辅德，以劳增智，以劳强体，以劳益美。同时，"新劳动教育"还是学校践行社会主义核心价值观的有效载体，让学生在充分的实践体

验过程中理解社会主义核心价值观，为国家富强、民族振兴、人民幸福的目标而奋斗。

"新劳动教育"的特征如下。

其一，是一种开放的教育观。它面向人的成长需要，面向社会的发展需要，面向未来的职业需要，是一种具有前瞻性、预设性的育人观念。

其二，是一种全面的教育观。独立生存、自我需要的满足，综合能力、核心素养的普遍提升是"新劳动教育"的目标，因此它既要面向全体学生，也要面向学生的全面发展。

其三，是一种突出个性化培养的教育观。学生作为个体独立的人，有独特的需求和个性主张。人的潜能、发展取向及兴趣爱好都决定着教育效果。"新劳动教育"的内容与途径、形式与方法都要更加丰富、更加灵活，为因材施教提供保障。

其四，是一种体现自主的教育观。"新劳动教育"强调学习兴趣、动机的自发性，也就是要由内而外，是自需而不是他需。

"新劳动教育"总目标：立学焕新，打好人生底色。

"新劳动教育"以劳育为载体，以实践能力的培养为核心，以儿童主动的生动活泼的发展为教育方式，创设多元立体的学习空间，促进学生德、智、体、美、劳和谐发展，培养学生的核心素养，从而实现全面发展的育人目标。

"新劳动教育"具体目标：自治、逸美、焕新。

随着对"立学焕新，打好人生底色"的深入解读，我们逐渐明晰了小学阶段要为学生打好的"人生底色"的内涵，以及这一内涵与学校教育相结合会产生怎样的教育效果；在力所能及的范围内思考"打好人生底色"的落脚点，由此引发了对"人的一生中最应具备的、最重要的能力或品格是什么"的讨论。包含着生存、审美、创新等关键意义的"自治""逸美""焕新"由此产生了。

劳动自治，即通过劳动满足自我成长的需要。其中包括能够完成自我服务的生活自治，能够主动、自觉、有方法地完成学习任务的学习自治，能够参与班级管理、学校管理并发挥作用的管理自治。学生在劳动自治的过程中体验劳动带来的自我满足、自我实现。

劳动逸美，即通过劳动培养对美的认知。其中包括"劳动创造美""劳动者是最美的人"等德育思想的渗透，还包括对人的自身及世界的美学的认识。学生在劳动实践中了解劳动的意义，做到热爱劳动、热爱劳动者，丰富并完善自身的人文修养，有能力使自己成为一个美的人，在言谈举止、神态气质等方面悦己也悦人，同时具备发现美、欣赏美、创造美的能力。

劳动焕新，即通过劳动培养创新创造的品质。其中既包括生活中闪现的灵感，又包括创造性地解决问题，还包括创新思维方式和有主题的探索与研究。

劳动自治、劳动逸美、劳动焕新共同支撑起了"新劳动教育"的目标、内容和途径。三个支点相互融合，共同作用，形成一种无形的力量、一种催人奋进的精神、一种根植于立新实验小学的人文气质，引领师生成长和学校发展。

"新劳动教育"校本课程体系：认知类、实践类、创新类。

劳动教育校本课程的设置经历了从"级"到"类"的转变。与其将各种能力的培养按"级"划分，不如将课程按"类"集合，尝试将课程按领域分类。

在学习过程中，学生往往需要在认知类学习、实践类学习、创新类学习三个方面协同进行；通过认知学习知识，通过实践将知识转化为能力，再通过创新获得可以伴随一生的素养。我们尝试将劳动教育校本课程按"认知、实践、创新"三个方面分类，形成了最初的"三类十一门"课程体系。

认知类课程包括以在"六园"中观察研究为主的基地观察课和以"学科＋劳动"为主要形式的学科渗透课。

实践类课程包括以培养学生生活技能为主的自我服务课，以校园岗位实践为主的校园实践课，以培养学生家庭责任感和社会责任感为主的家庭体验课，以走进社会、参观学习、开阔视野为主的社会实践课，在劳动技术室中进行的技能训练课和以经贸领域初探为内容的"小小商学院"活动课。

创新类课程包括以劳动科研、劳动创新为主题的科技实验课，班班有内容、班班有特色的班级创意课和以多媒体数字化高端研究为主要内容的创客室活动课。

认知类课程：基地观察课　学科渗透课

实践类课程：自我服务课　校园实践课　家庭体验课

　　　　　　社会实践课　技能训练课　"小小商学院"活动课

创新类课程：科技实验课　班级创意课　创客室活动课

随着课程的实施，"行动力"这个概念突显出来。只要激发学生自主"行动"的热情，学习尤其是综合实践类的学习便会事半功倍。于是，我们又结合实践情况，将实现"打好自治、逸美、焕新的人生底色"的育人目标直接与"行动力"的培养对接；让学生"动"起来，以行动代替说教，以行动力的培养反哺知识学习；将"三类十一门"劳动校本课程调整为"三类十门"，并以认知、实践、创新为门类划分了"行动"的三个层面。认知类课程以观察、知识代入为主，行动的途径以眼、脑结合为主。实践类课程以动手操作、实践体验为主，行动的途径以手、脑结合为主。创新类课程以实验研究、分析探索、发现创新为主。行动的途径是多种感官综合运用，注重脑力的开发。基本的原则是低年级以劳动认知课程为主，中年级以劳动实践课程为主，高年级以劳动创新课程为主。在这十门课程中，自我服务课、基地观察课、技能训练课、学科渗透课和班级创意课是在六个年级中全面开设的课程。以基地观察课为例，一、二年级以在园林和花卉园中观察为主；三、四年级在蔬菜园和农作物园中劳动，体验植物从种到收的过程；五、六年级主要在小动物园和果园中进行小课题的研究，培养科研能力和创新性思维。

从劳动育人到"新劳动教育"，我们走过了多年的探索历程。对于一所小学而言，最难的是由实践到理论的转化与提升。我们边做边思考，一直行走在思想与行动的交错中。在每一次的调整与变化中，我们唯一保持不变的就是一切以学生的健康成长为本，一切以学生的未来发展为目标，所以"新劳动教育"是以关注学生的生命成长为核心的。学生作为生命体，其成长是有规律的。我们既不能限制学生的成长，将其圈在画好的条条框框中，又不能放任自流。漫无目的的生长会延误成长时机，提高成本，降低效果。所以，立新实验小学的办学理念从劳动育人到"新劳动教育"的变化也是一种基于生命的成长。

教育观念——关注生命需要。人的生命总是呈现一种向上、向外发展的成长趋势，是在不停地汲取外界信息并逐渐内化的过程中向上、向外发展的。我们的教育就要为学生提供多元的、开放的、前瞻的信息，顺应学生生命成长趋势，满足学生成长需要。

育人目标——关注生命质量。人的生命有长短之分。拥有了知识和技能这两个维度，人的生命就有了长度和宽度。随着长度和宽度的不断增长，人就有了生存与生活的本领。但人的生命不能只是个平面，还应有深度。这就需要第三维度——人文维度，这样生命才是立体的。生命质量要求人具有内在深度，具有完整的、立体的生命。所以，我们的"新劳动教育"要做的是让学生"学生活的知识，练生存的技能，悟生命的意义"。

课程设置——关注生命规律。人的成长除了身体的自然生长，知识、技能、思想品质、精神世界的发展都伴随着认知、实践、创新等行为的参与。认知、实践、创新三个方面之间既有历时性的关系，也有共时性的关系。创新创造一般会以认知、实践为基础，但在一个具体的过程中，认知、实践、创新又可能在同一时刻发生。人在不同的年龄段会随着自身知识技能、实践体验的积累而呈现不同发展需求，课程的作用在于促进积累并满足需求。

（二）"新劳动教育"的文化内涵

到 2018 年，立新实验小学开展劳动教育正好 60 年。60 年的时间足够一棵树苗长成参天大树，让一个婴儿走到花甲；其间会经历风霜雨雪、坎坷苦难，也有无数的喜悦悲伤、休戚与共。立新实验小学自 1958 年开始实施劳动教育，从果树园和校田地里的精耕细作、"红领巾饲养场"里的养猪养鸡养兔、校办工厂里的勤工俭学，到改革开放之后逐渐完善的实践育人，60 年间我们依托的一直是 1958 年 9 月中共中央、国务院发出的《关于教育工作的指示》中提出的"教育与生产劳动相结合"这一教育方针。在这一方针的指引下，我们经历了劳动教育从备受重视到被冷落轻慢，但始终不忘初心。究其原因，除了我们对党的教育方针始终如一地坚定贯彻外，就是我们对劳动的意义、劳动教育的育人功能和劳动精神对人的一生的影响有着深刻认识，并在长期的实践中验证了劳动育人的作用。学生和教师的成长与发展过程中显现出的在劳动教育中培养出的品格与素养，学校在坚持劳动教育特色办学过程中收获的发展机遇，都更加坚定了立新实验小学开展劳动教育和探索"新劳动教育"的决心。

1. 劳动精神

2015 年 4 月 28 日，习近平总书记在庆祝"五一"国际劳动节暨表彰全国劳动模范和先进工作者大会上的讲话指出："我们要始终弘扬劳模精神、劳动精神，为中国经济社会发展汇聚强大正能量。"其中提出了"劳动精神"这个概念。这也激发了我对"新劳动教育"的本质属性、时代特征和育人目标的思考，引发了我对"劳动精神"内涵的探究。

首先说"劳动"。2015 年 4 月 28 日习总书记的讲话还指出"劳动是人类的本质活动，劳动光荣、创造伟大是对人类文明进步规律的重要诠释。正是因为劳动创造，我们拥有了历史的辉煌；也正是因为劳动创造，我们拥有了今天的成就"。这里讲到的是劳动在人类的发展历史和新中国的发展建设过程中起到的作用。劳动指的是主体"人"对客体"客观世界"的一切行为及影响的总和。它是一个中性词，不带任何感情色彩。劳动的价值有建设性的，也有破坏性的；有促进社会进步的，也有阻碍时代发展的。

其次说"劳动者"。劳动的主体是人，凡是能够做出劳动行为的人都是劳动者。劳动对于劳动者的意义在于"劳动是人维持自我生存和自我发展的唯一手段"。也就是说，除了劳动再没有其他的方法可以让一个人生存和发展下去。劳动者中会出现辛勤劳动、靠汗水和努力换取劳动果实的人，也会出现好逸恶劳、靠投机取巧获得生存和发展条件的人。二者相生相克，共存于劳动者群体之中。而且劳动者劳动能力越强，其劳动的价值也越大。向"好"的劳动会有利于群体发展；向"坏"的劳动造成的后果更严重，破坏性也更强。

最后说我对"劳动精神"的理解。劳动内涵的广阔和劳动者的主观能动性，决定了在一定时代背景下的劳动和劳动者要带有社会群体共同认可的属性，如我们一致认可勤劳，鄙视懒惰；认可按劳取酬，鄙视不劳而获；认可在踏实工作中取得成就的人，鄙视投机取巧的人。这些在劳动过程中形成的、劳动者普遍认可并努力追求的向好、向善、向正的东西就是劳动精神。

从习总书记在 2018 年的全国教育大会上的讲话中，我们也可以得出相同的结论。他说："要在学生中弘扬劳动精神，教育引导学生崇尚劳动、尊重劳动，懂得劳动最光荣、劳动最崇高、劳动最伟大、劳动最美丽的道理，长大后能够辛勤劳动、诚实劳动、创造性劳动。"其中有对劳动价值观的要求，就是要教育引导学生形成崇尚劳动、尊重劳动的思想，并懂得劳动的意义；也有对劳动态度的引导，就是要劳动者"辛勤劳动、诚实劳动、创造性劳动"。那么，如何在学生中弘扬劳动精神，我想可以把以下三个方面作为具体的落脚点。

一是要在学生中达成劳动精神的三个共识，即"劳动最光荣""劳动者最伟大""劳动果实最珍贵"。这是对劳动价值观的诠释。当下人们对劳动价值的判断越来越功利化、本位化、多元化，对劳动范畴的界定也模糊不清，尤其明显的是人为给劳动划分等级，觉得脑力劳动更高级，不尊重体力劳动。这是对劳动认识的不足，也是教育的缺失。依据马克思对劳动的分类，除了我们熟悉的体力劳动与脑力劳动之分外，劳动还有具体劳动与抽象劳动、私人劳动与社会劳动、简单劳动与复杂劳动、必要劳动与剩余劳动等概念，也就是广义的劳动涵盖了人的生存活动的全部内容。如果让我给劳动下一个定义的话，我认为"凡是通过人的器官创造价值的活动都是劳动"。劳动不分贵贱，没有高低之分，区别只在于创造价值的多少。因此弘扬"劳动精神"最本质的含义就是要引导学生在劳动价值观方面形成共识，以劳动为荣，以劳动者为榜样，珍惜劳动果实，从小树立成为合格劳动者的志向。

二是引导学生坚守劳动精神的两个行动准则，即辛勤与创造。劳动精神是在劳动的过程中产生的，以怎样的状态投入劳动中去会直接反馈出劳动的价值。辛勤即状态，创造即价值。《周书·苏绰传》中有"若有游手怠惰，早归晚出，好逸恶劳，不勤事业者……罪一劝百"。这里讲的"不勤事业"对应游手好闲、懈怠、懒惰、投机取巧、好逸恶劳等令大多数劳动者厌弃的现象。辛勤就是勤劳，肯于吃苦；体现的是吃苦耐劳的精神，是中华传统美德的重要内容。创造是劳动存在的意义，也是辛勤劳动的内驱力。人类靠辛勤劳动满足衣食住行等生活、生存所需，也靠辛勤劳动改造自然、推动社会文明发展。这些都是创造，既包括可以量化的物质创造，也包括无形的意识形态方面的创造；既包括以开创、独创、首创为核心的创新精神，也包括以制造为目的的工匠精神。

三是引导学生迈向劳动精神的三重境界，即诚实、奋斗、奉献。劳动精神的第一重境界是诚实，即劳动者要全身心地投入劳动中去，发自内心地热爱劳动，以朴素的、踏实的、不遗余力的工作作风践行爱岗敬业的社会主义核心价值观。劳动精神的第二重境界是奋斗，即劳动者在劳动中实现工作与个人成长、个人价值、国家需要的高度融合，树立在务实重行的劳动中开拓奋进、百折不挠的进取意识和拼搏精神。劳动精神的第三重境界是奉献，这是最高境界，即摒除劳动者之于自身的功利性，将劳动的意义建立在惠及众生的博大之上，不计功与名，能做民族脊梁的崇高境界。

劳动精神的内涵既有"大我"，也有"小我"。在引导学生理解劳动精神时，要以"立崇高志向，做身边小事"为原则。空谈不仅误国，更会误人；要以生活为蓝本，让学生在实践中感悟劳动精神，发扬劳动精神。

2. 劳动文化

如果说精神是目标，那么文化就是氛围，是一种包含了人、物及他们所处环境的集合。我一直潜心于学校文化的构建，也曾提出过"劳动育人，文化立校"的办学思路，试图将立新实验小学在百年历史中传承、凝结的文化特质总结、概括一二，并以"梦想文化""书香文化""绿茵文化""微尘文化"来揭示立新实验小学校园文化的四个方面，最终却因不得精髓而作罢。

劳动与文化这两个看似毫无关系的词语，其实有着千丝万缕的联系。从广义上来讲，劳动随着人类的发展进化而产生，并起着决定性作用；基于劳动过程的复杂性，人类通过教育把积累的经验传授给下一代，这便是现实中的劳动育人。文化是一种社会现象，它凝结在物质之中又游离于物质之外，是人类能够传承的意识形态和对客观世界感性的认知与经验的升华。正所谓"一方水土养一方人"，对劳动的不同认识会产生不同的劳动文化。立新实验小学的劳动文化是在长期实践的过程中形成的人、物和环境在精神层面的集合。

从狭义上来讲，立新实验小学传承劳动育人近百年。劳动作为教育内容、教育途径乃至教育思想已融入了历代立新人的血液里，立新早已形成了稳定的文化认同和行为习惯。由此衍生出来的以劳动为教育内容和教育途径，以劳动思想、技能、品质培养为目的，以综合实践活动为主要形式，孕育、凝结于长期的劳动教育实践活动中的劳动文化更具生命张力。

从学校宏观发展的历史看，自强不息、坚定执着是立新实验小学劳动文化的基石。1921年，毕业于北京朝阳大学法律系的郑桂林抱着教育救国的愿望，自筹资金租房三间，创建了宁安第五区第二国民小学。次年，郑桂林感到教育救国并非良策，弃教从戎，学校在颠沛流离中度过了建校后的最初几年。但无论多么困难，立新实验小学的开创者们都未曾想过放弃。在劳动教育的发展过程中，立新实验小学也经历过十分沉重的打击。三年困难时期没有饲料，师生打野草，采野菜，搞青贮，与菜库联合收集扔掉的蔬菜、水果办小酒厂，用酒糟喂猪，用酒糟生蛆喂鸡，最终保住了饲养场。近百年来，岁月流逝，时代更替，学校领导换了一任又一任，教师走了一批又一批，学生毕业了一届又一届，留下来的是在每一个历史时期、每一次关键抉择时表现出的自强不息，和一经确定便绝不半途而废的坚持与坚定。这种自强不息和坚持与坚定构成了立新实验小学的传统，是立新实验小学能够走过来并走下去的力量，是立新实验小学劳动文化形成的源头，也是这种文化能够发扬光大的基础。

从学校内涵发展的历程来看，脚踏实地、浑然天成是立新实验小学劳动文化的内在特质。作为牡丹江市最早的一所学校，立新实验小学在任何一个时期都是排头兵、领跑者，担负着先行性、实验性、示范性的历史使命。学校从自筹建校到现在的发展壮大，与一代代立新人脚踏实地地埋头苦干是分不开的。从一开始自主办学时在压迫中迸发出的民族精神和爱国情怀，到新中国成立后坚决贯彻落实党的教育方针，立新实验小学从未刻意地规划过学校内涵发展的方向或策略。但当我们想要挖掘和提炼学校文化内涵时，却发现她就在那里静静地和立新实验小学校园融为一体，在校园的每一个角落，在立新实验小学的每一个人身上。这是一种手口相传、耳濡目染、发乎于心的人文气息，一种竞争中合作、合作中发展的群体氛围，一种根植于校园土壤、散发着独特魅力的文化气质。这种积极的团队文化由团队中的所有人共同创建，逐步形成，反过来又影响和制约着团队中的每一个人。这种文化气质让每一个立新人都坚定自信，让每一个时期的立新实验小学都洋溢着时代气息，让立新实验小学的每一步都走得坚定有力。脚踏实地，撸起袖子加油干，是立新实验小学劳动文化最为厚重的精髓。

从办学特色的发展历程上看，争创一流、立意创新是立新实验小学劳动文化最明显的标志。学校积极响应党的教育方针，坚持"教育与生产劳动相结合"，建起"红领巾饲养场"。在劳动育人每一次新模式的出台过程中，立新人都要着重思考传承与发展的关系。我们认为传承与发展是对立统一的，传承是发展的基础和前提。不传承多年来积淀的传统文化，就不可能有以后的跨越式发展。传承学校传统又不能固守田园、故步自封，需要在传承的基础上与时俱进，开创未来，给传统以新的生命力。所以立新人总是在思考如何与时俱进，如何让劳动教育走在时代前沿，不断调整和完善自我，让劳动文化成为劳动教育自我管理、自我规划、自我发展的活的文化。

教育的主要任务就是培养人，教育的终极目标就是为幸福人生奠基。为学生"打好人生底色"是立新实验小学的教育理念。从这一理念出发，我们再来看今天的劳动教育，就必须挖掘深层次的文化内核，就要通过劳动教育培养学生在任何岗位上做任何事情都需要具有的刻苦、坚毅、创新、超越、乐观、合作的品质；让学生有正直、善良、诚实、进取的品格，有勤奋、钻研、举一反三的习惯，有欣赏、体验一切美好事物的品位，有标新立异、敢为人先、不落旧俗的激情。当他们长大以后，小学课堂上学过的知识也许都记不得了，但从小养成的习惯、气质、做事或思考问题的方式是忘不掉的，并将受用一生。

这就是"新劳动教育"的文化内涵。

3. 新劳动教育

21世纪第一个十年后，社会经济发展迅速，教育理念日新月异。学生家长自身呈高学历、高素质趋势，对孩子的教育内容不仅仅局限于文化知识、艺术特长，更多地希望孩子拥有自我服务能力和走进社会动手实践的能力，并具有一定的创新能力和基础科研能力。为此，劳动教育的内涵和外延也应随之扩大，在普遍意义的劳动上增加了更多的教育元素。尤其城市小学在开展劳动育人的实践与研究方面会面对更多新问题，成果更具指导意义。

从劳动教育到"新劳动教育"，我们至少要进行四个方面的思考。

第一，完善劳动教育的概念。

劳动教育长期以来被归在德育范畴内，劳动教育的内涵也只停留在"使学生树立正确的劳动观点和劳动态度，热爱劳动和劳动人民，养成劳动习惯"上，其局限性是显而易见的。我们所要培养的是复合型人才，脑力劳动和体力劳动都属于劳动教育的范畴，在劳动教育中培养出来的好习惯、好品质、好能力将影响学生在诸多领域的发展。例如，学生参与班级管理、组织班级活动也是一种劳动，因为管理者本身就是一个劳动岗位。坚持开展劳动育人的实践与研究，将会充实和完善劳动教育的概念，使之更切合当今学校劳动教育的实际。

第二，拓展劳动教育的范畴。

一提及劳动教育，我们可能会马上想到让学生们从事种植、手工制造、家务劳动或当义工从事公益服务等，甚至有时劳动还被当成惩戒的手段，使劳动不再光荣。我们在劳动育人的实践中有效拓展了劳动教育的范畴，将动手劳动转变为劳动实践体验。例如，带领学生去高新技术企业参观，去农场和养殖场体验；引导学生开展各种小实验等，将劳动教育拓展到智育、美育、体育等多个层面。

第三，丰富劳动教育的功能。

劳动教育的德育功能是显而易见的，培养学生热爱劳动、尊重劳动人民、珍惜劳动成果始终是劳动教育的核心功能。一直以来，很多学校在劳动教育中所做的一切最终的落脚点也是其德育功能。但随着时代的发展，劳动形式变得多种多样，社会对创新人才的需要更是迫在眉睫。让学生了解技术的进步，开发创新思维，培养基础科研能力，体验技术革新的意义等都成为当前劳动教育研究的重要组成部分。

第四，整合劳动教育的途径。

开展劳动教育并非学校的特权，而是学校、家庭、社会的共同责任。目前很多学校都意识到了劳动教育的重要性，会组织学生开展各种丰富多彩的劳动教育活动，但在教育途径的选择上还存在随机性和偶然性，缺少系统性和目标性。我们着力于劳动教育内容与途径的系统性架构，力图形成学校、家庭、社会全方位的网格化分布态势，有效地整合家庭与学校、社会与学校、家庭与社会之间的教育，从而对劳动教育的发展起到推动作用。

从劳动教育到"新劳动教育"，到底有了什么样的改变、有了哪些"新"内涵呢？

内涵一：直面教育问题，化解教育矛盾。"新劳动教育"是立新实验小学以坚持了几十年的劳动育人办学特色为基础，以大课程观为统领，以构建城市小学"新劳动教育"育人理念与课程实践为目标的应用性研究。它从本质上化解了当前基础教育中存在的三个矛盾：一是中国传统认知与教育目标之间的矛盾，即"劳心者治人，劳力者治于人"的传统思想和家庭对于儿童未来发展的预设"虚高"与培养"全面发展的社会主义建设者和接班人"之间的矛盾；二是儿童成长现状与时代发展要求之间的矛盾，即对第二代独生子女的过度呵护与时代发展对人才的核心竞争力的要求之间的矛盾；三是学校办学特色的再发展与城市小学现状之间的矛盾，即学校本身的持续发展与城市小学空间小、制约条件多等现实情况之间的矛盾。

内涵二：直击教育本质，关注全面育人。"新劳动教育"是通过有目的、有组织的劳动实践调动学生各种感官协调运动，促进学生的综合素养全面提升的育人活动。它以关注学生的生命成长为核心，以劳动实践活动为载体，通过学生的亲身参与和各种感官的协调运动，促进学生全面发展，实现以劳辅德、以劳增智、以劳强体、以劳益美的全面育人教育理念。"新劳动教育"为学生提供了充分的时间和空间，让学生在劳动实践中运用掌握的知识和技能走进社会生活，走进真实的世界；为学生的知识延伸与迁移提供情境，为学生综合运用各种感官完成实践任务提供平台，使学生最终实现深度学习。

内涵三：直指核心素养，专注理论落地。1990年12月27日，《人民日报》头版头条以《打好人生第一底色》为题报道了立新实验小学的劳动教育，揭开了素质教育的一角。当下，"新劳动教育"的提出与实践为中国学生核心素养的培养开辟了路径。"打好人生底色"六个字凝结了"新劳动教育"目标的精髓，即在学生成长的启蒙阶段进行潜能的开发与核心素养的奠基。核心素养的提出将素质教育推向新高度。"新劳动教育"化繁为简，将教育内容归于行动力的培养，并且以自治、逸美、焕新划分了行动力培养的三个方面，即以劳动自治培养学生的生长、生活、生存技能，以劳动逸美培养学生的人文底蕴、艺术特长、审美能力与生活情趣，以劳动焕新培养学生科学的思维方式与分析质疑、发现探索能力。三者有机结合，实现对学生核心素养的基础性培养。

用马克思主义历史发展观来分析，人类起源于生产劳动；劳动不仅创造了人类，还创造了人类的语言；教育也起源于人类劳动。马克思说："劳动不仅是提高社会生产的一种方式，而且是造就全面发展的人的唯一方法。"苏霍姆林斯基对于劳动教育思想做了精辟的论述："一个人的和谐全面发展、富有教养、精神丰富、道德纯洁——所有这一切，只有当他不仅在智育、德育、美育、体育素养上，而且在劳动素养、劳动创造上达到较高阶段时，才能做到。"他认为，劳动教育能培养人的道德品格和智力品格，促进个性的发挥，培养学生的兴趣。劳动的创造性将激发起新的智力兴趣，人就想要多知道一些，以便更深刻地探索劳动的奥秘；他就会去读书和思考，力求丰富自己在劳动中的创造性探索。"新劳动教育"正是破解学校教育全面育人难题的金钥匙，是促进学生全面发展的高速路。

（三）"新劳动教育"目标体系

华东师范大学钟启泉教授在《核心素养的"核心"在哪里》一文中提出："核心素养是指学生借助学校教育所形成的解决问题的素养与能力。"我也认为学校是培养学生形成核心素养的主要阵地，课程是培养学生形成核心素养的主要载体。国家课程的设置可以让学生充分获取间接经验，完成知识的积累。能力的形成还需学生获取直接经验。"新劳动教育"校本课程的实施目的就是与国家课程形成互补，为培养学生核心素养提供环境、场地、媒介、内容和形式。

"新劳动教育"的育人目标是以关注学生的生命成长为核心的，其本质在于挖掘、建构适合6～12岁儿童身心发展规律的综合实践活动，创设多元立体的学习空间，以实现学生的亲身参与和各种感官的协调运动，达到学生主动地、生动活泼地发展这一最终目标。

1. 打好人生底色

劳动教育的德育功能是显著的。在立德树人教育方针的指导下，劳动教育有效承载了学校对学生进行社会主义核心价值观教育的责任，以劳辅德、以劳增智、以劳强体、以劳益美的功能定位表现了劳动教育综合性、奠基性的特点。小学阶段的教育同样呈现这三个特点，"打好人生底色"正是针对小学阶段提出的育人目标。

小学阶段对于成长中的人而言是启蒙阶段，是潜能的开发阶段，更是面对未来发展的奠基阶段，因此这时打下的"人生底色"就应该是广泛的、多彩的、变化的底色，是个性张扬的底色，也是全面发展的底色。这一底色的形成以"新劳动教育"为载体，以实践品质的形成为核心，让学生在多元立体的学习空间中"学生活的知识，练生存的技能，悟生命的意义"，从而促进学生的全面发展和核心素养的形成。

如果让我将"人生底色"的内涵分成几个方面的话，我想至少应该包含三个方面。

价值观的启蒙：人的世界观、人生观与价值观的形成与人的生命成长是同步的。"三观"之中，世界观与人生观更多地含有哲学意义；价值观更为具体，往往会表现在生活中的各种小事上。人们常说的"物以类聚，人以群分"指的就是人的价值观对生活的影响。价值观相同或相近的人比较容易沟通、合作或发展出友好的感情。儿童时期正是价值观形成的关键时期，"新劳动教育"的育人目标就是要让学生在每天做的事、接受的教育中体会、感悟、形成价值观。"新劳动教育"会在与劳动相关的综合实践活动中将"劳动最光荣""劳动者最美丽""劳动果实最珍贵"这样的认识持续地传递给学生。在社会主义核心价值观教育中，"新劳动教育"更是无可替代的途径和手段，对学生价值观的启蒙正是"打好人生底色"育人目标中最重要的一层，是立德树人的基础。

学习能力的培养：学习能力的增强是成长的重要标志，但不同个体学习能力的发展存在着各种差异，而且这些差异会随着年龄的增长变得越来越明显。这也就是为什么一同学习、生活、长大的孩子最终会从事各种不同的工作，其中一部分人会在未来发展的各个阶段优于同龄人，展现出非凡的才能。那么学习能力增强的关键点在哪？我认为在学习的深度、广度、敏感度三个方面。学习的深度是指学习者深度加工知识信息的能力，包括建立多种知识信息之间的联系，建构个人知识体系和有效迁移应用到真实情境中来解决复杂问题的能力。学习的广度是指拓展学习，开阔视野，放开眼界，不拘泥于课本、课堂、学校，也不局限于学科和专业，兴趣所至、思想能之处皆可学习。学习的敏感度是指发现学习，即学习者对知识与客观世界的敏锐感知与反思。学习如蜜蜂采集花粉，同样的时间、环境与条件，相同的学习经历、工作经历和成长经历，一路走来，每个人所汲取的知识与经验却是不尽相同的。具备独特的眼光与敏锐的感知力，才能发现别人不能发现的问题。"新劳动教育"的意义正是对学习能力三个方面的培养，这也是"打好人生底色"最重要的现实意义。

健康身心的锻炼：劳动可以强健身体，让人手能提、肩能扛，让人能调动肢体完成复杂的动作，让人变得勤快并且富有行动的力量。"新劳动教育"让学生在各种综合性学习中灵活主动地行动，在行动中变得心灵手巧，学会积极克服困难，建立合作关系，推动探索进程，养成辛勤劳动、创造性劳动的习惯，培养诚实、奋斗、奉献的劳动精神，最终达到在行动中提高心理素养、锻炼身体的目标。这一目标无法量化，却具有最深远的意义，是"打好人生底色"最纯粹的目标。

2. 我行故我行

"我行故我行"是立新实验小学的校训。

无论是价值观的启蒙、学习能力的培养，还是健康身心的锻炼，都离不开学生的参与。主观能动性是保证学习效果的关键。具身认知理论告诉我们，人的身体在认知过程中起着非常关键的作用。人的认知是通过身体的体验和相对应的行为活动方式而形成的，人的学习需要身体的参与。学习的本质是学生在亲身参与过程中生成认知，在知识的迁移过程中生成能力，在学习过程的反复刺激下思考，进而将知识、能力内化成伴随其一生的素养。也就是说，人的成长需要通过各种行为来实现。

随着儿童进入小学阶段，间接经验的学习逐渐占据主要地位，课堂成了儿童学习的主要阵地。传统的班级授课制的学习方式往往是教师传授，学生吸纳，在师生间的教学互动中完成学习过程。学生能够记忆和积累相应的知识与能力，完成学业。但对学习的深度、广度、敏感度的培养，则需要更为丰富的教育资源、教育形式的支持。"新劳动教育"建构起来的教育理论与课程体系恰恰给学生提供了学习的空间。

在各种综合实践类的教育活动中，学生会遇见各种各样的事和各种各样的人。会遇见顺利、成功，从而产生喜悦、快乐的情绪；也会遇见问题、困难、阻力，从而产生烦恼、尴尬、委屈的情绪。这就是他们人生中很宝贵的经历。经历越多，人生的阅历就越丰富。他们在反复多次的经历中会尝试解决、改变或者适应，从而一点一点地形成良好的意志品格，养成不向困难低头、善于解决问题、迎难而上的习惯，同时也会形成发现问题、解决问题的意识和能力，形成探索的精神与行动的力量。

美国社会当下流行一种新的教育理念，就是"坚毅"，英文叫 Grit。其含义就是向着一个目标长期坚持着，并有持续的激情与持久的耐力，是一种包含了自我激励、自我约束、自我调整的性格特征。如果你看到一个孩子能投入地一直做一件事，这就是坚毅。例如，一个 6 岁的孩子是否知道"2 加 3 等于 5"不重要，重要的是他是否愿意在第一次回答"2 加 3 等于 4"之后重新尝试。

这种乐于尝试、坚韧不拔、勇于探索、积极向上、充满自信的品质和善于解决问题、擅长动手操作、能够将思想转化为现实的能力可以被统称为行动力。具有行动力的人，行为的主动性高，具备一定冒险精神，倾向于在不断尝试去做的过程中学习和提升，对工作的未知因素没有畏难情绪，不怕困难和挫折，相信自己。

在学校教育中，行动力是什么？

行动力是自制力，让学生学会自我控制，克服怕与懒，建立自信。行动力是自觉性，是激发学生自主、自觉行动的力量，让学生克服被动接受指令的习惯，学会探索。行动力是使命感，让学生形成责任感与担当意识，克服个人主义、利己主义，勇于承担。自制力、自觉性、使命感相互交错杂糅、相辅共生，在逐层递进的过程中相互促进。

由此可见，我们为学生"打好人生底色"的本质其实只有一个，那就是培养学生的行动力。在丰富多彩的学校教育中，我们可以输送给学生并在其人生中留下印记的东西有很多，如知识、能力、品行、兴趣、审美等。我希望这些留在学生成长历程中的印记是学生主动获取的，而非被动接受的。这种主动获取的能力就是行动力。

无论是劳动教育还是"新劳动教育"，其中心都是劳动。从现实意义来看，劳动是人维持自我生存和自我发展的唯一手段。也就是说一个人要生存和发展，没有劳动，就没有实现的可能。要想生存下去，就得劳动。不劳动就只能靠他人生存，不能实现自我生存和自我发展。当劳动与教育相结合时，劳动又被赋予了社会道德和人文精神的内涵。从全面育人的功能上讲，它是常规劳动和创新劳动的统一，是劳动和现代技术的统合。

在"劳动"一词中，"劳"是一个会意字。在小篆字形里，上面是"焱"，即"焰"的本字，表示灯火通明；中间是"冖"，表示房屋；下面是"力"，表示用力；合在一起是指"夜间劳作"。其本义为"努力劳动，使受辛苦"。"动"字的意思就要简单一些了，主要指"改变原来位置或脱离静止状态"。从这两个字的本义中，我们可以明显感受到"劳"的意思是辛苦的、疲累的，劳工、劳苦、劳累、吃苦耐劳等许多包含"劳"字的词语都表达着同样的意思；而"动"则没有那么多的感情色彩，只是单纯地表达一种状态的改变。所以在"新劳动教育"中，我们淡化了"劳"，突出了"动"，让"劳动"不再与苦、累、脏正相关，而是与学、练、悟、思、技、创紧密结合。

无论是从理念上讲，还是从校本课程的设置上讲，"新劳动教育"都已从"劳"中脱胎出来，将核心放在了"动"上。让学生行动起来是立新实验小学劳动育人的显著特征。正因为如此，立新实验小学学生的"人生底色"具有了特殊性。"行动—行动力"可诠释"人生底色"赋予劳动教育的内涵与意义，概括成一句话，即"我行故我行"。其中第一个"行"指行动，第二个"行"指行动力。这句话同时也传达了"我能行"的自信。也就是说我们的教育理念就是要让学生行动起来，在行动中积累知识、提高能力、感悟精神；就是要让学生在实践活动中养成想到即做到、有想法就要有行动的习惯和能力，在激发兴趣、挖掘潜能的同时培养学生树立"行动成就梦想"的意识，为学生奠定在未来生活中迎接挑战、解决困难的基础。

"我行故我行"阐明了劳动教育的落脚点与发力点，表达了现阶段立新人对"新劳动教育"理论及学校的办学思想、育人理念的理解与认同。"我行故我行"的意义就在于它让"打好人生底色"这一育人目标有了"骨骼"。

3. 自治、逸美、焕新

如果说"打好人生底色"为"新劳动教育"绘制了一幅育人的蓝图，那么"我行故我行"就为这幅蓝图标清了"经纬线"，"自治、逸美、焕新"就是让这幅蓝图变得充盈与丰沛的山川河流、鸟兽虫鱼。"自治、逸美、焕新"是"打好人生底色"

的三个支点，是"我行故我行"的现实基础。

在实际操作中，"打好人生底色"这一育人目标可以分解为"劳动自治、劳动逸美、劳动焕新"三个方面，即使学生在行动中增长服务自我与服务他人的本领（劳动自治），培养美己美人的情怀和懂美会美的品位（劳动逸美），树立想到即行动的研究意识和探索精神（劳动焕新）。

第一，劳动自治。

劳动自治专注于技术与能力，即通过劳动满足自我成长的需要。其中包含四个方面。一是生活自治。劳动对人类生活最直接的作用就是让人类能够生存下去，这是劳动自治最基础的内容。完成"自己力所能及的事情自己做"的生活自治关注的是自我服务能力。二是学习自治。这是指能够主动、自觉、有方法地完成学习任务的能力，强调的是自我规划与约束，也就是要增强学生在无外力作用下的自主学习能力。三是服务自治。在生活自治与学习自治的基础上，学生获得的内在力量要有一个外显的需求，也就是在管理好自己之后还要有能力为他人提供帮助或服务，这就是团结互助、奉献社会的服务自治。这种自治多体现在学生的群体生活中。这也是陶行知先生在"学生自治"理念中关注的"处群能力"，也就是养成合群品质。这种自治在社会中可表现为积极参加各种志愿者服务。四是岗位自治。在学校，劳动自治还体现在学生参与学校班级管理、履行职责、自主完成任务的岗位自治上。我们将学生能够参与实践的内容按照学校、学年级、班级三个层级设定岗位，学生个人或团队主动申请或由学校按需分配，将任务下达到人，在承担任务期间要严格履职，在保证完成职责的前提下创造性地完成工作。学校会在每周的校会上给予表彰和奖励。学生在劳动自治的过程中体验劳动带来的自我满足与自我实现。

劳动自治，培养生活小能手。

三年级六班的小徐同学的妈妈生二胎了，原本担心9岁的女儿会产生排斥心理。可就在她小心翼翼地观察女儿的情绪变化之时，女儿却把一碗香喷喷、热腾腾的手擀面端到了妈妈的面前，对妈妈说："妈妈生小弟弟太辛苦了，吃了我亲手做的面条就不累了。"徐妈妈激动不已，打电话与小徐同学的老师分享了小徐同学的故事。

其实，受益于劳动自治的生活小能手在立新实验小学比比皆是。在劳动自治的行动中，我们专注于技术与能力的培养，通过劳动满足学生成长的需要。其中包含关注学生的自我服务能力的生活自治，强调自我规划与约束的学习自治，关注"处群能力"、培养服务意识的服务自治和强调责任意识、培养执行能力的岗位自治。

　　学校每学期末举办的"自我服务技能大比武"和一年一度的"劳动技能节"，为学生提供了参与评价与成果展示的平台。"每天劳动 10 分钟""我做小讲师""劳动实践岗"和志愿者服务等活动内容将学校与家庭联通起来。在学校运动会上成功举办的"少年商学院"自制美食义卖活动中，从各种美食的制作、包装、定价到销售、结算，全部由学生独立完成。在校园每年一次的"端午猜谜"大会上，包括会场布置、活动设计等内容都由学校大队干部组织完成，他们超强的行动力令我欣喜。立新实验小学的学生在家里做家务，人人争做劳动小能手已成为一种习惯和一道亮丽的风景线，家长们也纷纷为孩子们的生活能力、劳动本领和感恩知孝竖起了大拇指。

　　第二，劳动逸美。

　　劳动逸美专注于情感与品位，即通过劳动培养对美的认知。美起源于劳动，人类对美的追求是通过劳动一点一点实现的，儿童对美的认知也是在生活、学习、实践中逐步建构起来的。也就是说，"新劳动教育"为学生认识美、欣赏美、创造美提供了基础。其中"逸"取"闲适、安乐、出众超群"之意，正是庄子哲学思想中对自由的人生观和物我相忘境界的一种表述。逸美表达了人对生活质量、精神境界的追求，更主要的是培养人对自身及世界中美的认识。让学生从小就认识美是一种能力，是可以创造的，不断丰富并完善自身的人文修养才有能力使自己成为一个美的人，才可以发现美、欣赏美、创造美。这一内涵体现在"新劳动教育"中，可以表述为在劳动中提升的品德之美，在动手实践中产生的技术之美，在艺术学习和创作中感悟的艺术之美及最终积累、沉淀在学生内心的品位之美。

　　劳动逸美，培养美育小明星。

　　一年级三班的小奚刚刚入学时还是个腼腆的小女生。班主任张老师联系了她的父母，一起鼓励小奚参加"二十四节气亲子阅读"活动。小奚每天和妈妈一起完成一篇诗文朗诵，由爸爸录成视频发布在网络平台上。随着朗诵次数的不断增加，小奚由刚开始的拘谨怯懦变得落落大方，朗诵的形式也由坐着读变成了站着诵。小奚还发布了在家庭聚会中表演的视频，最近又当选了学校的小解说员，真是一天一个

变化。五年级二班的学生陈一阁在 2018 年全国"中华魂"主题教育活动中获得演讲比赛一等奖，光荣地走进了人民大会堂，自信又洒脱地进行了汇报展示。这正是劳动逸美对人由内而外的塑造。

学校开展了"非遗传承""创意手工制作"等活动，给学生以美的启迪与浸润；走进工厂、部队、高校、研学基地，为学生打开了一扇扇观察社会的窗口，将学校与社会联通起来。2017 年，学校组织开展了"一带一路"主题性学习活动。学生通过午说、办手抄报、期末语文测试等方式走近国家大事，了解世界风云。尤其是在年末呈现的以"一带一路童心唱"为主题的大型文艺汇演，给大家留下了深刻的印象，短短一天时间在新华社客户端的点击量就超过了一百万。一位家长评价：这是缩小版的春晚，是童话般的史诗，是政治与艺术的完美结合，看了令人心动、感动和震撼。在"二十四节气"主题学习中，学生在了解、观察、体验、参与二十四节气相关知识和实践活动过程中，深入地触碰到了中国传统文化的精髓，激发出了对古典艺术、文学、科学的向往与追求，提升了文化底蕴和气质修养。

第三，劳动焕新。

劳动焕新专注于改变与发展，即通过劳动培养创新创造的品质。焕，可解释为火光。焕新就是点燃学生的创新创造之火，学生的好奇心与想象力在这里焕发活力。"新劳动教育"为学生创造力的发展提供了广阔空间，极大地促进了学生求知欲和探索精神的发展。表现在课程中，既包括生活中闪现的灵感，又包括创造性地解决问题，还包括创新思维方式和有主题的探索与研究。

劳动焕新，培养科技小达人。

立新实验小学的彭子骅在 2017 年全国青少年科技创新大赛中获得二等奖，学校在"立新少科院"宣传了他的成长历程和参赛经过，校园中的科技小达人纷纷向他传递敬佩之情和挑战之意。2018 年，他又作为黑龙江省的唯一选手再次征战全国大赛，全校师生都拭目以待。

立新实验小学学生爱创新已经成为一种标志，劳动焕新的星星之火已经点燃了学生创新创造的热情。从"六园"中的观察，到"植物盆"的种植，再到"班级少科所""立新少科院""小小创客室"的探秘，学生的好奇心被激发出来，一项项小课题研究应运而生，将学校与世界联通起来。近年来，立新实验小学已有百余名学生荣获中国少年科学院"小院士"称号，学校被命名为中国少年科学院科普教育基地。立新实验小学优秀毕业生邱麒获得了175项国内外设计大奖，当他重返校园时，骄傲地向立新实验小学的学生们说"是立新实验小学的劳动教育让我对科学产生了浓厚的兴趣，我也是在成千上万次的实践和失败中学会了自信、勇敢和坚持"。在劳动焕新的引领下，生活中闪现的灵感、创造性地解决问题的火花和学习中生成的创新思维方式都焕发着立新实验小学科技小达人的智慧与潜能。

自治、逸美、焕新是"新劳动教育"对人的全面发展的不同方面或生命质量的不同维度的一种实践转化。劳动自治给学生打下的是人生的长度和宽度的基础底色，劳动逸美给学生打下的是人生的高度的底色，长、宽、高围成的框架中充满的是劳动焕新带给人生的丰富色彩。劳动自治、劳动逸美、劳动焕新共同支撑起了"新劳动教育"的育人目标、内容和途径，也描绘出了支撑立新学子终身发展的人生底色。

（四）"新劳动教育"校本课程体系

在西方，课程（Curriculum）是从拉丁语"Currere"一词派生而来的，意为"跑道"（Race-course）。作为专门术语，最早见于英国教育家斯宾塞《什么知识最有价值?》（1859）一文。如果从词源意义"跑道"来理解，课程就是为学生划出的学习的路线。国家课程就是为全体学生设定的统一的学习路线，是用来培养学生共同素质的，是体现国家意志的共性课程；校本课程就是结合学校、师生实际情况设计出来的用来培养学生个性特点的课程，关注的是学生成长需要及学校办学思想、育人理念。"新劳动教育"校本课程就是建立在充分满足学生成长需要的基础上，兼顾校情、师情的课程。其落脚点紧紧围绕"打好人生底色"的育人目标，深入挖掘自治、逸美、焕新的内涵，确保理论与实践一脉相承。

自治、逸美、焕新概念上相对独立，内涵上相互交错。对于小学这个特定的教育阶段而言，可以培养学生的行动力。人的成长除了身体的自然生长外，知识、技能、思想品质的发展都伴随着认知、实践、创新等行为的参与。"新劳动教育"校本课程体系的架构正是以调动学生多种感官参与，实现认知、实践、创新多层次训练和培养、激发、提升学生综合素养的目标的。在具体实施过程中，我们将"新劳动教育"三类十五门校本课程的内容与目标细化为"'三爱五行十做到'校本课程实施标准",并结合学生特点编写了该标准的"童谣版",使学习内容、目标相融统一又朗朗上口。

我们目前设置的三类十五门校本课程,以自治、逸美、焕新为标准划分了行动力培养的三个方面,即自治类课程以观察、认知、实践为主要行动方式,行动目的以培养学生的生活技能、生存技能为主;逸美类课程以感知、欣赏、实践为主要行动方式,行动目的以培养学生的人文底蕴、艺术特长、审美能力与生活情趣为主;焕新类课程以合作、探究、实践为主要行动方式,行动目的以培养学生的科学思维方式、分析质疑能力、发现探索能力为主。三者有机结合,实现对核心素养的基础性培养。

表1　"三爱五行十做到"校本课程实施标准（童谣版）

三爱				
爱学习		爱劳动		爱创造
五行				
自我服务我能行	岗位实践我能行	美己悦人我能行	行动研学我能行	科学创新我能行
十做到				
低段		中段		高段
1. 班级岗位学会做 2. 整理书包自己背 3. 简单家务主动做 4. 会剪指甲系鞋带 5. 个人仪表要美观 6. 园内植物要牢记 7. 观察日记学会写 8. 创意课里亲手做 9. 研学参观初体验 10. 校史知识我知道		1. 校园岗位有任务 2. 文明守纪道德美 3. 六园基地做农事 4. 植物栽培有记录 5. 六室技能要掌握 6. 科技发明要尝试 7. 研学课程常参与 8. 家务劳动积极做 9. 每天读书要坚持 10. 市史知识我知道		1. 志愿服务互帮助 2. 岗位监督有责任 3. 基地体验要重视 4. 艺术审美有特长 5. 创意作品有品位 6. 自主学习成习惯 7. 研学实践有课题 8. 科学研究有报告 9. 孝老爱亲知感恩 10. 华夏文明我知道

自治类课程包括以培养学生生活技能为主的自我服务课,在劳动技术室中进行的技能训练课,以校园岗位实践为主的校园实践课,以培养学生家庭责任感和社会

责任感为主的家庭体验课，以走进社会、参观学习、开阔视野为主的社会实践课，共五门。

逸美类课程包括以"国学经典传承"为基础培养社交能力、表达技巧的国学礼仪课，以"二十四节气"主题学习和"中华传统节日"主题活动为内容的民俗文化课，以开发和传承东北儿童游戏、丰富课间生活为目的的趣味游戏课，以音乐、美术普及项目及艺术社团活动为载体的艺术品味课，以篮球、乒乓球和冰雪运动为主体的健体训练课，共五门。

焕新类课程包括以"学科＋劳动"为主要形式的学科渗透课，以在"六园"中观察研究为主的基地观察课，以科学知识普及、开展小实验操作为主的科技普及课，以创意手工、废物利用、艺术训练为主的班级创意课，以劳动科研、劳动创新、课题研究为主的科学研究课，共五门。

表2　三类十五门课程

三类	十五门	行动方式	行动目的
自治类课程	自我服务课　技能训练课 校园实践课　家庭体验课 社会实践课	观察、认知、实践	以培养学生的生活技能、生存技能为主
逸美类课程	国学礼仪课　民俗文化课 趣味游戏课　艺术品味课 健体训练课	感知、欣赏、实践	以培养学生的人文底蕴、艺术特长、审美能力与生活情趣为主
焕新类课程	学科渗透课　基地观察课 科技普及课　班级创意课 科学研究课	合作、探究、实践	以培养学生的科学思维方式、分析质疑能力、发现探索能力为主

劳动自治类课程——以培养学生的生活技能、生存技能为主。

孩子们享受着劳动创造的幸福生活，却与劳动视同陌路，不知道幸福生活从何而来。人的成长从本质上讲就是从被人呵护、照顾到独立生活的过程。中国人的传统家庭观念决定了父母等亲人对孩子的照顾更细致、更长久，使孩子形成了知识储备多、实践能力弱、生活技能和生存技能更弱的状况。在学习过程中，学生的主要活动是在学校里、课堂上通过课本、老师的指导获得的。自治类课程的意义在于学生能运用在课堂上掌握的知识，走进真实的世界，获得解决问题的能力。

劳动自治类课程就是要学生在行动中增强自我服务与服务他人的本领。五门课程在学生的生活中全景展开，营造劳动教育的生态环境和常态环境，引导学生通过观察、实践参与和知识的迁移拓展等途径感受劳动的价值，多维度构建学生对劳动的认知。

自己的事情自己做——自我服务课。

劳动最基本的育人功能是让人"四体勤，五谷分"。家庭劳动教育的缺失让越来越多的独生子女变成了学习机器，而自我服务课的开设恰好弥补了这一不足。

"自己的事情自己做"，每一位父母都会这样教导自己的孩子，但在孩子的一声呼唤下，又有几位父母能够抵挡？立新实验小学从一年级开始就建立"自我服务反馈档案"，一周一反馈，一周一小结，督促学生有目标地完成自我服务内容。当微信的使用普及起来之后，学校又充分利用了微信这一交流平台，为学生分年级布置了每天 10～30 分钟的自我服务和家务劳动任务。家长帮忙拍成照片或录成小视频，发到班级群里或在朋友圈中交流，让孩子感受到了满满的劳动自豪感。

每个学期期末考试结束后的第二天，教师们不会立刻投入评改试卷的工作中，学生们会早早来到学校，因为那一天是学生们人人都要参加的"自我服务技能大比武"的日子。操场上，学生们以年级为单位列队，仿佛一队队等待检阅的士兵，一张张紧绷的小脸显露出无比自信与骄傲的神情。劳动主任一声令下，学生们就要在 1～3 分钟内完成各自的任务：一年级系红领巾，二年级系鞋带，三年级穿校服，四年级叠衣服，五年级洗袜子，六年级包书皮。虽然是极其简单的自我服务技能，但要在那么短的时间内完成，日常的功夫就不可小觑了。

曲径通幽处——技能训练课。

劳动教育离不开技能训练，简单工具的使用、一般仪器设备的操作和按步骤进行的小实验、小艺术品的创作都是可以通过训练来掌握的。学校为此不断扩大劳动实践基地的规模，2017 年暑假又对劳动实践基地进行了建设，建成了九个劳动技术室，即插花室、果艺室、研培室、标本室、木刻室、烹饪室、布艺室、陶艺室和创客室。每天的前两节课之后，如果你信步来到劳动技术室，叮叮当当的斧凿之声、拉坯机的嗡嗡声就会不绝于耳。这是学生们在上技能训练课。

每天都会有不同年级的学生在这九个现代化的劳动技术室里动手实践。一年级

图 28　图中依次为劳动实践基地"九室"中的布艺室、研培室、创客室、陶艺室

开设插花课，学生平时用仿真花学习插花技艺，等到校园内的植物花繁叶茂之时就改用真花真叶来做盆景。学生们的作品常被用于学校的各种会议和活动中。二年级开设无土栽培课，学生们从家里拿来瓶瓶罐罐，利用学校提供的各种营养液种蒜、白菜，养殖花卉，探索水培植物的奥秘。三年级开设烹饪课，做拉面和寿司、做捞汁、包饺子、简单熘炒是学生们必须掌握的技能。四年级开设陶艺课，学生可以根据自己的兴趣选择泥塑或制作陶器。立新实验小学是牡丹江市第一家购置拉坯机的单位。五年级开设木工课，学生们既可以学习使用简单的木工工具制作小物件，又可以跟随辅导教师学习木刻。牡丹江市木刻学会就成立于此。六年级开设电器拆装课，学生们在拆拆装装的过程中不断了解各种家用电器的工作原理，激发了好奇心和求知欲。技能训练课在训练学生的动手能力的同时也提高了学生的想象力、创新力，为学生的发明创造打下了基础。

我的舞台我做主——校园实践课。

学校体育馆的门口有一个有着几级台阶的小平台。每逢周二、周四，只要风和日丽，这里便会人头攒动，热闹非凡。原来学校将这里稍加修饰后把这里变成了学生们展示才艺的"红领巾小擂台"。学生们以班级为单位，自己主持，自选节目，自主编排。表演的成功与否全看受欢迎程度。为了把中午在操场上玩耍的同学们都吸引过来，每个展示的班级都会煞费苦心，力求别出心裁。"红领巾小擂台"的创建初衷源自一次家长座谈。一位家长不无伤感地说："都说在立新上学，孩子得到锻炼的机会多，可我的孩子已经读到了五年级，还从来没有作为主角参加过学校活动。都说机会均等、教育均衡，我怎么始终感受不到呢？"于是学校在对学生的培养方面开展了"五个一"工程，即让每一名学生在六年的小学生活中当一次小主持人、当一次升旗手、当一天老师的小助手、做一次值周生、进行一次表演（展示），从而让学生都有展示能力和价值的机会。

　　校园对于学生来讲是生活的重要组成部分，是走出家庭，走入社会的中间阶段。学生有必要在学校生活中锻炼自己的社会适应能力、群处能力、竞争力、责任感和担当意识。校园实践课将学校打造成了一个练兵场，分学校、年级、班级三级设置实践岗位，给学生提供能够充分实践、体验的机会，让每一名学生都有机会在校园中"扮演"一种角色。例如，在班级层面，每一件事都责任到人，如盆花的栽培、饮水机的管理、卫生工具的摆放、作业的收发、图书的借阅等，甚至开关灯这样细微的小事都在学生管理实践范围内。在年级层面，设置了卫生监督岗、文明礼貌监督岗、植物养护岗等。同一年级的各个班级轮流上岗，还建立了竞争评比机制，学生参与岗位实践的热情很高。在学校层面，把每周的升旗校会、校广播室、少先队等各种常规活动的组织、筹备、展示工作分设成实践岗，由学生独立参与完成。像报刊分发员、解说员、礼仪员等固定工作岗位，由辅导老师对学生进行培训。培训合格之后，学生每天自主工作或在大型活动时随时上岗。学生们根据自己的能力和意愿竞争上岗，凭自己的能力完成岗位职责，每一名学生都感受到了"我行故我行"的自豪感。

　　立新实验小学还组建了"少年商学院"，申请了淘宝商铺，充分利用网络资源。"少年商学院"的学生对在班级创意课等劳动实践活动中制作的手工艺品进行定价、售卖，在商品销售、策划宣传、财务管理等方面进行了实践，体验了商业运作的过程，体会了经济社会的基本形态，打开了一扇联通校园、社会与互联网的窗口。

　　父母的辛劳我知道——家庭体验课。

　　自 20 世纪 80 年代第一代独生子女入学开始，独生子女教育问题就成了学校、家庭乃至社会共同关注的课题。"00 后"的新一代独生子女较之他们的父母生活得更自由、更富足，同时也更缺乏对社会、对家庭的责任感。这与当今社会出现的"富二代""官二代"事件一样，透露着家庭教育的缺失造成的"无知者无畏"的现状。学校在家庭体验课中针对不同年龄的学生开展了适宜的体验活动，如低年级"家里的事情学着做，不给父母添麻烦"，中年级"家里的事情帮着做，争做父母的小帮手"，高年级"家里的事情抢着做，体验父母的辛苦"。学生们在家校充分沟通的基础上学会了做简单的家务，学会了与邻里沟通，学会了帮父母照顾家里体弱的老人……

寒暑假里，学生们要完成两项实践体验任务：一是进行"当一周小管家"家庭体验活动，这一周全家人的衣食住行全都由学生亲自安排，与父母交换角色，打理家中一周的生活开支，并完成理家感悟；二是完成"陪父母上一天班"职场体验活动，学生们要走进父母的单位或尝试父母所从事的行业，从早到晚跟在父母身边，观察体验父母的工作并尝试帮父母分担一些力所能及的工作。学校还安排学生在上课时间进行职场体验活动。周一到周五，每天每班派出一名学生，有计划地完成一天的活动，这样较之在假期中完成更有动力，反馈也更及时。体验之后，学生要填写反馈单。有的学生写道："妈妈给了我100元作为一天的生活费，除去早晨买菜的钱、上下学的交通费、中午饭钱已所剩无几，晚饭只能对付一顿了。"有的学生写道："一天做三顿饭，还要打扫卫生，接送孩子，妈妈好辛苦啊！"还有的学生写道："本以为在银行上班的妈妈工作很轻闲，可一天下来，不仅让我觉得枯燥乏味，还腰酸背疼，看来'数钱数到手抽筋'也不一定是件高兴的事。"从学生们质朴的语言中，我们看到了他们成长的足迹，看到了他们小小的心灵受到了一次震荡。

学生们在实践中体会到了父母的辛劳和幸福生活来之不易的道理，也理解了"劳动创造生活"的含义。

读万卷书，行万里路——社会实践课。

在社会实践课的设计中，我们既突出体验，又注重实践。为了让学生对各种职业建立初步的认识，学校与一些社会单位合作，建立校外实践基地，组织学生走进社会。例如，学生们来到市图书馆，加入"小小图书管理员"的志愿者队伍，利用假日服务社会。走进农村，与农村儿童同吃同住，与农民一起下地劳动，种土豆、挖野菜、摊煎饼，亲身感受到了"汗滴禾下土"的艰辛。在社区，每逢过节，学生们总会拎着生活用品来到孤寡老人白志光爷爷家里，为老人清扫卫生，表演拿手的小节目，做家常饭，陪老人热热闹闹地过节。一拨又一拨的学生毕业离校，可老人家里却从未缺少过温暖，这场爱心接力已经坚持了近十年。走进军营让立新实验小学的劳动教育与部队结下了不解之缘。从最初的在"红领巾实践周"学生住校一周，接受七天的军事化管理，到现在的"军营一日训"，虽然时间缩短了，但学生们通过徒步拉练，参观师史馆、官兵营地，参加军训，听国防知识讲座等，还是可以生动了解人民军队的光荣历史和发展变化的。空军基地、炮团、黄金部队等几乎所有驻地部队都留下了学生们的足迹。造纸厂、污水处理厂、黑宝药业、大湾奶牛场、海浪飞机场等都是学校的校外劳动基地。学生们分年级进行参观。在学生们的体验日记中，我们高兴地看到，学生们真切地体验到了科技进步带来的发展与变化，为家乡的现代化建设进程而惊叹。

劳动逸美类课程——以培养学生的人文底蕴、艺术特长、审美能力与生活情趣为主。

在人类发展史上，有意识、有目的的劳动先于美而产生。在劳动工具、生活器物的制作过程中，人类先祖慢慢认识到形状、颜色之美，美的意识逐渐萌芽。儿童对美的认知也是这样的过程，从接受来自成人的美的传授，到逐渐形成自己的审美素养，其间来自生活环境和各种学习活动的影响都将沉淀为儿童的内在修养。"新劳动教育"将"逸美"作为三大育人目标之一，充分考虑到了美在人生中的作用，为学生未来的生存质量、生活品位打下了基础，也为学生以后的幸福生活做了准备。

腹有诗书气自华——国学礼仪课。

我们非常注重学生气质的培养，并深信"腹有诗书气自华"的道理，所以学校有着国学经典习诵的传统，在每天早上和中午的课前 10 分钟晨读午说时间进行有主题的诵读和口语交际，让学生每天浸润在国学经典的浓浓氛围之中，培养内外兼修、彬彬有礼的君子气质。为了打破国学经典就是古代文学经典的常规认知，学校将国学经典的学习拓展到了人文、地理、历史、医药等诸多方面，其中最有序列性的是"二十四节气"主题学习活动。学校结合每个节气的时间节点组织学生在劳动实践基地的动植物园中开展观察、讨论、交流等综合性学习，主题升旗仪式、班会中也融入了"二十四节气"的专题学习。学生们通过作文、手抄报、绘画等形式表现自己对"二十四节气"的理解。从立春到大寒，学生从对国学懵懵懂懂到进行由点及面的放射性拓展学习，极大地丰富了对优秀传统文化的认识。

这门课程的教学成果的最大亮点是培养出了一批又一批的小向导员、小解说员和小礼仪员。每当有客人来校访问时，学生向导员、解说员、礼仪员便会各司其职。他们衣着得体，落落大方，阳光自信，娓娓道来，赢得了各级领导、专家和全国各地教育同行的赞许，成了校园最具风采的团队。2018 年年末，立新实验小学承办黑龙江省"贯彻全国教育大会精神，落实党的教育方针，推进全省中小学劳动教育工作研讨会"时，仅三四年级就派出了小向导员 130 人、各岗位的定点小解说员 96 人、小礼仪员 40 人。学生们的表现给与会代表留下了深刻的印象。《中国教育报》在报道此次活动时以小向导员的表现开头："'欢迎各位客人来参观，下面由我给大家介绍一下我校的概况。'参会者一走进校园大门，三（5）班学生林子策便和同学们礼貌地迎上来，主动与大家打招呼，流利地介绍情况。"

在国学礼仪课中，学生们触碰到了优秀传统文化的精髓。丰厚的人文积淀让学生们在应对各种场合时都能自信从容、气质卓然，培养了良好的仪态美。

中华传统代代传——民俗文化课。

随着各种交流方式的普及，国外思想对学生们的影响越来越大，圣诞节、万圣节、复活节、感恩节、情人节等国外节日在学生中越来越流行，以至于中国传统节日的气氛十分寡淡。在这种情况下，学校丰富和发展了原有的节日活动，设置了民俗文化课，对中国传统节日中的清明节、端午节、重阳节、中秋节、元宵节五大节日的民俗进行了较为全面的挖掘，并将北方的特有风俗融入其中，设计开展了系列活动，以课程的形式固定了下来。

例如，在端午节来临之际，民俗文化课的内容设计为：第一环节，在全校范围内开展主题升旗仪式，这既是一个启动大会，也是端午知识、风俗的宣传会；第二环节，开班会布置学习任务，如收集、学习与节日相关的内容，了解节日风俗，并结合风俗做好参加学校主题活动的准备；第三环节，以班级、年级、学校为层级自下而上地组织学生参加端午诗歌会、撞鸡蛋大赛、做香包和煮茶叶蛋活动，并为校级优胜者颁奖；第四环节，制作手抄报，展示交流。

虽然不同的节日会有不同的设计，但不断地将传统节日的内涵发扬光大，培养学生对中华民族的归属感和自豪感是不变的课程目标。

寻找童年的乐趣——趣味游戏课。

拿现在学生的生活与我们的童年相比，物质的丰富是我们所不能比的，但精神上的富足却呈现出完全不同的状态。让我感受最深的就是现在的学生不会玩了。离开了电脑、电视、手机，学生在课间要么扎堆聊天，要么追逐打闹，基本见不到学生们三五成群地玩游戏。我们小时候天天玩的游戏如今已渐渐绝迹。面对这种情况，我们筛选出了一些适合不同年龄学生玩的游戏，按学段推广，最终形成了一门充满童趣的校本课程。

我们精心挑选了室内游戏与室外游戏，以应对天气变化。考虑到男女生差异和性格差别，动静结合，竞技与趣味兼顾，基本设定为：低段（一二年级）室内游戏"翻绳"，室外游戏"跳格子"；中段（三四年级）室内游戏"魔方"，室外游戏"跳皮筋"；高段（五六年级）室内游戏"欻嘎拉哈"，室外游戏"打中间人"。棋类游戏、跳绳、踢毽子作为普及游戏，全校开展。学生们在游戏中体悟竞技带来的胜利与失败、规则带来的公平与约束、合作带来的喜悦与矛盾，寻找童年的乐趣，在玩中实现身体和心灵的共同成长。

朴素传幽真——艺术品味课。

人的艺术品位是伴随着实践的增加而形成的。原始人类对美的认知是伴随着劳动实践中产生的颜色、形状、声音而产生的。当美的意识产生后，人类又不断通过劳动实践创造更多的美，在漫长的进化过程中创造、积淀、传递最本真的美。现代社会对美的理解更加丰富，其中也掺杂着一些浮躁的、小众的艺术形态。学生们在光怪陆离中接受、吸取纷繁复杂的信息，对艺术的理解则浮于表面。

要想让学生受到更为质朴的美的熏陶，就要让他们置身于最质朴的艺术实践之中。于是我们开设了三个层面的艺术品味项目。其一，基础普及项目，即一二年级的铅笔字，三四年级的合唱，五六年级的毛笔字。其二，班级特色项目，即结合班级学生的兴趣开设全班性的特色项目，包括各种小乐器，如尤克里里、排箫、葫芦丝、小提琴、非洲鼓等；民间艺术，如剪纸、龙凤字画、版画等。其三，社团类艺术项目，如儿童画队、水彩画队、国画队、冰雪画队、书法队、京剧队、声乐队、管乐队、民乐队、电声乐队等。

艺术品味课让学生于艺术浸润中体悟美的真谛，建立朴素的美学观点和审美情趣，在艺术实践的过程中提升艺术品位。

人生能有几回搏——健体训练课。

在"新劳动教育"理念中，以劳健体的思想早已形成。这种思想表现为学生参与各种劳动实践时争先恐后，表现为学生参加各种体育训练和竞技比赛时拼搏进取，表现为学生在健体训练课中整齐划一、力争上游。

图 29　学生在牡丹江市中小学运动会上参加 30 人 31 足比赛

健体训练课全员项目的选择充分考虑到了学校的室内、室外条件和季节的影响，结合学校体育传统，最终确定了室内项目乒乓球、室外项目篮球，冬季为冰上项目速滑和冰尜。立新实验小学的体育馆为牡丹江市乒乓球后备人才培训基地，有着优质的场地和教练，在低年级全部开设乒乓球课的同时，课余时间面向全体学生开放，吸引有兴趣特长的学生坚持锻炼。每年在省市乒乓球比赛中，立新实验小学代表队都是佳绩频传。每到间操时间，全校 2000 多名学生人手一球的场面蔚为壮观。2018年校运会上中、高年级部分学生表演的千人篮球操和百人投篮赢得了一片喝彩。每年冬天，学校操场变身冰场，体育课变为冰上课。学生们穿着冰刀在冰面上飞驰，如轻巧的雨燕，好不畅快。

在开展全员项目的同时，专业训练项目的教练和学生更是冬练三九夏练三伏，在各种比赛中为学校赢得了荣誉，保证了学校体育工作连续多年位于全市前三名的好成绩。

劳动焕新类课程——以培养学生的科学思维方式、分析质疑能力、发现探索能力为主。

创新人才的培养有两个重要前提，就是好奇心与想象力。我们开设的"新劳动教育"特色课程不仅保护了儿童原有的好奇心与想象力，而且在传输丰富知识的基础上更高层次地激发了学生的好奇心与想象力，培养了学生的求知欲和探索精神。

为了更进一步地把学生的好奇心与想象力变成创造力，我们开设了焕新类课程，让学生成为真正意义上的研究者，品尝创新创造的乐趣。

处处皆劳动——学科渗透课。

我们采取拓展与整合并用的方式将学科教学与劳动实践相结合，通过课堂这个阵地完成劳动意识渗透的目标。学科渗透课不再强调"做中学"，而是注重"学中做"。我们通过整合将劳动课程带入学科教学，如三年级综合实践课中的"植物王国"一课就与蔬菜园中的学习相整合，既节省课时，又丰富教学内容。学科拓展体现了知识迁移，如一年级数学中的"找规律"就被迁移到了运动会场地布置中，学生们学"比和比例"时就走进无土栽培室去配制营养液。学生们自由地在不同学科间游走，理解了知识间的内在联系，避免了以往学习中"知其然而不知其所以然"的尴尬。学校还开展了"我是小讲师"活动，鼓励学生每天回家给家人讲一分钟，内容可以是一道题、一个字、一个新学到的知识、一个小故事。学生的积极性非常高，家长也特别支持。学生通过这一分钟的讲解对学到的知识进行了再加工，并以自己喜欢的方式展现出来，其实是完成了把知识内化为自己的知识体系的过程。

学校进一步拓展了学科渗透课的内容与途径，增加了主题性学习内容，开展了"我眼中的一带一路"综合性学习。从活动策划到活动实施学生全程参与，收集资料、整理发布、个人展示、大型展演让学生在系列活动中得到了系统的学习和锻炼。

方寸之地显神通——基地观察课。

立新实验小学坐落在牡丹江市的主干道西三条路边上，是一所典型的城市小学。可五十多年前的这里却是城市边缘，遍布菜地农田。当时立新实验小学的师生在学校楼前翻地约两千平方米，种上四十棵小果树，建成果树园；在校园东西两侧各翻地约一千四百平方米，将其作为小农园，分成禾科、豆科、油科、蔬菜四个种植区，可以说规模很大。随着城市的不断扩张，校园逐渐缩小，最后成了被围困在高楼大厦中的一小块绿洲。但无论环境如何变化，立新实验小学的植物园始终执着坚守，雷打不动。

春天一到，植物园迎来了一拨又一拨的学生。有的学生对树木的萌发充满了兴趣：为什么杏树先开花后长叶，樱桃树的叶子和花朵几乎同时生发，苹果树开花时叶子已经长得很大了呢？有的同学对农作物的生长问题连连：为什么玉米、豆角要播种，茄子、辣椒要育苗，韭菜不用种自己就能长呢？这一个个问号激励着学生不

图 30   学生在劳动实践基地"六园"中的蔬菜园中劳动

断观察、研究，探索植物园里的奥秘。当一年级的学生因为第一次看到杏花开得热闹而高兴地叫喊着"桃花开了"的时候，二年级的学生已经在研究北方的连翘为什么总被误认成迎春花了。学生在观察中生发出了一个又一个问题，带着这些问题走进了知识的海洋，在探索中拓宽了视野，丰富了知识的积累。我们把基地观察课按年级分配在"六园"中进行：一年级的主题是"开启园林王国的金钥匙"，二年级的主题是"探求花卉世界的奥秘"，三年级的主题是"品味种植蔬菜的艰辛"，四年级的主题是"共享农作物丰收的喜悦"，五年级的主题是"期盼硕果累累的金秋"，六年级的主题是"传递一份生物科学的答卷"。学生们靠着发现的眼睛畅游科学的乐园，六个年级的观察研究造就的是一本本"小小植物百科全书"。

一进入七月，学生们的盛宴——采摘节便拉开了序幕。最早成熟的是杏，紧随其后的是樱桃，再接下来是蔬菜、农作物，直至中秋节摘葡萄。采摘节每年都要持续两三个月。在这期间如果你漫步校园，常常会看到学生们蹲在地上翻找没被虫子打过洞的杏，常常会遇到学生扬着汗津津的小脸、举着一双小脏手请你品尝刚刚摘下来的樱桃，常常会被大个头的冬瓜、细长的角瓜、奇形怪状的袖珍南瓜吸引而驻足。

为了让"新劳动教育"的边际效益最大化，采摘节衍生出一个很受学生追捧的活动——义卖活动。只要当天的采摘有一定的数量，学生就可以在教师的带领下来到学校旁边的小市场进行售卖。一篮豆角、一袋尖椒、一盆樱桃、几串葡萄、几捧赤豆绿豆都可以成为售卖的商品。学生们有的借来电子秤，有的拎着弹簧秤，也有的干脆将"商品"打包装袋论个卖。为了给自己的"商品"定一个合适的价钱，学生们早早地来到小市场搞调查，将自己的"商品"与市场上的同类商品做比较，定好价格后还不忘编几句顺口溜，强调一下"绿色食品，有益健康"的优势。学生们卖力推销可不仅仅是因为好玩，更主要的是义卖所得将用于为常年生活在小动物园里的火鸡、孔雀、兔子和鸽子购买饲料。这些小动物可是学生们的亲密伙伴，他们一定会竭尽全力为这些伙伴准备好过冬的口粮。

学生们在从种到收的观察实践中体会到了劳动的艰辛，发现了植物的奥秘，同时也从价值的转换过程中体会到了"劳动创造财富"的道理。

小荷才露尖尖角——科技普及课。

在小学阶段，学生们很少能够在学科教学中接触到科学技术、物理化学方面的知识，而我们生活中又有许多有趣的现象是包含一定科学原理的。我们借助一些科普材料，或与科学推广机构合作，在班级中开设科技普及课，让学生利用简单的实验器材了解科学原理，进而用科学视角解释一些熟悉的自然现象、生活现象，引导学生走上科技探究之路。

种植实验盆是科技实验课的重要内容。一到春天，学生们就从家里带来各种各样的植物种子或幼苗。班级里摆满了实验盆，有果蔬类的，有农作物类的，还有花卉类的。一双双小眼睛对盆里的植物充满了期待。夏天来了，实验盆里的植物沐浴着阳光茁壮成长。学生们认真观察着植物生长的每一个细微变化，为植物在生长过程中遇到的问题相互讨论、查寻资料、请教专家，忙得不亦乐乎。秋天来了，又到了实验盆"斗宝"的日子。学生们纷纷把自己的实验盆摆在班级前面的展台上。沉甸甸的谷子穗害羞似的鞠着躬；朝天椒傲气地昂着它那红红的头；大豆的植株虽然已经枯黄，可鼓鼓的豆荚却让小研究员们信心十足。小研究员们你方唱罢我登场。在一阵唇枪舌剑和实物对比之后，由学生们投票评出优胜者。

科技普及课作为焕新类课程的一部分，承载着学校对劳动育人教育理念向着劳动科研、劳动创新方向发展的希望，是劳动育人教育理念面向未来的立足点。

满架蔷薇一院香——班级创意课。

班级创意课集中体现了"心灵手巧"这个词的含义，是学生手脑并用、调动各种感官参与的项目。一个小小的塑料瓶，在不同人的手里会变成不同的样子。有的学生会剪裁，有的学生会在上面涂画，有的学生会用各种颜色的线去缠绕，最终呈现出来的是一个又一个形态各异的小工艺品。这就是创意制作的乐趣。每周五下午，全校所有教学班在同一时间开展班级创意课。一项项具有班级特色的手工制作让人眼花缭乱，生活中的任何一件物品都有可能成为学生制作创意作品的材料。

　　一包面巾纸到了学生们的手里就会变成栩栩如生的纸塑作品，一捆吸管、一把冰棍杆、一截丝袜到了学生们的手里都可以变身为艺术品。班级创意课的活动内容十分丰富，蛋壳贴、水晶珠纺织、数字油画、中国结编等属于手工制作类，学生们在勾勾画画之中变得心灵手巧；易拉罐贴画、药瓶风铃等废旧物品利用激发了学生们非凡的想象力；艺术纸雕、丝网花、塑料衣等充满奇妙创意的内容，为学生们发挥与生俱来的创造力提供了平台。为了最大限度地尊重学生的兴趣，不仅班级在选择创意课内容时要征求全班学生的意见，而且学校对于班级里小部分对其他内容感兴趣的学生采取了年级内走班的方式。到了班级创意课时间，学生们可以根据自己的兴趣选择到同年级的其他班级活动，这一做法在便于管理的基础上兼顾了学生兴趣。学生在想象的天空中自由翱翔，既培养了动手能力，又发展了创新思维。

晴空一鹤排云上——科学研究课。

　　阳光明媚的五月，春草探出了嫩绿色的芽。立新实验小学例行晨会上，正进行着"班级少科所"的授牌仪式。当学生们从校长手中庄重地接过"班级少科所"的徽标时，脸上充满了自豪的笑容。学生们的科研热情一下子被点燃了，纷纷申报选题，一份份"立新少科院课题申报表"很快提交上来。学生们申报的课题内容十分丰富，有研究植物生长的，有研究植物病虫害的，还有研究青蛙生长过程的……看着学生们稚嫩的笔迹和一个个颇具创意的想法，我曾向一位记者意味深长地介绍："成立'立新少科院'和'班级少科所'就是给学生们搭建一个开动脑筋、动手实践、放飞梦想的舞台。"

　　学校依托中国少年科学院成立了"立新少科院"，以班级为单位下设了53个"少科所"，形成了人人搞研究的科学氛围。学生立足"立新少科院"和"班级少科所"开展实验盆种植养殖活动或主题研究活动，通过记录观察、实验过程，形成课题研究报告。每年学校通过层层选拔，推出立新实验小学的科研"小院士"参加市里和中国少科院的"小院士"评选，学生们年年都有辉煌的成绩。机器人、航舰模、模拟飞行、3D打印等项目将给学生们提供更加前沿的技术，为培养具有创新精神与创造能力的社会主义建设者和接班人打好人生底色。

（五）"新劳动教育"的实施策略

从实践探索走向理论研究是人在智识层面上的一大飞跃。在教育工作中，任何一项有价值的研究都要经历从实践到理论再回归实践的过程。在这个过程中，让我觉得越行越难的不是从实践向理论的飞升，而是从理论向实践的转化。我们如果在思想的世界里建立了一个理想国，那么就会迫切地想在现实的世界里建立一个乌托邦。

但事实上，在理论价值的实践转化中，从来没有百分之百。

在"新劳动教育"的实践过程中，现实的种种制约也曾让我一筹莫展，目之所及的育人目标与育人效果之间的差距也曾让我感到无力，外界的质疑、隔岸观火和某些时段上级的不置可否也曾让我不知所措，但最终坚定下来的是坚持劳动教育的决心和做好"新劳动教育"的信心。立新实验小学的劳动育人之路走了几十年了，无论经历多少风风雨雨从未中断过，靠的应该就是这种不抛弃、不放弃的精神。几十年薪火相传积累下的丰厚经验，深入立新实验小学师生心灵的从小爱劳动、从小学本领的精神和每一位立新人对劳动教育的深厚情感，都为开发和实施劳动校本课程，将"新劳动教育"理论转化为教育实践提供了坚实的基础和有力的支撑。

"新劳动教育"校本课程的开发与实施始终秉承本土化原则，课程设置、课时安排、学习方式、师资队伍、软硬件配备等都从学情、校情出发。我们摸索出了一整套适应立新实验小学发展的劳动教育模式，学校的劳动教育基地由最初的"一场两园""一场六园"发展为现在的"九室、六园、两院"现代化劳动育人活动园区，劳动教育的内涵由培养学生的劳动热情和劳动技能发展到关注学生的生命成长，学习方式由单纯的下场劳动转变为"劳动自治—劳动逸美—劳动焕新"的育人模式。我们在实践过程中不断解决和克服遇到的问题和困难，形成了一套比较完整的运行机制。

1. 自上而下，形成管理体系

在"新劳动教育"的实施过程中，我们不断尝试、改进的首先就是管理体系。管理的不科学、不到位会直接影响办学特色的发展。为确保"新劳动教育"理论的研发和校本课程的实施，我们在思想和实践两个层面进行了整合与分工，实行统一调配下的扁平管理制度。

　　首先，在思想层面明确"新劳动教育"在学校全面工作中的核心地位，将"新劳动教育"理论与学校的办学思路、教育理念进行全面整合，将学校的教育理念"打好人生底色"确定为"新劳动教育"的育人总目标，"我行故我行"的校训和"自治、逸美、焕新"的校风与"新劳动教育"理念高度契合。"新劳动教育"核心地位的确立彻底改变了"新劳动教育"作为办学特色而偏居学校整体工作一隅的尴尬境地，也改变了需要的时候轰轰烈烈、受到其他工作冲击的时候便"悄无声息"的窘态。达到了只要教育活动在进行，"新劳动教育"就在进行的良好状态。

　　其次，多年的不断探索建立了一整套科学、严密的管理系统，分工合作，扁平管理。学校层面由德育副校长主抓劳动教育的全面工作，下设一名专职劳动主任；其他中层干部分管校本课程中的学科渗透课、基地观察课、社团类课程和主题类综合实践课程，实行主任问责制、首席教师负责制。学校通过制定一日常规，对各类校本课程的授课教师实行月考核制，从教师的教学和教研、学生的学习成果等诸多方面进行监督，使教师明确感觉到学校对校本课程教学的重视，确保校本课程的教学质量。

2. 因地制宜，加强劳动实践基地建设

　　校本课程开发的成功与否和学校的基础设施能否承载有着密切的关系，"新劳动教育"对劳动实践基地的要求更高。"新劳动教育"理论要求学习在学生全部的生活中展开，营造劳动教育的生态环境和常态环境。这要求我们建设一个多元、立体、开放的劳动实践基地。

　　立新实验小学的劳动教育基地建设是在20世纪五六十年代从开垦校园地开始的。靠着师生们的手提肩扛，学校一点一点建成了由"红领巾饲养场"和农作物园、果树园组成的劳动基地。师生轮流到劳动基地参加

图31　最初的"红领巾饲养场"大门

生产劳动，不仅锻炼了生存能力，提高了工作技能，还创造了丰富的物质成果。随着时代的发展，校园地退出了历史舞台，"红领巾饲养场"也在2003年进行了彻底的改造，师生参加生产劳动的情形在校园中再也看不到了，取而代之的是各种设备齐全的劳动技术室、实验室和活动室，并将劳动实践基地的范围扩大到了家庭和社会。家庭和社会教育资源在时间和空间上整合，形成"处处是劳动，时时有教育"的开放式劳动实践基地。

目前"新劳动教育"实践基地已发展变化为"九室、六园、两院"，再配合市图书馆、省农业经济职业学院、蚁聚创客集团、乐高机器人集团、造纸厂、居民社区、驻军部队、果蔬基地等校外劳动实践基地，覆盖面广，多元立体。

表3　"新劳动教育"实践基地概览

校内劳动实践基地				校外劳动实践基地
九室		六园	两院	
A区	B区	果树园		工厂、养殖场、院校、居民社区、驻军部队、市档案馆、市图书馆、蚁聚创客集团、乐高机器人集团、果蔬基地十家共建单位
插花室	创客室	百花园	少年商学院	
果艺室	陶艺室	蔬菜园		
研培室	布艺室	农作物园		
标本室	烹饪室	葡萄园	少年科学院	
木刻室		小动物园		

3. 由内而外，招贤与培训并重

校本课程的开发既要考虑学校自身的师资情况，又不能完全被师资困住手脚。对于缺少专业教师又必须开设的课程，我们通常会经由三个渠道解决。一是建立一套行之有效的培训制度，在现有教师中培养有一技之长的教师，使之能尽快适应校本课程的需要，如一些技术类课程，对现有教师进行培训是最省时、省力、高效的方法。二是经由上级支持面向社会招聘专业人才，补充到校本课程教学的一线。我们一般用这一方法解决和学科相关的校本课程师资问题，毕竟我们能够选择的空间十分有限，招聘来的教师通常也要经过培训。三是充分利用社会、家长资源，聘请校外辅导员进班授课。这一方法比较灵活，可以开设的项目也相对丰富，只是要注意甄别和挑选，以防项目杂乱破坏课程体系的科学性、规范性。学校现有专职劳动教师 6 人，兼职教师 53 人，外聘教师 50 人。近几年，学校与省农业经济职业学院、省幼儿师范专科学校合作，以提升校外辅导员质量；聘请农林、园艺、工艺等教授、讲师 22 人，以满足"新劳动教育"校本课程对师资队伍的要求。

4. 形式多样，合理安排课时

课时是课程的关键要素之一，校本课程的课时问题更加棘手。在"新劳动教育"校本课程体系的建构过程中，我们首先解决的是课时问题。我们把在"九室"和"六园"中进行的技能训练课和基地观察课以及班班都开设的班级创意课排入课程表，每周一节或隔周一节，由专职劳动教师任教；趣味游戏课和健体训练课利用课间和间操时间进行；国学礼仪课和民俗文化课在每天早晨、中午各 10 分钟的晨读午说时间进行；综合实践活动安排在各大传统节日到来之际或学校迎接大型会议、检查之时进行；自我服务课和家庭体验课安排学生在家庭中完成。课程内容及评价采取一周一布置、一周一反馈、一周一展评的方式进行，由班主任负责实施，每个学期末学校将组织全体学生以班级为单位开展"大比武"活动，进行整体评价。校园实践课、科学研究课采取主题研究或学生社团活动的方式进行，即选定课题或岗位后利用校内的课余时间完成，成果评定以课题论证材料、结题报告或岗位实践纪实材料为准；社会实践课采取集中授课的方式进行，所有参加社会实践的班级停课一天或半天，集中参加活动或训练。多种学习方式的合理搭配既分散了课时压力，又满足了学生需求，确保了三类校本课程的均衡发展。

表 4　新劳动教育"三类十五门"校本课程实施分解

类别	课程	授课地点	上课年级	课时安排
自治类课程	自我服务课	课堂、家庭	一至六年级	课余时间
	技能训练课	插花室	一年级	隔周一大节（合并两课时）
		果艺室	二年级	
		陶艺室	三年级	
		布艺室	四年级	
		烹饪室	五年级	
		木刻室	六年级	

续表

类别	课程	授课地点	上课年级	课时安排
	校园实践课	校园	一至六年级	课间或岗位活动时间
	家庭体验课	家庭	一至六年级	课余时间
	社会实践课	校外劳动实践基地	一至六年级	每周四集中授课
逸美类课程	国学礼仪课	课堂、大型活动中	一至六年级	晨读午说、社团活动时间
	民俗文化课	校内、校外	一至六年级	班会、晨会、节日
	趣味游戏课	班级、操场	一至六年级	课间活动时间
	艺术品味课	活动室	一至六年级	社团活动时间
	健体训练课	操场、体育馆	一至六年级	间操、社团活动时间
焕新类课程	学科渗透课	班级	一至六年级	与学科内容共用课时
	基地观察课	园林	一年级	隔周一节
		百花园	二年级	
		蔬菜园	三年级	
		农作物园	四年级	
		葡萄园	五年级	
		小动物园	六年级	
	科技普及课	班级	一至六年级	隔周一节
	班级创意课	班级	一至六年级	隔周一大节（与技能训练课交替）
	科学研究课	创客室	自愿	社团活动时间

5. "五花"认定，建立科学评价机制

立新实验小学的劳动实践基地里有一个"百花园"。每年四月到十月，各种花卉次第开放，争奇斗艳，美不胜收。立新实验小学的校园就是个大花园，师生们的一张张笑脸比"百花园"里的鲜花还要悦目。"花儿与少年"相映成趣，形成了立新实验小学校园中一道亮丽的风景线。

我们因地制宜，将学生的年龄特点和发展规律与关注学生的全面协调发展结合

起来，制定了"'我行故我行'学生综合素质评价标准"；利用自然环境，把校园中随处可见的花朵作为对学生的奖励。学生一项一项地完成实践任务，赢得积分，再用积分换取相对应的花朵。为了让花朵的选择更具指向性，我们在"百花园"中选定了花瓣（花萼）数量不同的火鹤、刺梅、三角梅、丁香、杏花来评价学生在劳动实践中的表现，将"自治、逸美、焕新"分解成 12 大项 36 小项任务。学生们每做好一项任务便可获得相应积分，最终以"杏花少年"为全面发展的标志完成一学期的学习。这项活动在"百花竞春"的氛围中营造了一个学生成长的"百花园"。

表 5　"我行故我行"学生综合素质评价表（一年级）

一级指标	二级指标	三级指标	争星	星级
我行故我行	劳动自治	生活自治	会剪指甲、系鞋带	（　）☆	（　）☆
		会系红领巾	（　）☆	
		能自己背书包	（　）☆	
	学习自治	正确握笔书写	（　）☆	（　）☆
		每天读书 30 分钟	（　）☆	
		会按照课程表整理书包	（　）☆	
	岗位自治	会做值日生（扫地、擦黑板）	（　）☆	（　）☆
		做纪律监督员	（　）☆	
		图书管理	（　）☆	
	服务自治	学会分享（主动借东西给同学）	（　）☆	（　）☆
		不乱扔杂物，主动捡拾杂物	（　）☆	
		参与一次志愿者爱心活动	（　）☆	
	劳动逸美	品德之美	见到师长主动问好	（　）☆	（　）☆
		伙伴间团结礼让	（　）☆	
		为长辈洗脚、捶背	（　）☆	
	工艺之美	做出一件班级创意课作品	（　）☆	（　）☆
		技能训练课——插花	（　）☆	
		会用小剪刀剪纸	（　）☆	

续表

一级指标	二级指标	三级指标	争星	星级
我行故我行 劳动逸美	艺术之美	参加一次艺术社团活动	（　）☆	（　）☆
		参加一次艺术展示活动	（　）☆	
		参观校园劳动实践基地	（　）☆	
	品位之美	仪表端庄，服装整洁	（　）☆	（　）☆
		会使用文明用语	（　）☆	
		参观校史馆	（　）☆	
劳动焕新	生活灵感	做一幅树叶贴画	（　）☆	（　）☆
		做一个水果拼盘	（　）☆	
		布置自己的小房间	（　）☆	
	解决问题	种植实验盆	（　）☆	（　）☆
		每周做一次"小讲师"	（　）☆	
		参与一次模拟职场体验活动	（　）☆	
	创新思维	做出一件废旧物品小发明	（　）☆	（　）☆
		参加一次校级"创意作品大赛"	（　）☆	
		独立完成简单的科技课作品拼装	（　）☆	
	主题研究	观察秋天的园林	（　）☆	（　）☆
		观察种子与植物	（　）☆	
		了解霜降、冬至等节气	（　）☆	

综合认证				
☆	☆	☆	☆	☆

注：综合认证选择校园内五种常见花卉，以其花瓣（花萼）的数量表示学生完成目标的程度。

　　"新劳动教育"校本课程的开展极大丰富了学校的教育资源，为全校师生搭设了学习与展示的平台。学生、教师、学校都已成为课程开发的受益者。学生们在校本课程的学习中学会了观察、思考、动手，养成了踏实、勤奋的意志品质，培养了自主、探究、合作的学习能力，提升了欣赏、体验美好事物的品位，增强了生存、生活的意识与能力。教师在校本课程的开发与实践中提升了专业素养与科研能力，形成了骨干教师梯队。学校借助这一特色不断提升品牌形象，全面工作不断攀升，在本地区已形成名校辐射带动态势。"城市小学'新劳动教育'理论与实践研究"成果获 2018 年黑龙江省基础教育教学成果一等奖，获 2018 年国家级基础教育教学成果奖二等奖。

新劳动教育实践案例

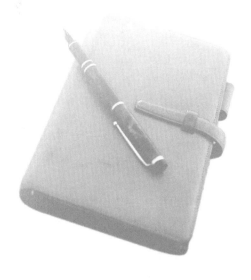

任何一种育人思想都必定产生与之相应的育人成果，"新劳动教育"的育人成果因其在学生的全部生活中展开而盈满校园，辐射家庭，带动社会。我常被发生在教师和学生中的生动的故事感动，常被眼前多彩的校园、鲜活的景致吸引。我知道，这是立新少年在用行动践行着"我行故我行"的宣言。

一、劳动自治

自治者，独立也。以劳动之磨砺达到独立之生存、独立之生活、独立之品性，是为劳动自治。"新劳动教育"以劳动自治为"人生底色"之根基，以生活为参照，为每一名学生的成长积淀生活的知识、生存的技能和健全的人格；以未来为目标，为每一名学生打下融入群团、融入社会、安身立命的基础。

（一）校园里的自治岗

立新实验小学的校园里有一个专属学生的特殊岗位，那就是独具立新实验小学特色的劳动自治岗。

劳动自治岗是一个统称，包括报刊分发员、校园环保小卫士、失物招领处负责人、小小书吧管理员等能够给学生提供实践的岗位，全部由学生来担任。这些学生团结、信任、平等、互助，充满活力与激情，有向心力和凝聚力，以主人翁的身份参与学校管理，为自己的成长写下了浓墨重彩的一笔。

1. 报刊分发员

也许你我都不曾经历过报刊分发的辛苦，而在立新实验小学，八九岁的孩子就开始体验劳动的艰辛与快乐了。

学校每年订阅报刊十余种，2000 多名学生订阅的报刊有近百种。这些报刊能被丝毫不差地送到教师和学生手中，要归功于我们的劳动自治岗——报刊分发员。

每天间操期间，都会有两个小男孩将当日的报纸送到我的办公室。那天，我下楼巡视间操情况，路过广播室的门口，一群孩子围在那里，原来是大队宣传部的队干部与报刊分发员。他们刚从校门口的收发室取回今天的报纸和杂志，搬运、开包、数数、分拣、核对……

图 32　报刊分发员在分发报刊

一系列的动作几近标准化。他们三人为一组，一人手持订阅单念着报刊名称、班级、份数，一人快速查对数量并递给另一名同学，再由这名同学投放到班级对应的报刊箱中。他们动作迅速，个个都是"小大人"的模样。此时已是寒冬时节，一楼的气温很低，可我分明看到了孩子们的额头上有汗珠。我竟从来不知道，孩子们会这样辛苦。

当我返回办公室时，送报纸的小男孩随后就到了，敬了一个标准的队礼，说了一句简短的话："隋校长好，这是今天的报纸。"然后要转身离开。我叫住了这个孩子，又问了问报刊分发的事。原来除了分拣报刊，每名队干部还要对接班级的报刊负责人。如果班级的报刊负责人不按时取报刊，队干部就直接到班级找他们。有些低年级的孩子拿不动，队干部还会帮忙送到班级去。在他们看来，帮助弟弟妹妹也是自己的义务。这就是我们可爱的孩子，有担当，懂呵护。虽然报刊分发是辛苦的，但是对孩子来说，能够被需要就是对他们最大的表扬与肯定。他们累并快乐着。

2. 校园环保小卫士

校园环境需要全体师生共同维护，如果仅仅是由教师监管，那么学生的主人翁意识就会淡化。于是，学校就有了这样一个特殊的劳动自治岗——校园环保小卫士。这支队伍由大队劳动部成员及各中队劳动委员组成。他们每天早上七点四十在广播室集合，戴好绶带，拿着分担区表，到操场上各班的分担区检查卫生是否清扫彻底。这是"权力"很大的一项工作，也是最容易"得罪人"的一项工作。可学生们总是能认真负责，为校园环境更加干净整洁尽自己的一份力。

在这个岗位上，有一个"编外"人员，他可曾是轰动全校的"人物"。2018年9月的一天，这个调皮的孩子心血来潮，做了一件令常人不能理解的事情——将臭烘烘的粪便涂在学校洗手间的门把手上，想象着下一个触碰这个门把手的学生沾一手粪便时的倒霉相，接着就蹦跳着回到了班级。回班后，他又觉得这么做不太好，就带着抹布回去擦，结果发现那个门把手已经被擦过了。他深感愧疚，追悔莫及。

第二天，我收到了一封道歉信，正是这个孩子写的。在孩子稚嫩的笔迹中，我看到了被泪水浸湿纸背的痕迹，更看到了孩子无比惭愧的内心。我决定抓住这个机会，让他从此改变，帮他树立正确的人生观和价值观。于是，我找来了大队辅导员，让她找这个孩子好好谈一谈。三个多月后，大队辅导员跟我说，这个孩子从那天开始直到期末考试的前一天，每天中午都在二楼的男厕所抓大声喧哗的学生，或在操场上抓那些搞破坏、打架骂人的学生。就这样，他成了校园里最负责任的"小卫士"。

其实，对孩子来说，失误或做些违规的事情可能仅仅是一时头脑发热。我们要懂得宽容，更要懂得适时引导。只要你关注他，给他一次将功补过、改过自新的机会，给他一个新的起点，愿意相信并重用他，他很快就会有所转变，甚至做得比其他孩子更棒。这就是我们教育的意义，不局限于使"乖"孩子成长得更好，还要让"坏"孩子成长为"好"孩子。

3. 失物招领处负责人

小学生丢三落四的现象时有发生，每学期总有数百件失物待领。为了让失物尽早回到主人手里，学校在南楼一楼中门厅设置了失物招领处。自失物招领处设立以来，长期无人认领的失物被领走了一大半。

失物招领处成立之初，孩子们捡到东西送来也好，找东西取走也罢，总是会把这里弄得乱七八糟，如衣服袖子夹在门边，打开柜门物品散落一地，给寻找失物的同学们带来了很大麻烦。于是，小小的失物招领处就有了负责人，他们定期整理失物招领处的物品，分类摆放：杯子放在格子里，衣服挂起来，球类放在地上，杂物放在抽屉中；同时他们还要引导前来认领失物的同学，在找东西时不能乱翻，不是自己的东西要放回原处，有序整理。慢慢地，一个小小的失物招领处被管理得井井有条。

4. 小小书吧管理员

课间或中午，只要你走在教学楼里，总会看到学生们或坐在小木凳上，或斜靠在墙角，三三两两细读品味，一幅醉心阅读的场景。每当看到这一幕，我就会在心里为当初在缺少资金的情况下在教学楼每一层建设一个开放式书吧的决定说一声"值了"。北楼这五个小书吧利用的是教学楼楼道的空旷角落，书柜、地台、小凳子加上简单的文化建设，组成了这个人人都爱的温馨雅致、明亮舒适的"小小书吧"。"我们很喜欢这样的书吧，一下课我们就会去挑选自己喜爱的书阅读，非常方便。"一名四年级的学生兴高采烈地说。

"小小书吧"既是学生的阅读空间，也是学生实践的劳动自治岗；实行的是学段承包、班级轮流管理的方法，对包括南楼两个"红领巾书吧"在内的 7 个书吧进行开放式管理。各年级研究出台了书吧管理细则，由年级组长组织各班进行轮流管理。

不管轮到哪个班级管理书吧，班主任都会尽可能让每个学生都尝试在书吧管理员这个岗位上实践。每天，管理班级的多名书吧管理员要轮流对书吧进行日常管理和秩序维护。因为每个楼层的年级是相对集中的，所以学生一般不会串楼层阅读，这种管理模式有利于培养学生的责任心。书吧管理员为了给同学们营造良好的读书氛围，每天可谓是煞费苦心，就连小凳子摆放的形状也是多种多样的，海鸥形、拱形、圆形……小凳子所能摆出的形状真是超乎想象。我每次路过都会拍张照片，学生们的想象力让我折服。小凳子一天一个样的摆放形式，吸引了更多的学生来到书吧进行阅读，书吧管理员们也乐在其中。

图 33　书吧里千变万化的小凳子

我在与年级主任的交谈中得知，为了让学生们借书有条不紊地顺利进行，班主任要先对书吧管理员进行集中培训，制定出图书借阅制度，对书籍的登记、借阅和归还做记录。第一次借书的场面最热闹了：学生们排成了两条长龙，还没借到书的学生翘首以待；借到书的学生拿着书喜气洋洋地坐到座位上，津津有味地看了起来。

书吧管理员要定期整理图书，协助同学借阅，对于书籍的摆放更是精益求精。

为保证书吧的正常运行，书吧管理员要根据图书的破损情况及时进行修补，对借阅的同学适时提醒归还日期。这其中还发生过一个小故事。那时，四楼书吧是四年级一班学生负责管理的。一名男同学借阅了一本《爱心树》。临近归还日期，在管理员再三提醒下，他也没有按时归还。又过了几天，这名男同学主动对管理员说，因为太喜欢这个故事了，读了很多遍，致使书页有破损。他很不好意思，却又不知怎么办才好。管理员拿起这本书，翻到破损页看了看说："我们一起把它修补好吧。"听到管理员温柔的话语，这名男同学终于松了一口气，于是他们一起小心翼翼地开始修补。从这以后，这名男同学和四年级一班的管理员成了好朋友，也成了一名书吧管理员。

听了年级主任的介绍，我想，在书吧借阅、管理的过程中，学生们不仅收获了知识，更收获了快乐和友谊。小小书吧既培养了学生的自治管理能力，又提高了学生的审美情趣。

一个个看起来并不起眼的劳动自治岗，却凝聚着劳动的智慧，承载着劳动育人的重大使命。学生在体验劳动的过程中感受到了辛苦，学会了服务，懂得了什么是责任、什么是担当。这些劳动带来的宝贵财富必将影响学生一生。我有理由坚信，尊重劳动、热爱劳动、认识到劳动最光荣的立新学子未来必将成为最可爱的人。

（二）劳动技术室搬家

立新实验小学的劳动技术室是劳动主任的主要阵地，也是学生劳动技能的训练基地。劳动技术室原先位于校园东侧的一排平房内，有插花室、标本室、果艺室、无土栽培室、木刻室。由于年久失修，房屋破旧，门窗漏风，室内墙皮脱落，地面凹凸不平，经常有老鼠出没。因此，学校决定对劳动技术室进行翻修改造。

怎样安排好这场搬家劳动呢？劳动主任开始认真地筹备，她要把这次搬家劳动上成一节劳动教育课。动工前需要将劳动技术室里的设备及学生作品暂时搬到事先选好的储藏室，劳动主任与德育处刘副校长沟通后开始着手进行调配工作：劳动技术室负责人指挥相应的活动室；后勤人员管理储藏室，确定搬家年级、班级、学生人数。大课间一到，在班主任组织下，劳动技术室开始搬家。

搬家的场面热火朝天，六年级 5 个班级的 125 名学生被合理分配到 5 个劳动技术室，自行分组：搬运小件物品的学生总是能多带一件就多带一件；较大或者较重的物品由几个人合力移动，稳步前进；守门的学生在保障运输顺畅的同时辅助其他学生看护运送的学习物品，以防损坏；负责清扫地面的卫生小队的任务就是确保搬运中地面卫生，及时清理遗落在地面的纸屑等废弃物。储物室又是怎样的画面呢？那里安排了负责调控指挥的学生，他们引导搬运物品的学生将各个劳动技术室的物品整齐地放置在指定位置，再按规定路线返回。人员、物品虽多，组织却规范有序。劳动技术室负责人现场指挥，班主任组织学生搬家，后勤人员安排放置物品，各部门之间的合作有条不紊。井然有序的劳动场景赢得了老师们的赞赏。

搬家的场面戏份十足，站在远处都能感受到参加搬家活动的学生的兴奋劲儿。大家都在讨论着我要搬什么、你要搬什么、他要搬什么……劳动主任为我描述了这样一个细节：搬桌椅的学生在中途休息时总会情不自禁地说些什么，可在进到南楼教师办公区后都会自动放低声音，彼此相互提醒老师们在办公，不要大声讲话、吵嚷。学生对老师工作的体谅和他们对劳动特别有热情、特别有积极性又能遵守劳动纪律的样子，让我们看到了"新劳动教育"的成效。学生团结协作、爱惜物品、保护校园环境的意识，正是"新劳动教育"中劳动自治、劳动逸美、劳动焕新的成果。

劳动实践是检验学生劳动能力的最好方式，我们能够看到学生的动手能力还有待提高。尤其是劳动主任现场坐镇指挥的标本室内有很多珍贵标本，一些蝴蝶、鸟类及其他小动物标本精致易损，学生们搬起来格外小心。果艺室内用果壳制作的艺术作品轻轻一碰，果壳就会脱落。学生们用双手捧着易坏的艺术作品，走在路上还会不住地提醒其他人小心些，不要碰到自己。当然，也有粗心的学生不小心就让艺术作品变得残缺了。我想，学生在经历过一次次的劳动体验后，会总结出劳动的方法，让劳动变得更有价值。

现在劳动技术室的所有物品已经被封存管理。几个月以后劳动主任还要组织同学们把这些物品再搬回原处，那时她与学生们又会有哪些表现呢？我很期待。

（三）烹饪室里故事多

炒菜、饺子、寿司、拼盘、蛋挞、押面这些美食，你走进饭店都可以吃到。只要你想品尝，饭店的大厨就会为你送上精致的美食，这不足为奇。可是在立新实验小学，我们也有一群"小厨师"可以为你送上这样丰盛的大餐，他们工作的地点就是学校劳动基地的烹饪室。烹饪室的课程是每周五下午开展的技能训练课，学生轮流走进烹饪室去学习。每一次学生们带着食材来，带着美食走。在一次次的大型迎检活动中，烹饪室的功劳真是不小，总能吸引客人们驻足观望，不停品尝。下面就让我带领大家一起走进烹饪室看一看日常的劳动场面，找一找"美食魔法"的奥秘吧。

烹饪室是由六个美食间组成的。一进入烹饪室，左边第一个美食间就是凉拼间，四年级二班的 15 名学生正拿着水果刀切水果。有的男孩看起来手脚比较笨拙，可切出的水果却很精致。一会儿的工夫，你就会看到一个个用水果拼成的各种各样的小动物活灵活现地在盘子中"跳舞"。有个女孩正和她的指导教师贺老师讨论自己的想法，贺老师为她竖起了大拇指。接着这个"小作者"便开始干起来：橙子横切成片作为太阳，香蕉横切成块拼成椰子树干，猕猴桃立着等分切成椰子叶，苹果切片作为帆船，橘子掰瓣摆成海面。哟！一幅美丽的夏日海滩图呈现在我们面前。我们的孩子真是太有创意了！为了把水果拼盘课上好，贺老师在网上收集了不少资料，加上自己的研究学习，每节课都能给学生们带来一些新的知识和式样参考。加上学生们在不断学习与训练的基础上又会源源不断地迸发出创新性想法，所以每次学生们的新品展示都非常精美、有创意。

往前走就进入了寿司间，朴实踏实的赵老师正在给三年级七班的学生们讲解寿司制作的步骤和注意事项。初接寿司室的她对做寿司也是一头雾水。为了能够快速掌握做寿司的技术，她经常利用周末时间"走出去"，到校外寿司店自费学习，到了每周五的校内基地课再"引进来"。渐渐地，玉米粒军舰、肉松小卷、玉子寿司、蟹柳小卷、三文鱼寿司等海鲜类、蔬菜类、水果类、肉类寿司填满了寿司室的菜单。今天，学生们准备做的是熟虾寿司和素寿司。几个学生把火腿肠、黄瓜、胡萝卜切丝放入盘内，然后把紫菜铺在案板上，再铺上一勺蒸熟的香米，放入刚才切好的火腿肠、黄瓜、胡萝卜，再加入韩式萝卜条，多种食材摆好后，就可以卷了。也许因为是第一次卷寿司，没什么经验，寿司卷得有点松，切后有些松散。学生们也不管品相如何，赶紧拿起一个塞进嘴里，脸上露出了满满的幸福。

向左转，右边第一间是饺子间，由史老师负责管理。她接手饺子间后就对学生们进行了细致的分工与安排：擀饺子皮的、包饺子的、煮饺子的。学生们边说边干，热火朝天，好不热闹。看到我来了，史老师招呼我过去尝一尝学生包的饺子。"这是什么馅的？"我尝了一口后问道。学生们哈哈大笑起来，"校长，这是我们的新作品，

图 34　烹饪室里刚出锅的水饺

玫瑰馅的。怎么样？好吃吧！"别说，学生们的手艺还真不错呢！自从有了包饺子的基地课，好多家长跟史老师反映：孩子懂事了，成长了，回到家也爱参与家庭劳动了。有些学生为了提高自己包饺子的手艺，好在同学们面前大显身手，总是在家一连几天包饺子、吃饺子。现在，学生们的创意越来越多，传统的猪肉白菜馅、韭菜鸡蛋馅已经不稀奇了，新的饺子馅被学生们"发明"出来，白面皮也变成了绿色、粉色、橙色的，甚是好看。像这样在饺子皮、饺子馅上的创新已经不下十几种。所以，我坚信只要我们为学生提供一个开放、自由的教育环境，学生会更热爱劳动，会用他们的智慧进行创造性劳动，这就是"劳动焕新"意识的培养。

热炒间是烹饪室里最大的一间。学生们会在这里做出不亚于"大厨作品"的佳肴，油焖大虾、肉末茄子、番茄炒蛋、可乐鸡翅、大葱木耳炒肉、家常凉菜等几十个菜品都是他们的拿手菜。学生们经过一个多小时的洗菜、切菜、炒菜之后，就会把美味摆上餐桌，围坐下来一起品尝劳动的果实。

往前走，左边的一间是烘焙间，李老师和姜老师正在教学生们做蛋挞。挞皮做起来最麻烦的，也最需要技术含量。起初，学生们都是从超市买来冷冻的挞皮，可总是买半成品就会增加学生的学习成本。李老师和姜老师就自主学习做挞皮的方法，回到家中反复练习，终于找到了小窍门。接下来的一段时间，她们就自己做挞皮，用一天的时间集中做出了好多挞皮，等到学生们来上课就可以直接取出来用了。看着她们熟练的动作，我很感动。我们的教师为了把"新劳动教育"真正落实下去，真的付出了很多很多。叮的一声，烤箱响了，香喷喷的蛋挞新鲜出炉，满屋子都是甜品的奶香味。

最里面的一间是抻面间。快看！那个孩子抻面的动作潇洒帅气，有模有样：双手拿起小块的长条形面块轻轻一抻，随后上下挥动双臂，面条画出了一条优美的弧线，越拉越长；然后双手对折，另一只手插入面条中间，再次挥动双臂，又是一条优美的弧线……反复几次，面块便成了细长的面条，一系列动作一气呵成。我惊呆了，这竟是一个五年级男生的手艺。抻面间的魏老师跟我说，刚开始她也是一筹莫展，醒面、揉面、抻面对于大人来说都是很难的事，让小学生来做怎么可能呢？况且她自己也不会抻面呀。后来她多方打听、请教，还实地勘察走访，联系到了学校后面的一家拉面馆。拉面馆的抻面师傅对学校开抻面课的做法非常认可。为了培养学生的劳动技能，学校能有这样的良苦用心，他很感动，当即决定免费培训。学生们的学习热情感染着抻面师傅，他还多次到校内对学生们进行义务指导。正是有了这份坚持学习、热爱劳动的热情，才有了那个五年级男生娴熟的抻面技能。

快下课了，美食也都做好了，烹饪室里热闹起来。寿司间的学生端着寿司到饺子间、烘焙间来换美食，饺子间的学生也端着饺子到烘焙间来换蛋挞，烹饪室一下子成了美食广场。大家互通有无，吃得真香啊！活动后烹饪室的卫生清理最麻烦，烘焙间的李老师是公认的表率。无论是基地课的卫生、管理还是每次的活动，她都做得干净利索。她影响了很多教师，他们共同经营着最受学生欢迎的劳动技术室。

这仅仅是烹饪室课程的日常状态。每一次迎检烹饪室都是最出彩的，学生们的手艺和创意总是令客人啧啧赞叹。运动会上，烹饪室与"少年商学院"合作，成为校园里的亮丽风景线。运动会当天，烹饪室的教师和学生都要提早制作出拿手美食，并在布置好的场地售卖给喜欢美食的同学。开幕式刚结束，学生们就在义卖场地排起了长队，不到一小时烹饪室的美食就售卖一空。可见这些学生的手艺有多棒！

我想，现在的你一定和我一样，对"新劳动教育"中成长起来的学生充满了信心。小小烹饪室，藏有大人生。

（四）夜宿滑雪场

我校组织学生进行的每一次研学旅行活动，都是一堂劳动教育课。我们会借助外出旅行的机会，有意识地培养学生劳动自治的自理能力、劳动逸美的审美品位和劳动焕新的创新创造力。这一次，研学旅行的目的地是横道滑雪场，我们的学生会有哪些收获呢？学生在山上住宿有没有兴奋得睡不着觉呢？睡觉的时候有没有想妈妈呢？有没有不会自己穿滑雪板的呢？夜宿滑雪场，一定有故事。

研学旅行可不是草草联系的简单旅行，是需要做好前期充分准备的。为了能让学生在山上吃得好，住得暖，学有所获，劳动主任多次与滑雪场负责人沟通。谈到学生伙食每桌只有三菜一汤时，当时较真的劲头就上来了，一句"谁家吃饭不是四菜一汤"顿时让滑雪场负责人哑口无言。看似泼辣的劳动主任对学生视如己出的模样，正是发自内心的师爱的体现。

研学旅行让学生走出校门，用自己的心灵感受社会，用自己的方式了解社会。对于六年级的学生来说，这次研学旅行可能是他们小学生活中最后一次集体活动。其中一名定好了要在12月初去新西兰上小学的学生，得知这次研学旅行的消息后，不想错过和同学们的最后一次集体活动，和爸爸妈妈商量后将机票改签在了研学旅行之后。这次研学旅行一定会成为他最美好的回忆。

出发那天，学生们早早就来到了学校。在短短的启动仪式后，大客车排成一队缓缓出发了。途中，有一个女孩晕车，班主任照顾她吐完之后，发现旁边座位上有个男孩在剥橘子。因为怕在外面吃水果受凉，学校要求学生不得带水果。班主任询问这个男孩，他说："老师，我妈妈跟我说过在晕车的时候闻闻橘子皮可以止吐。"这样的回答让班主任发现学生已经学会运用生活常识来解决具体问题了，这样的收获在课堂上是学不到的。

到达滑雪场的下午，研学课程安排的是集体活动——包饺子。学生们有的负责擀皮，有的负责拌饺子馅。别看他们小，有几名学生表现得非常突出，饺子皮擀得有模有样。时间差不多时，工作人员来收饺子。学生们都有些舍不得将饺子拿去煮了，纷纷说："老师，我们能不能不吃它们呀?"六年级三班的学生在教师的提议下将包好的饺子摆成象征着班级的"6.3"形状，每个人都和摆好造型的饺子合影留念。家长看到教师发的朋友圈中孩子们包饺子、吃饺子时开心的样子，也都表示要让孩子多多参加研学活动，夸奖孩子改掉了挑食的坏习惯，就连没有馅的饺子皮也吃得有滋有味。

集体活动结束后，教师组织学生开会，强调了就寝的具体要求，重点说了内务问题。劳动主任检查寝室时，发现有一个孩子将衣服扔得满床都是，正和同学玩得高兴。劳动主任询问他为什么不抓紧时间收拾时，同寝室的其他学生都一起帮助他整理衣服，他自己也不好意思地赶紧整理起来。劳动主任巡查回来，发现鞋子整齐地摆在宿舍门口的墙根，洗漱用品与衣物都规范地摆放在指定位置。学生们就寝后，劳动主任依然坚守岗位，检查学生们有没有盖被子，有没有因为想家睡不着。到了半夜十二点多，发生了紧急状况：因为冬天屋子通风不足，残留一些刺激性气味，一名学生突发过敏性哮喘。劳动主任请来随队医生进行紧急治疗，并当机立断为这名学生调换了房间。等这名学生转危为安时，天已蒙蒙亮了。

在一个新的环境，第一天往往睡不踏实，我们俗称"认床"。研学旅行中就有学生发生了这样的事情。一个女孩说："老师，晚上身边没有人我睡不着，赵玉围主动和我一张床，就像妈妈一样搂着我，我才睡着的。"赵玉围是班长，可她昨天晚上把同学哄睡着后，自己却睡不着了。还有一个很活泼的学生，他的自理能力比较差，因为第一天兴奋过度，晚上睡觉的时候掉到了地上。邻床的张博文同学看见了，把他扶了起来，还帮助他揉了揉摔疼的地方，怕他被吓到，还哄了哄他。劳动主任表扬了这些助人为乐的学生，将学生的情况实时发在微信群里，赢得了家长的支持，也让家长放心。

学生们聚在一起吃饭时往往会打闹、说笑，乱成一团也是有可能的。而我校学生在集体生活中却文明、有规矩，还能想到别人，为别人服务。有个叫张云鹤的学生，在第一次去餐厅吃饭时看到带队老师逐一给学生们倒热水的场景，便记在了心里。第二天吃早餐时没有热水，他便排着长长的队依次为滑雪场负责人、旅行社负责人及劳动主任各打了一杯热水，并很有礼貌地请老师们喝水。他在做事的时候能先想到老师，可以看出他在家里也肯定特别尊重家人。"新劳动教育"理念在学生的心里埋下了友善、孝亲、尊重他人的种子。

学习知识有时会很枯燥，要是学习地点改在滑雪场，学生们会有怎样的表现呢？横道滑雪场是我国滑雪国家队退役运动员的训练基地，曾获得高山滑雪项目世界冠军的孙晶是滑雪场总负责人。在这次研学中，他是学生的滑雪总教练，从穿护具、雪鞋、滑板到几种不同滑雪方式都结合多媒体讲授得很细致。在提问环节中，他想看看学生的观察能力，就提出这样一个问题："请同学们仔细观看视频，根据不同的滑雪痕迹说出滑雪过程中滑雪板的变化。"视频播放了 3 遍，出乎他意料的是有一名学生竟发现了滑雪板的变化，回答说："内外用力不同。"这个略显稚嫩却十分坚定的回答赢得了大家的掌声，也收获了孙教练认可的目光。

理论培训课后，是实地滑雪训练。在场边穿雪鞋的时候，所有学生全部自己完成。上雪场后，一百多名学生同时下滑却没有一名学生摔倒的场面征服了孙教练。他惊叹："太了不起了。"一位家长在研学出发前发私信给班主任："我家思莹有些胆小，我们几次去滑雪她都不敢，这次她要是不去滑雪别强迫孩子。"听家长这样说，班主任在尊重家长意见的同时，还是选择了鼓励孩子："你听到教练的要求了吗？咱们先去尝试，可以先到小区域练习，再到大区域练习；从低处开始尝试，再过渡到高处。你看教练教得这么仔细，错过机会多可惜啊！如果在滑雪时感到害怕的话，咱们再下来。"在班主任开导之后，这个孩子学习滑雪特别认真，进步最大的就是她。

图 35　学生在滑雪场上勇敢地尝试

滑雪课后，趣味冰上游戏学生们玩得不亦乐乎。趣味冰上游戏项目有冰上接力赛、雪爬犁、雪上冰壶等。最值得一提的是雪上冰壶，它由冰壶比赛改编而成。在冰上设置一个目标红点，起点与红点之间有条线。在起点时一名学生坐在雪圈上，前面有一名学生负责拉，后面有两名学生负责推。到达红点前的线时，拉和推的学生必须同时松手，坐在雪圈上的学生利用惯性向前滑行，距离红点最近的一组学生获胜。王帅同学善于思考，根据比赛规则要求顺利将距离红点最近的对手撞走，最后他所在的小组获得了此项活动的冠军。在其他项目中，学生们的学习速度也不一般。他们鼓励带队老师参与游戏，讲解起自己的学习心得也有模有样："老师，建议您使用方便操控的蜘蛛爬犁，在行走的时候腿蹬住，手用力，这样就会很稳定。"

研学结束前的联欢会上，负责人对男生们说："一会儿活动的时候要让着点女生。"说完之后，负责人等待着男生们的抱怨。让他很意外的是，男生们都表示赞同，在短短的十分钟时间内完成了节目上报。学生现场创作了快板、评书、小品等，有的节目由于时间不够都没有排上。联欢会有一个问答环节，主持人说："请你说出七届冬奥会都在哪些城市举行。"本想难为一下学生们的主持人没想到，一名学生一口气说出了十届冬奥会举行的年份和城市，主持人查手机确认之后发现这名学生都答对了。我想，这次研学旅行给学生们留下的是成长中难以忘记的一页，滑雪场的每个角落也都留下了立新的独有印记。

集体活动是一次教育。研学旅行是劳动教育的一个重要途径，它带给学生的不仅仅是滑雪和离家夜宿的收获。学生们很爱护雪场，自觉维护雪场环境，看到雪场有空矿泉水瓶子都争着跑过去捡。爱护环境已经成为立新人的一种习惯。同行的导游也由衷赞叹："立新的孩子不仅学习能力强，而且知识广博。"尤其是学生在生活中表现出来的好习惯，让人觉得开展"新劳动教育"无论多辛苦，只要学生有收获，就一切都值了。

（五）壮观的"自我服务劳动技能大比武"

又是一个金秋时节，两千余名学生穿着校服整齐地站在操场上，脸上绽放着开心的笑容。鲜艳的红领巾、红白相间的校服和绿色的草坪交相辉映，一幅绚丽的"童趣图"浑然天成。一年一度的"自我服务劳动技能大比武"拉开了帷幕，这项活动主要是围绕学生的日常生活技能展开的。今年的大比武内容有眼保健操、剪指甲、刷牙、系红领巾、系鞋带、整理书包、叠衣服、女生梳辫子、男生洗袜子、刷鞋，不同年龄有不同主题的自我服务劳动技能内容。

看，一年级的"小豆包"闭着眼，小手抬起，第一节揉天应穴，第二节挤按睛明穴，第三节按揉四白穴，第四节按太阳穴，轮刮眼眶。学生们虽然刚学了一周眼保健操，却做得有模有样，动作很准确，看得出来他们都是下了功夫训练的。二年级学生的剪指甲比赛也很有趣。瞧！学生们纷纷拿出自己的"武器"——指甲钳，目不转睛地盯着自己的小手，怕一不小心就剪坏了。只听一声"开始"，学生们便认认真真地剪了起来，动作十分娴熟。参加刷牙比赛的学生上刷刷、下刷刷、左刷刷、右刷刷。瞧！那个男孩刷得真标准，他将牙刷与牙齿呈45°角指向根尖方向，从门牙开始逐一上下刷。再看他旁边的男孩，为了刷得快一点，在横着刷呢。这可逃不过评委们的眼睛，是要扣分的。跟随着劳动主任的指挥，评委们来到了四年级的"战场"。这片区域的学生脚下都是乱七八糟的，或是衣物散落一地，或是书本散落一地。可听到号令，学生们迅速叠起了衣物：衣服背面朝上，左右手放在肩下方位置向上折叠，再把衣边向上折叠，翻过来完成。整体动作不超过五秒。书本按照从大到小的顺序依次摞起来，然后装到书包里，动作十分迅速。不出两分钟，凌乱的草坪就变得整洁起来。六年级的刷鞋是难度系数最高的。学生们将水盆放在地上，旁边还有一块肥皂。他们一手拿着鞋刷，一手拿着鞋，力道刚刚好，既保证了鞋子刷得干净，又不让肥皂沫飞得哪都是。五分钟后哨声一响，学生们都举起自己新刷好的干净鞋子，露出了灿烂的笑容……这就是我们"自我服务劳动技能大比武"最真实、最生动的场面。

图 36　学生在"自我服务劳动技能大比武"中接受检验

　　这已经是第五届"自我服务劳动技能大比武"了，我们所看到的仅仅是学生们个个全神贯注、争分夺秒、兴趣盎然、动作娴熟的场面，参赛的学生为了这次大比武付出了多少辛苦是我们不知道的。在这次大比武过后，我找到忙碌的劳动主任，又了解到每年开学初学生报到前，"自我服务劳动技能大比武"的方案就早早制定好了，按照不同年龄段分设不同的内容；开学以后，分别召开班主任会、科任教师会，由班主任组织、督促学生练习大比武内容。学生们回到家中也不断练习，还让家长帮忙指导，很是主动。科任教师需要有序分成 9 个小组，每组 5~6 人，设置评委和组长，这样能够确保评委为学生打分相对公平。劳动主任要做的还很多，布置任务后，还要印发打分表，准备前期工作。其实，"自我服务劳动技能大比武"对一年级的学生来说难度是最大的。他们刚入学不过一两周的时间，可能还没有适应学校生活就来这样一场比赛，促使他们更快地成长，从不会做眼保健操到标准地做眼保健操。不难想象，一年级的学生给我们带来了多大的惊喜！

基于培养学生的动手、动脑和生活实践能力，帮助学生树立"自己的事情自己做"的自主意识，增强学生的劳动观念，让学生展示劳动技能、感受劳动乐趣、体验劳动价值的理念，我们在设计"劳动自治"文化下的家校携手教育时将自我服务劳动体验纳入劳动课程体系之中，后来衍生出让学生通过"自我服务劳动技能大比武"的形式来展示自己平时的自我服务能力。在这个过程中，我们收到了很多家长表示赞誉的反馈，孩子们从"小公主""小皇帝"变成了家务好手，指甲自己剪，书包自己装，衣服自己叠，袜子自己洗，辫子自己梳，鞋子自己刷。有的家长还开玩笑说，孩子什么事都能自己做了，他们反而觉得内心"空落落"的：怎么孩子这么快就长大了，不需要我了呢？我笑了。其实，少了家长的"包办"，给学生更多体验生活的机会并充分信任他们，我们的"小宝贝"就会蜕变成"大宝贝"。

通过这样一场别开生面的大比武，我们的学生成长了。他们不但学会了自理，能够体会家长的不易，有了承担家庭劳动的责任感，而且丰富了课余生活，提高了学习劳动技能的积极性，在劳逸结合中获得了健康、全面的发展，学会了孝老爱亲，懂得了感恩、回馈社会。我相信，我们的学生个个都会成为劳动小能手、老师小助手、父母小帮手，都会成为有担当、有爱心、懂感恩的优秀少年。

（六）"一日班长"体验

某周五中午，五年级一班的讲台上有六名学生面对面站成两排，左排一名学生将脖子上挂着的"一日班长"牌摘下，戴在了对面同学的脖子上，说道："姜恩博同学，你是负责纪律的'一日班长'，在老师不在的时候，你一定要管理好班级的纪律，让班级鸦雀无声。""谢谢你，甘昱彤，我会尽职尽责当好老师的小助手，在老师不在时管好班级，让班级鸦雀无声。"对话中有一种希望和寄托。"一日班长"牌的交接意味着一位"一日班长"卸任，另一位"一日班长"上岗。在未来半个月的时间，新的"一日班长"要履职尽责，做好班级管理工作。这就是五年级一班的"一日班长"交接仪式现场。

　　"一日班长"体验岗在这个班级坚持了近五年，已经成为全校的特色。从一年级下学期开始，班主任王华老师便设立了这个体验岗。起初，"一日班长"就是每名学生轮流当一天班长，体验班长的辛苦与责任；到了二年级，学生们有了一定的自我管理能力，"一日班长"升级为每周交接一次的"值周班长"；三年级时，再次升级为每两周交接一次。

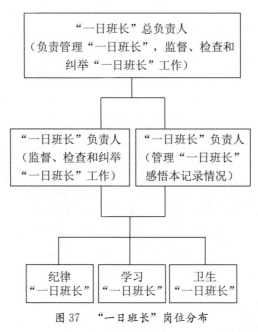

图 37　　"一日班长"岗位分布

　　当听到"一日班长"这个词时，相信你和我一样，认为就是一个人负责管理班级的全面事务，其实不然。这个"一日班长"由三名学生同时担任，分别管理纪律、学习和卫生。每名被选为"一日班长"的学生也不是随意确定的，而是由上一任"一日班长"根据一段时间来同学们的表现推荐给班主任，再由班主任来确定最终人选；如果班主任不在，则由"一日班长"总负责人来确定。这个"一日班长"总负责人又是什么职位呢？原来，王华老师巧妙地设计了一个监督委员会，就像监察机关一样。这个监督委员会有三名固定的委员，包括一位"一日班长"总负责人和两位"一日班长"负责人，负责对三位"一日班长"的工作进行监督、检查和纠举。简而言之，真的是一个完整的机构呢！

后来，我与王华老师进行了深切的交谈。这个"一日班长"的设计的由来是怎样的呢？王老师介绍说，她是受了魏书生《教学工作漫谈》及学校开展的"一日校长"活动的启发，想到要真正使学生成为班级的主人，就一定要让学生参与到班级管理中来，从纪律、学习、卫生三个方面以生带生，培养学生的主人翁意识和责任意识，增强班级的向心力和凝聚力。这就是我们立新实验小学的教师，工作中能够立足于为学生"打好人生底色"，不断思考，有思想，有方法，更有策略。王老师还将班级的"一日班长"感悟本拿来给我看：

2016年3月28日至4月1日，祝嘉祺的心得体会：上周我很荣幸成为值周班长，对其他人来说过得很快，可对我来说却很漫长。我的工作就是要协助老师管理好同学们的纪律、生活，还要安排好班级卫生工作。每次当值周班长我都能深深体会到老师的辛苦。老师不但要为我们传授知识，而且要照顾我们的生活。衷心地说一声：王老师，您辛苦了！我以后要认真听讲，尊敬老师，团结同学，做老师的好助手。

2016年5月16日至5月20日，陈禹燃的心得体会：今天，我非常荣幸地当上了值周班长，我主要负责管理同学们在班级时的纪律，如果有同学在班级大声喧哗或者吵起架来，我会马上去阻止他们，现在我明白了班级的纪律有多重要。在良好的环境下，同学们才可以认真快乐地学习。看到班级的纪律越来越好，我很开心。二年级一班，加油！

2016年5月23日至5月27日，全俊宇的心得体会：今天我当上了值周班长，我要管同学们的学习。每当同学们有什么不理解或者不会的题，我会教他们或帮助他们想办法解决。为了更好地解答难题，我在课堂上也要更加认真专注地听老师讲课，能让跟不上的同学快乐地学习、成长，我真是太高兴了！希望下次我还能当上值周班长……

2016年6月12日至6月16日，朱昊彤的心得体会：我是这周的值周班长，负责卫生工作。我是一名从火炬小学转到立新实验小学的学生。刚开始还不习惯，这周同学和老师都说我进步很快，所以我做了期待已久的值周班长，心里非常高兴，我一定更加努力学习，取得更大的进步，不能辜负老师和同学对我的信任。

图 38 班级的"一日班长"感悟本

在一页页、一本本稚嫩的文字记录中，我看到了学生的蜕变，这不就是学生最真实的成长记录本吗？当读到 2018 年的感悟本时，我发现手写稿变为了打印稿，有感悟，有交接照片，都是学生自己设计的，很有新意。

带着这份小感动，有一天，我巡视时走过五年级一班，再次看到他们的"一日班长"交接仪式，便凑了过去。一个叫梁博的男孩对我说，自从当了"一日班长"，他更加自律了，给同学们做好表率，才能让同学们心服口服。他上任的那天正是学校迎接三省名师考察的日子。为了迎接考察团，同学们开展了班级创意活动——做灯笼。他在做好自己小组的灯笼的同时还要管好班级纪律，这对他也是一次考验。让同学们听从指挥真的是一件非常辛苦的工作。然而，第二天，他的"一日班长"职务就因为上课说话、不遵守纪律被老师取消了。他非常懊悔，也很内疚。他说以后不管自己还是不是"一日班长"，都要管好自己的纪律，不让老师为他操心，也不给同学添麻烦。一个叫魏亚馨的女孩也来跟我讲她的体验，她当学习"一日班长"时，有一次收作业，有名同学有不会的题空着没写，想向她借一本同学的作业抄上。她说："绝对不行，抄作业只能解决一时，万一考试考这道题怎么办？"为了帮助这名同学巩固，她还出了几道类似的题让这名同学练习，做对了就是真的懂了，没做对就再讲一讲、批一批，直到这名同学完全学会为止。

越来越多的学生围了上来，都想跟我讲他们的经历。看着他们，我竟回想起我当班主任时我们班那些可爱的孩子们。走出五年级一班的教室后，我的内心莫名地激动。我为学校感到高兴，我们有王华这样的好老师；我为自己感到高兴，一直以来坚持的都是对的；我为王老师感到高兴，她有这样一群自治能力强、乐于服务他人、有担当、有智慧、有上进心的好孩子；我更为孩子们感到高兴，他们健康向上，深刻体会到了团结、友爱、互助、进步的志愿者奉献精神。

请相信，我们的"新劳动教育"一定会为学生"打好人生底色"。

（七）劳动自治明星班

在立新实验小学的校园中，劳动自治小明星会受到学生们的敬佩与崇拜。哪个班里的自治小明星多，哪个班就是当之无愧的劳动自治明星班。

在劳动主任日复一日的检查总结中，我发现了两个出现频率最高的班——二年级四班和三年级五班。这两个班的学生无论是在平时的值日、大扫除中，还是在迎检、布展等大型活动中，都表现出了很强的自治能力，刚刚读二三年级就能独立完成整理图书角、擦黑板、倒垃圾、美化班级、布置创意作品等工作，还懂得了自己能做的事自己做的道理。那么这两个劳动自治明星班是怎样炼成的呢？我要一探究竟。

三年级五班的刘雪娇老师对学生的自治培养从一入学就开始了，她手把手地教学生一点点、一件件地做。扫地、拖地、浇花、擦黑板，班级里的每一项适合学生做的工作，刘老师都通过示范、讲解让学生们掌握要领，学着做。不管学生们完成得怎样，刘老师都是先表扬、再指导，保护了学生们对劳动的热情和兴趣。由于一次偶然的班主任教研，刘老师离开了班级，走之前没时间整理桌面。等她回来的时候，桌面已经变得干净整洁了，作业、教参、教材都摆放得恰到好处。学生们的这一举动更加坚定了刘老师培养学生自治能力的信心，同时也引发了她更多的思考和想法。劳动岗位的设置越来越详尽明确了，班级室内卫生由值日组长负责，室外卫生由劳动委员负责。小干部上岗后，学生们的劳动热情和效率都更高了。到了三年级，班级的室外分担区任务变成了清理校内垃圾桶，学生们一开始不得要领，工作费时，有时上课铃响了才急匆匆地回班。她看见这种情况，本想帮着想办法解决一下，却被学生们拒绝了。他们说已经想出办法了，让她等着看效果。几天后，学生们的劳动效率果然提高了。刘老师还特意去看了一次，只见值日的学生都戴着手套，一名学生将套在垃圾箱里的塑料袋收好拎走，另一名学生紧接着熟练地给垃圾箱再套上一个塑料袋，还有一名学生拿着抹布三下两下便把垃圾箱擦干净了。三名学生合作，不到两分钟便可以清理一个垃圾箱，怪不得学生们那么有自信呢！除了自己班级的劳动做得好，三年级五班的学生们还开始帮助一年级做一些力所能及的劳动，劳动中还能够教给弟弟妹妹劳动方法，如怎么去整理书架，怎么去收拾室内室外卫生。在布置校本课程成果展时，刘老师派了三名学生去教一年级的弟弟妹妹粘贴布展条。一年级的老师夸赞他们布展条贴得特别好，起到了榜样带头作用。

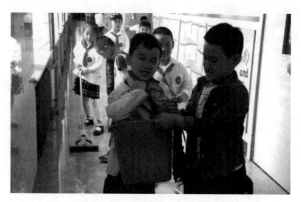

图 39　学生在值日中互帮互助

二年级四班的徐昕老师对学生劳动自治的培养是从明确学生的劳动意识开始的。刚入学时，在家什么都不干的学生看见老师干活的时候总想着帮忙，徐老师就抓住这个机会，对学生关注的一切劳动内容都一一示范。比如，引导学生观察老师擦黑板的姿势，同时讲解要领和注意事项，让学生意识到对待劳动要认真，一丝不苟才能做好。到了一年级下学期，她开始放手让学生做事情。随着年龄的增长，学生对劳动也开始有自己的想法，如怎样系窗帘的扣会更美观，花盆怎样摆放才更整洁，花需要怎样浇水才会长得好。到了二年级，徐老师将班级的劳动自治岗位确定为44个，44名学生每人一个。每个劳动自治岗位都有一个心形的标志，上面签了负责人的名字。有的标志上会同时出现好几名学生的名字，那就需要学生们合作完成。这种情况还激发了学生的竞争意识，争着干、比着干的风气渐渐形成。

一个个平淡无奇的岗位上，活跃着一位位勤恳踏实的小劳动者的身影。通过参与班级管理、参与学校环境维护，学生们都成了学校的小主人。涌现劳动自治小明星不是我们的目的，我们要的是立新实验小学的学生人人都能成为劳动自治的小行家，要的是"新劳动教育"的育人理念能够在立新实验小学校园落地生根，要的是"新劳动教育"的育人目标能够在每一名立新实验小学学生的身上展现出来。

（八）晨读午说进行时

晨读午说是立新实验小学学生传统的课前自主学习活动。晨读是每天上午第一节课前十分钟，是学生们放声朗读课文、背诵经典诗文的时间；午说是下午第一节课前十分钟，多数情况是由一名学生围绕一个主题到前面面向全班学生进行讲解、演说。这两个十分钟分别拉开了学生上午、下午课堂学习的序幕，晨读凝聚精神，午说激活思维。

清晨步入校园，琅琅的读书声响彻耳边，每个进入班级的学生都能主动开始晨读。各个年级晨读内容不尽相同，有时读书中的课文，有时背诵古诗，有时结合学校统一主题性学习活动内容进行诵读。学校还为课题实验班级购买了《国学经典读本》，这也是晨读内容之一。

一天，我与"一日校长"在教学楼巡视，发现二年级六班班主任在室外指导值日生清扫分担区，班内学生在没有老师的情况下都能精神饱满、自然流畅地晨读。一个二年级的班级出现这种情况，还真让我觉得惊讶，不禁从心里敬佩班主任的自治管理成效。走进班级一看，在前面负责晨读的同学俨然是个小老师，安排晨读内容、提醒思想溜号的同学、监督朗读质量，一切都井然有序。后来，我询问了班主任，原来班主任为了扎实有效地实施晨读活动，专门安排了晨读负责人。每天晨读负责人都要提前将第二天晨读的内容读通、读准、读熟。第二天晨读时，班主任会先讲解晨读内容，再由晨读负责人带领大家在理解的基础上读。班主任还将班级45名学生平均分成5个诵读小组，学生会把每天晨读的古诗作为诵读作业发到自己所在的诵读群中。这样，既落实了晨读，又让学生在诵读小组里互相学习，互相监督。月末，班主任会对诵读小组完成的数量、质量进行总结激励。学生们在诵读群中学习劲头十足，积极踊跃。

"一年之计在于春，一日之计在于晨。"我想，无论选择什么晨读内容，都是为了培养学生读的能力。养成晨读的好习惯，会让学生受益终生。同时，晨读的有效开展也为午说做了良好的铺垫。

每周一、三、五下午第一节课前十分钟是学生的午说时间，每个班级的每名学生在一个学期里要在全班学生面前至少进行一次有主题的午说。面对这难得的展示机会，外向、善于表达的学生自然可以轻松应对，有的学生还会自告奋勇地争取更

图 40　学生的晨读展示

多的机会。可对于平时性格内向、羞于表达的学生来说，这无疑是一个巨大的挑战。

　　作为组织者的班主任，是有足够的空间根据班级情况与学校的主题确定午说内容与形式的，如主题演讲、故事大赛、季节赞歌等。为了能够利用好午说十分钟，班主任会提前布置相关作业。学生放学回家后与家长一起收集整理午说内容，午说便成了一项亲子活动。学生在准备、讲解、背诵的过程中给父母表演一下，第二天在班级的表演效果自然也成了父母关注的重点，很自然地拉近了班级与家庭的距离。一次，我在巡视中发现一个三年级的女孩正在进行午说。她自信、大方、富有感染力的午说吸引了我，我也走进班级和学生们一起为她精彩的表现鼓掌。班主任说，这个女孩原来特别内向、胆小，还记得她第一次午说时的情景：不敢抬头，不敢直视同学们，而且声音特别小。经过几次午说，从一开始的不敢抬头，到后来可以从容、自然地进行表达，她逐渐克服了胆怯心理。今天这次午说她又有了新突破，更具感染力了。是啊，通过这样的锻炼和展示，学生们会越来越自信。相信他们会在每次展示中都有进步。

　　我想，这样有效的晨读午说一直进行下去，对学生来说无疑是幸福的。哪怕只有短短的十分钟，只要我们长久地坚持下去，它就会成为学生自主成长的舞台，成为学习自治的阵地。

（九）是谁拔了花苗

提起劳动教育，我心里有无数个有趣的故事，印象最深刻的是一个叫棒棒的小男孩拔花苗的故事。

还记得那是几年前的一天，下午四点左右，学生已经放学了，花窖的张师傅气冲冲地到办公室找我，推开门就大声喊着："隋校长，这活儿我不能干了，太气人了，我得活活地被气死。"张师傅已年过七旬，从退休就在我校劳动基地管理植物园，到现在有十余年了。我从没见过他发这么大的火，急忙让他坐下慢慢讲发生了什么事情。其实，他不说我也猜出了几分，一定是学生们惹祸了。果然，张师傅气愤地说："东边花坛里的花苗被小孩拔掉了一大片，之前他们就给我拔掉了一片，这是我刚栽的第二茬花苗，这不，又给拔了。不到不得已我不会找校长，这也太不像话了。"

看到张师傅气得浑身发抖，我一边安慰他，一边站起身让他带我去现场看个究竟。

操场东侧的花坛里，本来有拳头高的一排排整齐的花苗。我看到边上的两排花苗几乎被拔光了，只剩下零星的几棵"站"在那儿，难怪张师傅如此生气。我立即拿起电话，召集全校的班主任马上到这里开现场会。不一会儿，班主任全部到齐了。我向班主任谈了我的想法：学校无小事，处处是教育。问题出现了，令人气愤，但并不可怕，这正是我们的教育契机。我们要抓住这件事，对学生进行一次爱护花草树木、珍惜劳动成果的教育。我要求班主任就拔花苗这件事回班做细致调查，调查清楚之后再有针对性地进行教育。

周一早晨，全校学生都要上操场开升旗校会。这次升旗校会的主题就是"爱护花草树木，珍惜劳动成果"，并且由大队辅导员专门讲上周发生的拔花苗的事。升旗校会结束后，我特意安排了一个环节：每个班级的学生都要去操场东侧参观那个被拔掉花苗的花坛，然后再回教室。

我心里想，那个拔花苗的学生就在队伍中，看到被自己糟蹋的花苗，他（她）会有何感受？会主动承认错误吗？

上午第一节课刚一下课，一年级二班的刘老师就来找我，面带愧色地说："校长，真不好意思，拔花苗的事是我班的一个小男孩干的，给学校惹麻烦了。"我很钦佩刘老师的做法，对她说："你不仅认真查清了这件事，而且还诚实地上报学校，不袒护学生的错误，你做得对。只有查清了问题，才能让犯错误的学生接受教育，育人最重要。"刘老师还详细地询问了事情的原委。原来，这个拔花苗的孩子叫棒棒。棒棒是个胖墩墩的小男孩，他听班上的小黄同学说花坛里有蚂蚁，就在中午去花坛找蚂蚁，拔掉一棵花苗没有找到蚂蚁，再拔掉一棵花苗还是没有找到蚂蚁，于是一连拔了好多棵。原来，棒棒并不是有意破坏花苗的，而是极度的好奇心使然。儿童的好奇心固然可贵，需要好好保护，但园丁师傅的劳动成果也不该被破坏呀！

我认为这件事不能简单处理。于是我让德育副校长组织劳动主任、大队辅导员、刘老师、年级组长共同商量对这件事的最有效的处理办法。结果，他们拿出了一个比较合理的方案：第一，让棒棒亲手补栽上毁掉的花苗，让他懂得犯了错误要承担责任；第二，让棒棒利用中午时间到花窖跟随张爷爷劳动一周，从中体验劳动的辛苦，懂得应该珍惜劳动成果。在取得家长的理解支持后，我们按方案实施。棒棒在家长的帮助下补栽上了花苗，每天去浇水，而且和小黄同学一起在课间去花坛边监督，防止其他同学破坏花苗。每天中午，棒棒都去花窖和张爷爷一起劳动。张爷爷搬花盆，他也搬花盆；张爷爷去给花浇水，他也去给花浇水；他还给张爷爷捶捶背。渐渐的，张爷爷喜欢上这个小家伙了。虽然规定他下场劳动一周，但是一周以后，他还经常去花窖劳动，或是去看望张爷爷。

故事到这里并没有结束，更精彩的是后来棒棒的成长传奇。

棒棒在一年级时，是个让老师头疼的孩子。他不爱说话，但特别爱动手。只要别的小朋友碰到他，他就动手打人，全班几十个孩子几乎没有没被他打过的。他的妈妈跟老师说，孩子从小被姥姥惯坏了，所有的要求都满足，不合意就哭、闹、耍，导致在学校不会与小朋友们和谐相处。棒棒妈妈自己说，在校门外接孩子放学时，都无法面对班级同学的家长，恨不得有一个地缝钻进去。然而，面对这样一个孩子，刘老师却总是和风细雨地、耐心地给他讲道理，并且寻找他身上的优点。渐渐的，刘老师发现棒棒变了。上四年级时，他疯狂地喜爱篮球。打篮球让他结识了一群志同道合的小伙伴。他还喜欢上了读书，科技类图书更是他的最爱。学校在那几年正好进了一批适合儿童读的科技类图书，他只要一有时间就会泡在学校的小书吧里看书。他的性格改变了不少，学会了友善待人，能与别人和谐相处了。

现在，棒棒已是一名初二的大男生了，不仅个头高大、身体健硕，而且学习成绩优异，在全年级大榜上排前三名。我不禁从心底为棒棒的成长喝彩。同时，棒棒的成长故事让我深思：一个一年级时拔花苗的孩子，何以成长为一名人格健全、身心健康、学习力强的翩翩少年？是宽容，是理解，是引导，是春风化雨，最重要的是呵护。学校教育最大限度地营造了一种适合学生成长的育人环境，家校形成了一种和谐共生的育人合力，教师用爱和智慧呵护着学生的好奇心和想象力。总之，是一股力量，教育的力量。

（十）来一场小学生的"书包革命"

每天早晨上班，我都会从学校北门入校，顺便看一下常规。我发现，送子车总会将学校周围的道路堵得水泄不通。按理说学校要求送子车即停即走，不应该有这种现象，但仔细观察就发现了问题：每一辆送子车开到校门口后都会在校门口停留几分钟，学生下了车，家长也下车帮孩子把书包背到肩上，再叮嘱几句；更有家长要一直目送到看不见人影，才回到车内缓缓开走。每一位家长都这样做，送子车行驶缓慢，后面的车辆很着急，等开到校门口时又重复之前的情况。我知道这个症结在哪里了，这一背一送的温情是交通堵塞的根源。针对此情况，我马上召开了中层以上会议，大家讨论研究解决问题的办法，并与家长委员会沟通征求意见，最后决定先从学生抓起，来一场小学生的"书包革命"。

我想，这场"革命"要分两步走：一是让学生练习自己整理书包，学会按课程表内容整理好第二天上课用的东西，养成不丢不落的好习惯；二是让学生学会自己背书包，下车前要自己把书包背好，手里拿好篮球等其他用品，等车一停，学生自己下车，家长直接把车开走。同时，这个行动需要学校全面配合，校警严阵以待，确保每一名学生下车后安全走进校园。

与班子成员沟通后，大家一致同意。接下来的实施要落实到班主任。先是年级主任在例会上对班主任提出具体要求，然后班主任在家长群中调动家长积极参与，寻求家长的支持和配合，强化学生自己整理书包、背书包的内容。并以学生为媒介，向家长传递"学生的成长需要适当放手"的理念，与家长合作督促学生在家自己按课程表将书包整理好，尽量减轻书包重量，下车前将书包背好，下车后自己关车门，家长即刻将车开走。要求布置传达后，接下来就看行动了。

第二周，行动开始了。我比平时更早地来到学校，在北门看到德育主任与低段

图 41　学生们在家中整理书包

主任正在认真检查记录学生背书包的情况。看到这样齐抓共管的场面，我也很是欣慰。当发现一位奶奶左肩背着学生书包，右手牵着孙女的手时，我便笑着从奶奶肩上摘下书包，递给小女孩自己背。奶奶有点不好意思。当我回过头，看到一个小男孩自己背着书包时，当即向小男孩竖起了大拇指。遇到家长帮忙背书包的，我和几位主任就温和地提醒家长让学生自己背，家长们也都很配合。

就这样，大概经历了一个月的时间，每辆车在门口的停留时间从几分钟缩短到了几秒钟，堵车问题得到了极大缓解。对于这种改变，家长们也都十分欣喜，在送学生上学的"漫长"的路上再也不用担心堵车了。

小学生自己背书包这件普遍被忽略的小事，在我看来却是关乎培养学生自理能力的大事。劳动自治是"新劳动教育"实现育人目标的一个重要支点。从小书包开始，从问题入手，培养学生每天自己整理书包、背书包的习惯，虽然看起来是一个简单劳动，但可以培养学生的动手能力、时间观念、条理性和责任感，更重要的是让学生学习独立，让家长学会放手，真正实现让学生在"新劳动教育"里"学生活的知识，练生存的技能，悟生命的意义"。

（十一）30 分钟家务劳动

"自己的事情自己做"是我们在劳动自治上提出的一个小目标，但是我们的学生有多少掌握了日常生活中的劳动技能，并能真正把它付诸实际行动呢？在和学生家长的一次交谈中，我掌握了目前的真实状态。一位家长说，孩子回到家后把东西随便一扔，然后肆意地玩闹。当玩具零食被撒满一地的时候，孩子又开始写作业。即便写完作业后，也是书本文具堆满桌面，一点收拾整理的意识都没有。当父母的心疼孩子，有时候就替孩子收拾了，即便有时候批评几句，孩子也是一脸茫然地看着他们，对于收好自己的东西根本无从下手。末了，家长一声叹息："要是孩子能养成良好的劳动习惯，保持家里的整洁该多好。"听了这话，我心里沉甸甸的。是啊，如果孩子从小开始做家务，真正拥有"自己的事情自己做"的习惯与能力，既可以培养他们关心家长、关爱他人的品质，又可以培养他们主动为他人服务的意识，使他们成为家长的小帮手，变得富有责任心。这样，我们育人的根本目的也就达到了。既然学生家长与学校不约而同地意识到了学生自理能力的重要性，那么我们为何不将其切实落实到位呢？于是，我召集中层干部开了一次会议，讨论研究具体实施办法，并与家长委员会沟通征求意见。最后决定，以布置每天 30 分钟家务劳动作业为突破口，对学生开展一次劳动习惯养成的教育。

劳动育人是我校的育人理念，家务劳动也是劳动自治的一个重要方面。点点滴滴的家务构建起来的，就是对生活的热爱、对家庭的责任感。每个学生都应该养成做家务劳动的习惯。为了促进这一任务顺利完成，我与班子成员一同找到了三个切入点：第一个切入点是教师，教师是劳动自治的引领者，要在每天的作业中布置此项任务，并在班级建立家务劳动作业群，以视频或照片的形式进行汇报；第二个切入点是学生，明确学生在家中的劳动内容，包括系鞋带、洗碗、整理书包、叠衣服等，还包括和家长一起制订家务劳动计划；第三个切入点是家长，在学生的劳动过程中，家长对学生起着指导和监督作用。

接下来这项工作就要落实到班主任了。我在班主任例会上提出具体要求，然后由班主任召开家长座谈会，由家长协同班主任共同督促、强化孩子铺床叠被、整理书包、收拾书桌、洗刷小件衣物、洗碗、拖地等。在学期中和学期末，学校开展

"家务劳动大比拼"活动，每个年级以拉练的形式展示本年级学生获得的劳动本领，掀起了热爱劳动的高潮。丰富多彩的活动向学生渗透了"小主人翁"意识和"劳动最光荣"理念，鼓励学生无论在家还是在学校都要做一些力所能及的事情，并在劳动中提高能力，养成劳动习惯。

图42　学生们在家庭中的劳动实践

通过多方共同努力，学生在家参加家务劳动的情况比以前有了明显的改善。更让人高兴的是，有些从来没有做过家务的学生竟然学会做好多家务了。一位三年级的班主任兴奋地说，班里一个娇生惯养的女孩，以前回到家里就是"小公主"，自从学校开展了"30分钟家务劳动"活动后，这个孩子的变化特别大。现在每天一回到家，先是收拾弟弟的"残局"，满地的饼干渣、玩具都由她来收拾、整理。在日复一日的劳动过程中，她体会到了父母平日的辛苦，与弟弟的感情也越来越好。班里还有一个文静、腼腆的女孩，由原来的内向逐渐变得开朗起来。经过了解才知道，她特别喜欢小动物，多次向妈妈提出养小猫的想法，都被拒绝了。在学校开展"30分钟家务劳动"活动期间，她的自我劳动能力得到了提高，自己的事情完全可以自己做。妈妈为了奖励她，有一天把她心心念念的小猫带回了家，令她欣喜若狂。从那天起，这只小猫的日常生活都是由她来料理的。

在这个过程中，高年级的学生进步更大，他们不仅可以帮父母买菜、做饭、洗衣服，还可以帮父母把家里收拾得井井有条。通过"30分钟家务劳动"活动的开展，学生和家长在观念上都有了很大改变。家长感受到孩子变得越来越整洁，也算帮自己解除了一些后顾之忧。

热爱劳动是中华民族的传统美德，培养孩子热爱劳动的意识关系到孩子未来生活与事业的发展。今后，我们将继续把"30分钟家务劳动"活动开展下去，和家长一道承担好培养孩子的重任。

（十二）陪父母上一天班

寒假，我们给四至六年级的学生布置了两项实践体验作业，其中一项就是"陪父母上一天班"。这项作业的创意源于我平日的观察。我发现不少父母都抱怨孩子不懂事，上一天班回家再给孩子做饭，还要做家务，督促孩子写作业。可是孩子并不体谅父母的辛劳和用心，甚至还会反感。我也发现，很多孩子觉得自己学习、写作业也很辛苦，还怪父母每天只知道工作，陪自己的时间太少。如果让孩子走进家长的单位或工作现场，来一次职场体验，了解父母的工作性质和劳动方式，亲眼看看父母真实的一日工作状态，那么他们将会有怎样的收获与感受呢？

于是，"陪父母上一天班"职场体验活动有序启动了。放假前一天，四至六年级学生的家长都收到了学校大队部"给家长的一封信"，内容如下：

尊敬的家长朋友：

当又一段愉快而充实的寒假生活即将来临时，您是否正在为给孩子们设计一次与众不同的外出旅行而冥思苦想？您是否正在为规划孩子们的假期活动而踌躇满志？您是否热切地企盼着您的孩子能度过一个与欢乐和感动、成长和收获结伴而行的有意义的假期？

学校号召全校少先队员携手自己的父母，共同开展"陪父母上一天班"职场体验活动。相信您的孩子会在活动中提升能力，掌握本领，开阔视野，从而体会做父母的不易与工作的辛苦；相信您的孩子会在活动中变得更懂事、更孝顺、更乖巧；更相信本次活动会得到广大家长朋友的积极参与与热情支持。谢谢！

立新实验小学大队部

这一步非常顺利，家长十分赞成学校的这一活动，并纷纷表示全力支持。

寒假一晃就过去了，这项作业完成得怎么样呢？开学第一周，我就发现楼道的墙上贴满了一篇篇出自学生之手的职场体验日记，题目五花八门，文体也各式各样：《职场体验我能行》《职场体验报告》《职场体验感受》《体验交警》《我陪妈妈上一天班》《不寻常的一天》《职业体验记录表》《清理小广告体会》《我对爸爸的工作有了新认识》……

我俯下身子，一篇篇仔细地读着，越读越兴奋，越读越激动。学生们语言流畅，描述细致，感受真实。只有真正地体验过，才能写出来。每篇内容都很丰富，仿佛把我带到了一个个陌生的职场。看来，学生们真的行动起来了。

六年级八班的谷灌旭同学在体验日记中写道：

我来到了爸爸的物流公司进行体验活动。为了先了解这一行业，我向爸爸了解了一些基本知识。接着爸爸安排我"开工"，我像一只小蜜蜂，迫不及待地冲入遮阳棚内，勤劳地"采花蜜"。我抢先选择了最简单的清点货单，心想，像这样简单的记录谁不会啊！可是，看到面前堆积如山的货物，我顿时惊呆了。半个小时过去了，再往身边一看，啊！还有这么多啊！我的腰都直不起来了，手也麻得连字都没法写了。从这次"打工"体验中，我明白了父母工作的不易。在我们的眼中，父母总是在外工作，没有时间多陪陪我们。但他们还不是为了让我们过上更好的生活吗？所以我以后要多体谅他们，帮他们做些力所能及的事，好让他们能有时间多休息会儿。

四年级六班的李嘉翼同学写的是《职业体验记录表》，记录表里简明地介绍了他的妈妈的职业和作息时间。在体验经历中他写道：

妈妈的单位是制造卷烟纸的工厂，我参观了卷烟纸生产车间、污水处理车间等。机器刺耳的轰鸣声及高温的环境真是吓到了我，我才知道叔叔阿姨的工作真的非常辛苦。妈妈是一名会计，她告诉我，她的工作最重要的是细心，平日我点错小数点觉得没什么，但是如果她点错小数点，那就是很大很大的损失。了解了妈妈工作的辛苦，我一定要学会吃苦耐劳，日常生活中更加耐心细致。

那么在家长心目中，这次职场体验活动给孩子们带来了哪些变化呢？邱少骞同学身体瘦弱，性格内向，不善于与人交流。假期里，他来到了妈妈的药店，穿上白大褂，学着妈妈的样子开始工作。起初，他不敢与顾客说话，后来在妈妈的鼓励和引导下，他开始说话了："您好！您需要什么药品？"然后开票，拿药。一天下来，他腰酸腿痛。他对妈妈说："您天天这样工作，真辛苦！从今以后，我要为您分担些家务。"一句温暖的话语，让妈妈激动得流下了眼泪。

五年级一班的梅琳同学的妈妈还专门写了一篇小文：

寒假里，女儿学校给孩子们留了一项寒假实践作业——"陪父母上一天班"。通过这次实践，我发现宝贝懂事了很多。孩子和我去了单位。因为我是一名印刷厂工人，所以单位里到处都是油墨味。孩子不但不嫌弃这难闻的油墨味，还主动帮我干一些力所能及的工作，如折折报纸，装装箱子。中午饭吃的是我们从家里带来的饭菜，非常简单。就这样，宝贝在单位陪我上了一天班。

第二天下午还没有下班，宝贝就打电话说要给我一个惊喜。等我推开家门，孩子立刻扑上来："妈妈回来了！快过来看看！"说着就把我推到厨房。"饺子！"我不敢相信地叫道。"你自己包的？"姑娘连连点头："嗯！""你和的面？你自己剁的馅？你自己煮的？"我的天！我不敢相信我姑娘才 11 岁，竟能全程无人指导、帮忙，独自包出两盘子香喷喷的饺子。宝贝夹了一个放在我嘴里，咸淡适中，味道好极了，肉剁得也很碎，就是皮有点厚，但是煮熟了。

小文的字里行间渗透着女儿的成长和变化给她带来的惊喜和感动。

活动结束了，但我仍在心里反复地思考：这次职场体验的意义在哪里？正如家长所说，这是家校牵手教育孩子的有效方式。到父母单位观察和体验，可以帮助孩子开阔视野，初步认知社会职业，感悟长辈工作的辛苦，加深对父母的理解，从而懂得感恩父母和所有劳动者。

习总书记在全国教育大会上关于劳动教育的重要阐述，已经为我们指明了方向。我想，这次活动是培养学生劳动精神、树立学生劳动价值观的很好的载体。对此，我充满自信。

（十三）当一周小管家

这个寒假，立新实验小学的学生都经历了一番生活的历练和考验。除了"陪父

图 43　小管家在整理家庭收支账目

母上一天班"外，另一个项实践体验作业就是在家庭里当一周小管家。布置这项作业的初衷是让学生和父母来一个角色换位，体验父母持家的辛劳。在一周的时间里，学生全面掌管一家人的开支消费，初步掌握理财的方法并知晓其意义；懂得家庭理财也是一种劳动，劳动最光荣，劳动者最值得尊重，应该珍惜劳动成果。

据了解，学生们对这项作业特别感兴趣，非常兴奋。让一个孩子来掌管一周的家庭开销，在具体实践中又会是怎样的一番景象呢？

开学后，我在巡视班级时无论走到哪一个班，教师们都会滔滔不绝地向我介绍假期里学生们当一周小管家的趣事。

六年级八班的陶老师向我介绍，开学第一天上午她就让学生交流假期作业，还把这次交流课的主题定为"生活理财我能行"。学生们争先恐后地介绍自己一周理财的经历和感受，令她激动不已。陶老师特别详细地向我叙述了一个男孩做小管家理财的经历。这个男孩饭量大，每日午餐时他都要添饭菜，而且从来不剩。对他来说，最享受的事情就是吃东西，零食是无法抗拒的诱惑。没想到的是，这次体验活动让他改掉了吃零食的习惯。原来，妈妈给了他 700 元作为全家一周的生活经费，理财之初他并没有规划使用这笔钱，如平时那样大手大脚。到第三天手里只剩 200 多元的时候，他才感觉钱花得太快了。妈妈提示他家里的酱油、醋、盐都快用完了，这些是生活必需品。想着手里的钱已经越来越少了，他后悔之前没有精打细算。拿着仅剩的钱去超市买了生活必需品后，再看着平日特别喜爱的零食，他只能望洋兴叹了。七天的理财终于结束了，他把仅剩的 20 元交给妈妈，诚恳地对妈妈说从今以后再也不吃零食了，因为他感受到了妈妈工作的辛苦、挣钱的不易。

四年级一班的王老师说，让孩子理财，最直接的好处就是可以使孩子养成不乱花钱的好习惯；让那些整天零食不离口、玩具不离手却不知感恩父母的孩子受到教育，有所感悟；让孩子从原来的无节制的消费者变成掌管家庭开支的管理者；

让孩子通过角色的转换感知理财的方法和技巧，培养独立生活的能力和家庭责任感。

对于让孩子在寒假里当一周小管家这项作业，家长们怎么看呢？他们能够支持和协助孩子们完成好这项特殊的作业吗？四年级二班的一名学生的家长写道：

孩子对于这项作业很期待，一直追问我什么时候开始让他当小管家。我对于这样新奇的作业也很感兴趣，很难想象家里衣食住行的所有花销都由他来操办会是什么样子。

小管家正式走马上任的那天，我们家举行了个小仪式，把钱正式交给他。孩子真是兴奋坏了。我跟他提出我需要买什么，他很大方地答应给我买，还口口声声地说可不能像我平时对他那样抠。结果三天不到，一周的钱就快花没了。他自己知道着急了，开始有计划地消费，并且开始节约了。这期间还赶上给他交学英语和围棋的学费。最后看记账单的时候，孩子看到家里的大部分消费都是关于他的，再加上当小管家时的重重困难，他终于知道了父母的不易，懂得了父母的辛苦。我也看到了他的成长。

教师及家长对这项活动的充分肯定和高度评价着实让我这个"策划者"颇有几分成就感，但我更在意的是学生的真实体验和感悟。当我翻看着大队辅导员收集上来的一份份出自学生之手的实践感悟时，不禁由衷地赞叹。学生灵动的智慧、纯真的品格深深地打动了我，让我激动不已。他们的认知水平、感悟能力及潜力，超出了我对这次实践活动的预期。学生写实践感悟的方式真可谓八仙过海，各显神通。有手写的，有打印的，有用语言描述的，有用表格展示的，有日记，有记叙文。有的学生甚至办了一份内容丰富的理财小报。学生谈到的一周理财的收获也是多种多样：学会了合理消费；理解了父母的工资来之不易；学会了对零食、游戏、名牌服装的自我控制；学会了勤俭节约、精打细算，并懂得了不能奢侈浪费。有的学生还谈到通过理财体验激发了他的人生理想，长大了想和妈妈一样学金融，还要到美国华尔街去看看，据说那里的工作人员个个都是金融家和理财高手。

让我们来看看两名学生写的"一周小管家"实践感悟。

我是生活小管家

牡丹江市立新实验小学四年级二班　花凡时

2月16日至2月22日家庭支出明细								
人员	餐饮	教育	居住	人情	医疗	交通	购物	合计
儿子	7	2512			487		45	3051
妈妈							122	122
爸爸								0
家庭	207		186	287		129		809
全家合计								3982

　　能当家里的小管家，我真的很兴奋，因为终于可以买自己喜欢的物品了。平时妈妈总是控制我，不让买这不让买那的，现在终于可以自己说了算了，太好了！但是真到了自己管家的时候，哎呀，根本不是我想象的那样，钱真是不够用啊。一周的家庭费用是要提前做好计划的，不能乱花，因为不知道什么时候就会有突发状况需要用钱。而且通过我亲自管家记账才发现，原来家里大多数费用都是我用了，爸爸妈妈的费用跟我比较，可以说是天壤之别。妈妈还说这只是一周的费用，柴米油盐、我换季需要买的衣物等还有很多都没算呢！通过这一周的管家理财，我知道了爸爸妈妈挣钱不容易，也体会到了花钱是要精打细算的。幸福不是毛毛雨，要靠我们的劳动去经营。

生活理财我能行

牡丹江市立新实验小学五年级二班　戚楚晗

星期	星期一	星期二	星期三	星期四	星期五	星期六	星期日
日消费	58.7	74.9	28	14.3	21		
		95		7			
结余	241.3	71.4	43.4	22.1	1.1		

　　星期一超市买菜花去58.7元；

　　星期二去爷爷家买水果花去74.9元，晚上看电影花去95元；

星期三吃麦味基花去 28 元；

星期四超市买菜花去 14.3 元，买黏土花去 7 元；

星期五吃中午饭花去 21 元；

星期六、星期日无钱可花，只剩 1.1 元。

理财感受：

周一早上，妈妈给我 300 元作为一周的生活支出。我欣喜若狂，开开心心地接过了钱，随即安排爸爸妈妈下班以后去超市买菜，买什么听我指挥。爸爸妈妈欣然答应，下班后按我的要求买回了东西。第二天去看爷爷，我想买点水果。每次去爷爷家的时候，爸爸妈妈都买东西，这次我当家也不能落下。吃过晚饭，我和姐姐想去看电影，爸爸妈妈也不反对，我高兴得不得了。晚上回家一算账，我傻眼了，才两天 300 元就只剩下 71.4 元了。哎，剩下好几天怎么过啊？周三我的馋虫又来捣乱，我去吃了麦味基，只剩下 40 多元了。晚上爸爸妈妈下班回来知道了情况也没说什么，我还很侥幸地偷笑，觉得自己说了算真好。可家里没有菜了，又要买菜去了。哎，钱也所剩无几了，才周五家里就没有钱了。爸爸妈妈召开了家庭会议，给我总结了一下管家的失误在哪里。我羞愧地低下了头，内心无比难过，眼泪差点流了下来。我当管家不会算计着过日子，想买什么就买什么，没到周末钱就花没了，还没有攒钱意识。要是妈妈也像我这样，估计我家就吃不上饭了。我的管家生涯以失败告终。

这两份实践感悟令我印象极其深刻，让我读起来心潮澎湃。这并不是因为孩子们写得有多么好，而是他们的真实打动了我。从他们一周理财的账单上，从他们记录理财过程所经历的心理体验中，从他们敢于直面"一周小管家"失败结果的描述中，我仿佛看到了一个个可爱的少年在历练成长，在行动中践行着"我行故我行"的誓言。

欣赏着孩子们的"作品"，一股幸福的暖流在心头激荡。是孩子们的成长使我体验到了一种从未有过的幸福。

（十四）给爸爸妈妈做"小讲师"

随着"新劳动教育"的深入推进，校本课程和主题性活动齐头并进，以培养学生学习力为目标的"小讲师"活动也在开学初再次拉开序幕。这是家庭体验课的一项基础性内容,设计的初衷是让学生每天放学回家后把当天学习的知识讲给家长听,从而调动学生学习的积极性和主动性。这项家庭体验学习一经推出,就受到了家长的一致追捧。作为教师,我们边落实学习项目,边观察学生的参与状态,直到学生在思维、表达等方面表现出明显提升之后,才将"小讲师"活动作为家庭体验课中践行学习自治的内容明确下来。

"小讲师"的讲课内容是由我和教学副校长、年级主任一起研究确定的,包括民俗、养生等内容的"纯讲系列"和"操作加讲解系列",还有关于学科学习的内容,如语文字词句段的讲解和数学知识点及典型习题的讲解。班主任也可自创不同层次的讲课内容,只要符合学生年龄特点就可以。启用这种灵活而富有创造性的作业方式,既培养了学生的学习能力,又为学生减了负,所以能够受到教师、学生和家长的一致欢迎。

有了这种来自各方面的认同,全校班主任的热情更高了。一段时间后,我在中午巡视时和班主任聊起了"小讲师",班主任都很兴奋地给我描述学生们的进步。这个校本内容带来的直接效果就是上课发言的学生明显增多,而且学生表达更流畅了。听到这个反馈后,我心里是高兴的,但又不想止步于此,便又继续探究"间接效果"。有一位班主任边说着"间接的效果我得拿给您看"边打开手机,点开微信给我介绍:"这是班里几位家长给我发来的微信,说'小讲师'这个活动太好了……"

图 44 "小讲师"在实践

我慢慢翻看着几位家长与班主任的对话,有的说在这个讲题的过程中孩子发现了自己的错误,及时纠正,还能发现其他的解题方法,思路越来越清晰,语言逻辑越来越强,更有趣的是带动了家里二宝的学习劲头;有的说孩子以前只做题,不愿把自己的知识与别人共享,现在不仅愿意给别人讲题,而且也关注其他同学的讲题视频，从不同角度提升自己的学习能力，"小讲师"能让孩子互相提升，美美与共；还有的说让孩子转换角色，是让他们学会心中有他人，知道让不明白的人通过他们的讲解也能明白才算得上优秀的讲师，真正培养了他们的爱心和耐心……

家长的评价让我深刻认识到现在的家长不仅仅是有文化的一代，更是懂教育的一代，他们对学校教育理念的理解不亚于我们的专业教师。有的学生为了用好这十分钟，当好"小讲师"，还琢磨起了老师的讲课方法，连导入、新授课、小结都能设计进自己的讲解里了。班主任也说，"小讲师"活动开展以来，家长参与教育的热情更高了，他们能更细致地观察孩子的变化和进步，同时也培养了孩子主动学习、主动探究的兴趣，这是我们的教育的意外之喜。

走在教学楼的楼道里，我回想着班主任和家长们的话，深刻领悟到学校教育迈出一小步就是一个家庭迈出一大步。如果每所学校都能在素质教育的道路上迈步前行，我们的社会、我们的国家就会因教育的进步而进步，会因少年的强大而强大。

（十五）教工食堂里的劳动自治

对立新实验小学的教师来说，2019年3月4日是个特殊的日子——学校新开办的教工食堂正式开饭。从11点10分开始，教师们陆续来到了教工食堂，每个人脸上都露着幸福的笑容。大家拿着自己的餐盘有序排队，取完餐的教师坐在旁边的餐桌前开始用餐。今天的菜谱不错，教师们个个赞不绝口："这是要胖的节奏啊！"

学校教师曾多次在教工代表大会提案中提到午餐不方便的问题。为了解决这一问题，学校决定开办自己的教工食堂。自从有了这个想法，学校内部控制监督管理小组（由班子、中层干部、财务人员、教师代表20余人组成）多次召开会议，研究如何把食堂办好。由于资金有限，我们只能自己管理，第一件事就是要选派一位乐于奉献、干净利落、有责任心、有担当且愿意把食堂操办好的合适人选。经过讨论后，我们决定由穆丹华老师担任食堂管理员。

短短的寒假过去了，新的教工食堂也建好了。学校除了雇用了3位厨师外，仅仅安排了一位管理员。4个人要为全校140位教职工及20多位教师子女服务，显然是比较困难的，况且穆丹华老师还要承担教学任务。于是，每一位来吃饭的教师就成了教工食堂的自治管理员。教师们自己取餐，自己洗餐具，自己打扫卫生，一个教师自治岗水到渠成。

教工食堂面积不大，却很温馨，50多平方米的空间内有40套旧的学生桌椅，课桌上面铺上薄薄的格子防水布就是餐桌。墙面上悬挂着简易宣传板，6个洗碗池供教职工自己洗餐具，两个垃圾筐将垃圾分类。这些就是全部"家当"。

对于教育教学我们是专业的，可开办食堂我们没有经验。刚开始，教师对自己能吃多少饭菜还没有什么概念，剩的饭菜很多，给江南校区教师送的饭菜量也控制不好。一天，我在校园操场上看到了来拉折箩的垃圾车，真的很生气，觉得这是教职工自己的食堂，又不是图盈利的饭店、小吃铺。我们自己买菜买粮，教师们不应该浪费。即使有剩菜剩饭，也应该是少量的，怎么产生的垃圾要用车来拉？这太不应该了。我立即找来后勤副校长，态度坚决地要求不准让拉折箩的垃圾车再进校园。大概一周之后，教师们也有了经验，会根据自己的喜好选择相应菜品。一开始不会取太多，以防因为菜品不合胃口或者过量而导致浪费，如果不够随时再取。整个过程秩序良好，井井有条。食堂里的大垃圾桶慢慢变成了小垃圾桶，现在又变成了小漏盆，全体教职工的厨余垃圾都装不满这一小盆。李力伟老师饭量比较大，同事们还跟他开玩笑说他应该交两份餐费，但是他的餐盘里没剩过一粒米、一口汤。教师的光盘行动真是越做越好了。

为了办好我们自己的教工食堂，管理员穆丹华老师不断观察、总结和改进，把一件件小事做得很踏实、很细致。进出管理账目清晰，肉食检验台账规范。也许垃圾分类在我们这个小城还不能全员普及，但在立新实验小学教工食堂却是教师一直坚持的一个好习惯。洗碗池里的小漏盆用于盛装厨余垃圾，其他垃圾如手纸、湿巾等就扔在门边的小垃圾桶中。教师从细节做起，为立新实验小学的学生树立了良好的榜样。其实教工食堂不只是教师吃饭的地方，还是教师劳动自治的岗位，更是实现"新劳动教育"的良好途径。朱俊鸿老师的孩子今年读一年级，小小年纪就懂得自己的事情自己做。他每天中午主动排队，自己取餐，吃多少取多少，从不剩饭；餐后自己擦桌子，自己刷餐盘。劳动自治在他的身上得到了传承。

自从学校开办教工食堂后，越来越多的教师选择在食堂吃饭。人比之前多，秩序却一点也不乱。并且食堂提供的饭菜很可口，服务也比较周到。好多教师都跟我说，学校给他们提供的不仅是一份便利，也是一份福利，更是一份真诚的关心。能让我们的"家人"满意、开心，是我这个校长的幸福。

教工食堂还有一项重大的行动——由党员教师率先担任食堂监督员。从我开始带头值班，每天午餐都有一位教师监督菜品质量、大家的厨余垃圾情况、卫生清理情况。可是，这么多人用餐仅仅靠一位教师监督就能搞定吗？答案是肯定的，因为用餐完毕后，教师们的餐盘中基本都没有剩余饭菜。教师们都自觉地珍惜各位食堂员工的辛勤劳动，不浪费粮食，而且自己洗餐具。这些细节上的教师劳动自治客观上减轻了值日教师的工作量。站在我的角度，相信不久以后完全可以取消教师值日这个环节，因为当自主管理的意识成为一种习惯后，这样的文明行为就会是一种素养、一种品质，更是一种文化。这样的一种文化不仅会在教师中孕育和传递，而且会在立新实验小学的每一个学子身上体现出来。教师的言传身教是学生养成良好道德情操的最好"教材"，师生共同努力必将让学校无愧于首批全国文明校园的荣誉称号。

（十六）"一日校长"制

"一日校长"制自 2010 年初实施至今，已十个年头，全校教师已参与了几轮"一日校长"实践活动。"一日校长"制实施以来，教师感受到了作为"一日校长"的光荣感和自豪感。"一日校长"实践活动是一个发现人才、培养人才的平台，目前学校的骨干教师、中层干部甚至校级领导中就有多位是在"一日校长"实践活动中脱颖而出的。

当教师时，我曾希望校长能走近我，关注我，发现我的才能和努力，察觉我心中的梦想；当了校长后，我又希望教师们能亲近我，理解我，支持我的一切决策和思想。特别是当了一所热点学校的校长后，我感觉自己像陀螺一样转个不停。可是，我更希望自己是一台发动机，带动整台机器运行起来。于是，一个想法诞生了——每周安排一位普通教师当"一日校长"，随同校长一起召开例会，一起巡查、观察学校工作，一起参与学校管理。"一日校长"制拉近了校长与教师的距离。

办公室里，沏杯香茗，一抹淡淡的茶香沁人心脾。我翻开"一日校长"践行记录，那一页页跳动的墨迹又把我带回了决策之初。确定什么样的人员？安排怎样的工作内容？我着实煞费苦心。经过几番思考，我决定从政治性强的党员群体和具有一定管理经验的中层干部入手，带领他们通过"一日校长"实践活动参与到学校的全面工作中。具体实践内容为：周一上午参与班子例会；周一至周五早中晚巡查三次，发现教育教学、卫生常规、校园安全等方面存在的问题或隐患，及时反馈并提出改进建议，指导监督相关部门落实处理。记忆中，我仿佛看到了那时的我拿起笔在笔记本上确定了他们的名字……

从此，在每周一次的中层以上干部例会上，校长身边又多了一个座位；在班级、楼道、操场，校长身边又多了一个身影；在学校管理、安全、教育教学监督方面，校长身边又多了一双眼睛。"一日校长"来自一线，以他们独特的视角观察着学校的工作，体会着校长的良苦用心，用真挚与敏锐诠释着"一日校长"的职责与担当。其间的一件件小事不断撞击我的心房，带给我无数心动与惊喜。

年轻的科任教师刘莹在"一日校长"总结中这样写道：

在开学的第二周，我担任了学校"一日校长"工作。在这一周的时间里参与了学校每周一的中层例会，记录本周的工作重点及接下来要完成的工作安排。每天早、中、晚要巡查南北楼，关注学生，关注教师，关注学校的各项管理措施和安全措施是否落实到位，发现问题及时汇报，及时解决。

在开学后第一期"一日校长"实践活动中，我感受到了这是在切实履行并践行"一日校长"的工作，而不是徒有虚名的摆设，真真正正地找到了存在感。"一日校长"并不只是一个名称，而是让你走出来，走出所教的班级；又走进去，走进所有的班级，看平日看不到的，想平日想不到的，做平日做不到的。角色的转换，让我的视角发生了变化。这一周的"一日校长"工作让我站在了学校领导的角度去全面审视立新实验小学，以大局为重。我看到了从校长到主任再到所有教师每天都在做什么样的工作，也看到了作为一名教师言传身教的意义（学校无小事，处处是教育），以及出现问题要如何解决。"一日校长"工作让我展现了个人的能力，同时也看到了自己有多大的能力。

以下记录着我所看到的问题是如何解决的，还有突出的典型事例。

1. 北门上下学道路清雪工作

开学期间大量降雪，而且是连续多次降雪。我市环卫单位清雪量大，无暇顾及我校北门的立新街道，导致积雪越来越多，使得道路变窄，有冰面的地方学生们总是摔倒，隐患极大。我看到这样的情景，觉得这是关乎学生安全的问题，及时汇报后得到校长的指示：可以组织全校的党员去清雪。就这样，校党支部通知所有党员，在学生放学后进行一次清雪劳动。清雪劳动过程中大家都很积极地响应学校的号召，卖力地把门口的积雪和垃圾都清除干净了。看得出，对于学校做出的决定，每位教师都是积极拥护与支持的。由于及时清理，学生上下学的道路变宽了，安全了。我心中小有成就感。

2. 放学排

开学的前些天放学排……

也许我看到的还不够全面，解决问题的能力还需要提高，但是看到问题、汇报问题、解决问题等工作的过程让我感受到了责任、义务、主动、行动、角度。如果还拘泥于只做好自己眼前的事，那么信仰何来？眼界如何开阔？自我的觉悟又怎么能够提高？"一日校长"工作让我看到的是整个立新实验小学在如何坚定地前行，也许这是缓慢的，但却是扎实的。这一切都影响到了我以后能力的提升及工作重点与重心的定位，使我明确了自我发展的方向。感谢领导给予我这样的机会。

"一日校长"制让刘莹老师参与到学校的日常管理工作中来，使她一方面提高了自身能力；另一方面多角度地关注学校发展，有了主人翁意识和全局观念。担任"一日校长"后不久，她就递交了入党申请书，有意向党组织靠拢。

新学期，一位刚刚参加工作的青年教师充满朝气，我看到他就像看到了自己的孩子。他和其他青年教师年龄相仿，单纯地凭热情对待生活和工作。担任"一日校长"后，小伙子态度很积极。在"一日校长"实践活动中本来每天正常巡查三次，可是他几乎每节课下课都要去楼道看一看。尽管少了点"章法"，但他对待工作的热情却让我这做校长的都很感慨。青年教师懵懵懂懂，"一日校长"实践活动正好让他们了解了教师这个职业，也了解了学校，了解了干部，了解了教育。另一位青年教师在实践体会中写道："通过几日的实践，我真切地体会到了校长这个角色的多重性。校长好比'一家之主'，掌控'柴米油盐'的同时，也品尝着'酸甜苦辣'；校长又好像一位指挥官，运筹帷幄，指挥若定；校长又是'勇探者'，要有全新的办学理念，并能大胆地喊出'向我看齐！'"年轻教师的冲劲和对我的理解同样深深地触动了我，触动了我那古井不波的心境，唤醒了我那逝去的青春。

弗洛姆说："没有爱，人不能存在一天。"对于学校，我倾注了全部的心血和爱。多年过去了，"一日校长"实践活动的意义远远大于最初的期待。在我心中，学校管理的目的就是塑造人、发展人和提升人。所以在"一日校长"实践活动中，我始终关爱教师、尊重教师、理解教师、激励教师，让教师从中获得强烈的价值感、安全感与归属感。每个星期，我与不同的"一日校长"一起工作，感受他们的性格特点、思维方式、行事作风。他们的每一点变化都引导着我去思考，去为他们谋划更为美好的发展空间。

（十七）评优后与三位教师的微聊

2018 年度的教师评优结果已公示。按市教育局给定的比例，我们评出了 20％的市级优秀教师。正如"不想当将军的士兵不是好士兵"，没有教师不渴望当市级优秀教师。但毕竟名额有限，那些工作很努力却无缘评上优秀教师的教师是否会有思想波动呢？

第二天晚饭后，我便拿起手机与三位教师就这次评优结果展开了一个多小时的微聊。之所以想与她们几位聊聊关于这次评优的事，是因为我与她们都是"思想者联盟"里的盟友，几乎每天都在这个微信群里交流"育人智慧""思维训练"等话题。在思想的交汇与碰撞中，我们增进了了解，达成了共识。但这次评优，她们都榜上无名。我想应该与她们就此事做一次沟通。

同 W 老师微聊：

W 老师完全够评优条件，但让贤了。她是工作很拼的好老师，几年如一日，克服病痛，一心一意建设特色班集体，对班级每一名学生都倾注了全部的爱，是全校教师的楷模。这次评优她各项条件都够，却没有给她，是为了调动更多教师的热情，她能理解吗？

隋：W 老师你好，这次考核结果出来了，没有把优秀给你，希望你能理解。你的工作很出色、很优秀，大家都看在眼里，特别是在对学生的指导、班集体的建设、班级特色活动的组织上，你做得特别突出，不愧为全市的师德楷模。这一次考虑到了那些工作也很优秀但很少获得荣誉的教师，学校这样的考评结果不知道会不会影响你的工作积极性。

W：隋校长，您好！我非常理解您的决定，真心恭喜获奖的教师。您放心，我会一如既往地做好自己的本职工作的，因为爱而全力爱，决不会虚度为人师的每一秒。感谢您百忙之中对我及其他教师的关注与鼓励，我都明白，爱您！

感悟：一位优秀的教师，会珍惜因工作优秀而获得的荣誉，但不会为了荣誉而功利化地工作。教师的境界总会让人仰视。

同 L 老师微聊：

L 老师想要评上优秀教师，但条件不够。考核评优之前，她曾坦诚地和我做了关于评优方面的沟通，希望能通过评优肯定其一年的工作。结果出来了，优秀教师名单里没有她。我有必要与其交流一下。

隋：昨天年度考核评优结果公示了，我们在研究时都想到了你，但是把年级的推荐、全校的民主测评及每个月的考核这几个方面综合起来看，排在你前边的有好几位。希望你不要气馁，下一次再努力！

L：校长，提到年度考核，回想自己工作已多年，没有任何评优奖励，很是惭愧内疚，反思一下，还是要努力做好每一项工作吧。

隋：了不起，有境界。

L：不过说真的校长，我有更年期综合征，教双科，我还是个认真负责的人，一心想把自己退休之前带的这届学生培养成出类拔萃的孩子，有些累啊，每天到家手脚都肿，但是我努力把自己光鲜的一面带给同事和学生。我还有甲减症状，单位体检查出不正常，医生建议我进一步去做甲功。我不舍得耽误学生的时间，想放假去做。

隋：看到你的化验单后发现两项指标都超出正常值十多倍啊，还真是要注意。进一步去查一查吧。

L：现在我的心态还行，校长您赶紧休息吧，这么晚了。

隋：你身上总能闪现出思想的光辉，这从你的语言上、行动上都能看出。跟你聊天儿很舒服，很愉快，很有意义。你的思想总能影响到我和同事们，尤其是你的学生受益颇多，我觉得这是你最大的价值所在。

L：好的，谢谢校长，我要更加出色。荣誉不重要，使自己成为更加优秀的人是我的目标。不断学习，充实自己。

感悟：处于更年期的老教师，往往心力交瘁，更需要理解和尊重。你给她一片树叶，她会还你整个森林。

同 Y 老师微聊：

Y 老师工作有特色，但常规工作略显薄弱。她是一位追求教育情怀的教师，最愿意做自己喜欢的事。对于教育，她总有自己独特的理解，经常带领班级学生开展富有特色的班本活动，但往往忽略常规工作中的细节，因此经常考核不达标。

隋：Y 老师好，这次考核结果出来了，没有把优秀教师的名额给你，主要是因为月考核这一块还有些差距。但是，你的班级特色活动及你对学生的育人情怀都影响着其他教师，大家都很认可。对于这次考核结果，希望你能够理解，并且在今后的工作中继续努力。

Y：谢谢校长能特别关注我。没有问题，我平时的工作肯定是没有别人做得优秀，让您费心了。您特意给我发微信，我真的挺不好意思的。是我工作还没做到位，我一定继续努力。

隋：好的，有你这话我就特别高兴，我希望每一位教师都能够科学地评价自己并充满激情地去工作，对待荣誉和评价也能够有一定的胸怀和境界。Y 老师做到了，了不起！

Y：我觉得一个人要是为了名利工作就太累了，那样永远也满足不了，永远有让自己完不成的任务。所以我就觉得干工作应该有自己的那种情怀，有自己的理想。那样才不会觉得得到的少，付出的多。每天看着学生们在进步，跟学生们一起学习、搞活动，我觉得挺有意思的，是快乐的事情，所以得失也就不那么重要了。

隋：说得好！这一番话闪耀着人格的光辉，我受教育了。

Y：隋校长您可别这么说，我都不好意思了。其实一直以来我很多的想法都是来自您的引领和教育。记得好多年前，您做过一次讲座，叫"人生当有梦想"。我深受触动。那时我真正开始琢磨我要做一个怎样的教师，您是我的导师。

隋：Y 老师，你还记着当年的那场讲座，感动呀！如果能给教师起到这样一个激励作用，那是我最快乐的事，高兴！那就朝着你的梦想继续努力。如果在追求梦想的过程中感觉到生命很有意义，那才是我们真正的追求。

Y：是的，这个追求梦想的过程是辛苦的，因为我们要低下头默默研究，默默付出；但也确实是幸福的，因为我发现我的研究和付出真正使学生和家长受益了。我走的路是正确的，我为此兴奋不已！感谢隋校长，对于您的每一次讲话，我不一定都记得，但是这种潜移默化的教育思想的影响是巨大的。

隋：和 Y 老师聊天，感觉是心灵的沟通，遇到一个懂你的人，幸福！

感悟：这是一个有理想、有情怀的好教师，我分明感受到了那种纯天然的力量和思想的光辉。

微聊前带着对教师思想脉动的几分迷惘，微聊后心里一片灯火通明，仿佛触摸到了教师心灵深处最朴实、最动人的高贵。一次心灵探寻行动，让我有了更多、更深的发现与感悟。我们的教师远远超出了我的想象，我从心里爱他们，进而对这支队伍更加充满信心。

（十八）忙碌的劳动主任

与其他学校不同的是，立新实验小学的中层干部中始终有一位专门抓劳动教育的主任，我们都称这位干部为劳动主任。20 世纪 80 年代的劳动主任是由班主任岗位提拔上来的男教师谢太龙，之后陆续由骨干教师吕显清、周玉玲、李坚担任。进入 21 世纪，劳动教育升级为"新劳动教育"。在这样的背景下，劳动主任的作用更是日益凸显，不可或缺。现在我们的劳动主任是曾抓德育工作的桑玉敏老师。校园中，你会看到美丽端庄的她每一天都是风风火火、充满干劲的，一会儿在劳动基地工作，一会儿巡视班级教室，一会儿又不知要和哪位班主任谈班级劳动实践的创意与实施。如果用一个词来形容每天工作繁杂的她的话，我想"忙碌"最贴切。一日同桑主任单独聊工作时，她说的几件事令我印象深刻。

独特的劳动记录本。一个翻得略显破旧的小本子被她时刻拿在手里，能够看到小本子中已经记录了好多页。我想，一页页记满的肯定是一件件已办或待办的工作。随着聊天的进行，她还不停地在小本子上写写画画，这是她工作多年养成的习惯，也可以说是工作常态。这个小本子就像手机、钥匙一样必须随身携带，伴着她，提醒着她今天、明天、接下来的一周要做什么，要提前做好哪些准备。她的工作繁忙而复杂，要对"新劳动教育"校本课程逐一布置实施，要组织家庭、学校、社会各个方面开展各种劳动实践活动，要经常组织筹备迎接国家级、省级、市级各个层面、各种方式的参观、检查活动，要组织劳动教师进行校本教材的编写与劳动计划的制订等繁杂的常规工作，要落实大型的工作项目，要每天组织学生上劳动校本课并及时检查反馈效果，要激励大家积极投身"新劳动教育"的实践与创新。她的工作就是这样忙碌，周而复始。

图 45　桑主任在劳动

"黑色"星期五。为什么是"黑色"星期五？用桑主任的话说，每到周五下午她都会忙得"昏天黑地"。按照学校课表的安排，周五下午全校的班级创意课和基地的技能训练课同时上。为了能及时准确地掌握全校劳动校本课程的第一手资料，她会在第一节课的上半节走遍北楼的几十个班级，在她的记录本中记录下各个班级创意课的开展情况，并在发现班级学生的特色创意时拍照记录，第一时间上传到班主任微信群中；下半节在学校东侧的各个劳动技术室内关注劳动技能训练开展情况，也要及时拍照上传，与教师们共同分享劳动创意与特色劳动成果。在她的带动下，教师们养成了随时拍照记录学生精彩成长瞬间的习惯。看着她的工作总是有条不紊的，但一下午的奔走中常常是一口水都喝不上，没时间坐下歇会儿。"黑色"星期五也在桑主任的劳累中成了学生们多彩生活中最鲜活的时刻。

社会实践课。社会实践课是"新劳动教育"校本课程的重要内容。每学期学校都会提前制定社会实践课的大课表，各年级、班级按课表活动。如果没有特殊变动，周四这天就是我们的劳动主任带队外出的日子。为了让社会实践课符合学生相应年龄发展阶段的要求，确定好各层面的社会实践基地，桑主任在课余时间遍访全校班主任、科任教师，还有部分有代表性的家长，最终汇总整理出适合学生的实践资源，从而实现了社会实践课的优化配置。例如，六年级的社会实践课是"未成年人警示教育"，桑主任带领学生们走进牡丹江市公安局警史馆，在馆内学生们了解到了公安发展的历史及不同阶段所承担的重大责任。最让学生们吃惊的是 110 工作室。他们在那里见识到了警察们是怎样工作的，了解到了 110 工作室是 24 小时为人民服务的，随意拨打 110 报警电话是违法的。令学生们感触最深的是警史馆中展示历任公安局局长的板块。凝望着一位位着装整齐、仪态威严的局长，学生们眼中的那份敬意油然而生。特别是男孩子们，纷纷表示一定要好好学习，将来也要当一名光荣的人民警察。像这样的社会实践课周周都在进行。这一场场生动的社会教育活动在学生们心中埋下了梦想的种子，使学生们有了向着自己的目标努力奋斗的能量。

　　繁忙的桑主任就是立新实验小学"新劳动教育"的缩影，也是立新实验小学教师投身工作的典型代表。她的雷厉风行，她的胆大心细，她对工作的兢兢业业与精益求精，确保了校本课程的顺利实施，也让"新劳动教育"的理论落实掷地有声。

二、劳动逸美

　　逸美者，自由也。以劳动的广阔包罗生活的美好，以感悟劳动的美追求忙碌中的安闲逸乐、卓越中的雅趣逸致、凡尘中的悠然飘逸，是为劳动逸美。"新劳动教育"以劳动逸美为"人生底色"，以人性为参照，为学生的一生积淀美学素养，培养学生的健全人格和审美能力，引导学生树立正确的人生观和价值观；以幸福为目标，呵护每一个自由的心灵，为每一名学生能够拥有阳光灿烂的人生描绘多彩的底色。

（一）"一带一路"主题学习

　　说起"一带一路"，大家所能想到的也许是它的意义，是它在世界范围内能够起到的重要作用。而在立新实验小学，"一带一路"是大型主题学习的内容，是校园艺术节的主题，是师生讨论交流的话题，是一名学生用了整整一年时间才弄明白的问题，也是接下来一直要用行动来证明的"中国梦"。

　　2017 年春季，我在深思熟虑之后提出要在全校师生中开展"我眼中的一带一路"主题学习活动，以此来增强学生的国家意识和责任感，并以此作为贯通"新劳动教育"校本课程的综合实践活动，检验学生现有的综合水平。这个想法一经提出，就在干部队伍里引发了震动。大家想得最多的就是"这么高深的主题小学生怎么可能完成",而且是在全校范围开展,连刚刚入学半年的学生也要参加,采取什么样的形式才能推进下去呢?带着各种疑问,我让中层干部们先到各年级调查一下学生对"一带一路"的现有认知。调查结果一出,和大家预想的一模一样:学生对于我们经常挂在嘴边的"一带一路"不是一无所知就是知之甚少,一年级的学生还有把"一带一路"听成"一袋鱼露"的,回答说"没吃过"。面对这种情况,我们的干部团队一致认为,必须要给学生上好这一课。

第一步,我们进行了全校总动员,并以班级为单位进行"一带一路"资料的查找、收集、整理,利用班会时间开展交流活动,让学生知道"一带一路"是什么。为了配合学生,学校的各种宣传栏、"红领巾广播站"的内容都换成了关于"一带一路"的介绍,各学科的教师也都在自己的课堂上渗透相关知识。那段时间教师们的聊天话题都成了"一带一路",因为有许多学生会把自己弄不明白的问题抛给教师。教师只有跟学生一起学,甚至比学生还要学得多、学得快才行。

图46　第21届校园艺术节"一带一路童心唱"海报

第二步,在收集、整理资料的基础上,进入"我眼中的一带一路"10分钟小讲师活动。每天的晨读午说成了学生开讲的时间。教师变着法儿激励学生开讲,学生也绞尽脑汁想各种不同的开讲内容。从"一带一路"的由来讲到我国与沿线国家的政治、经济、文化往来,再讲到"一带一路"带给世界的变化等;从张骞出使西域、郑和下西洋讲到习近平总书记的一次次外交行程。学生们不仅了解了历史,也了解了现在。与此同时，师生以这一主题为内容开展了办手抄报、征文、上少先队活动课等活动，校园里到处都是有着"一带一路"标志的学生作品，"一带一路"的生态环境已经形成。

在小讲师活动持续进行了两个月后，我们以年级为单位开展了一次"我眼中的一带一路"优秀午说评比活动。每班派出两名选手，在年级内现场展示、评比，优胜者将获得在升旗仪式上演讲的机会。中年级比赛的时候我去观看了一下，学生的理解能力和表达能力真是不容小觑。四年级五班的一名女生以张骞出使西域为内容介绍了丝绸之路的由来，声情并茂，多媒体操作自如。其中有一段讲出了评书的味道，引来了阵阵掌声。冠军得主是四年级八班的一名男生。他借助自己的旅游经历，对去过的新加坡、马来西亚、泰国和越南四个国家的过去和现在，以及亲眼所见的风土人情都进行了清晰的讲解，对"一带一路"给沿线国家带来的利益也剖析得比较深入，获得冠军真是当之无愧。

第三步，进入十月份，我们用一场"一带一路童心唱"艺术节将主题学习推向高潮。学校邀请了牡丹江市较有名气的剧作家和导演为我们出谋划策，同时组建了以立新实验小学师生为主体的主创团队，从演出的整体设计到每一个节目的内容都由学生结合之前的主题学习成果来选定，尤其语言类节目的撰稿更是以学生的生活为蓝本。其中，少先队活动课"我眼中的一带一路"最初由知名老剧作家付君凯先生写了一稿，但排练时学生们感觉离他们的日常比较远，于是便开始自己组稿，把自己在学习中遇到的困难、收获的成果都表演了出来，就连节目的舞台背景用的也是自己活动的照片。在学生们积极参与艺术汇演的策划、创编的同时，学校还开展了自己设计、拍摄艺术节海报的活动。这个活动很快就引发了全体学生的关注与期待，一张张由学生执镜、入镜的海报表达着他们对"一带一路"和平合作、开放包容、互学互鉴、互利共赢理念的理解，展现着立新实验小学学子立足现在、放眼世界的远大志向。

2017年12月30日，"一带一路童心唱"主题文艺汇演在牡丹江大剧院盛大启幕。演出分为三个版块十二个节目，参演学生一千余名，上下两层的观众席坐满了立新实验小学师生及受邀前来的领导、教育界同人和家长朋友。这是牡丹江大剧院建成后立新实验小学第一次集合全校师生来到这里。文艺演出在雄浑的钟声中拉开序幕，古老的敦煌飞天"从天而降"，唯美大气的音乐激荡回响。每一个置身其中的人都为之震撼，惊叹这台节目的质量犹如缩小版的春晚，惊叹这样一个高站位的主题出自一所小学，更惊叹这台节目的主创与演员们对"一带一路"的深刻理解与精准演绎。新华社牡丹江记者站在汇演当天的报道中写道："（这场演出）场面恢宏，歌声嘹亮响彻云霄，中国领唱'一带一路'，领跑世界后继有人，令人震撼，催人奋进，是一场爱国主义教育和艺术展示完美结合的艺术盛宴。"这篇报道当天网上点击量就突破了一百万。

这样一个持续了一年并将继续进行下去的主题学习活动，成了立新实验小学师生对"新劳动教育"育人成效的最好诠释。这次活动中涌现出许多全面发展的学生，其中五年级三班的赵康为同学是比较特殊的一个，他是参加海报拍摄并最后登上海报的五名同学之一。当时他已经决定要转学去新加坡了，这个艺术节是他在立新实验小学参加的最后一次大型活动，有着深远的纪念意义。他朗诵功底深厚，艺术汇演的开场话外音就是由他来负责的。他到新加坡上学是参加考试之需，当他把活动海报和"一带一路童心唱"主题文艺汇演的视频拿给新加坡学校的师生看后，他竟被免试录取了。新加坡的老师对中国四线城市的一所小学能够组织开展这样高难度的综合学习感到难以置信，更让他们感到难以置信的是这个小男孩的学习能力遥遥领先于他们的学生。他还把立新实验小学"实验盆"研究中的水培项目介绍给了新加坡的学校。

可以说，在这样的主题学习中，师生锻炼了行动力，也经受了考验。师生的共同成长、各门校本课程的融会贯通是主题学习的最大收益，也为我们接下来的校本课程建设开辟了新路径。

（二）"二十四节气"主题学习活动

我们的"新劳动教育"有三类十五门课程，课程之外还有与之相融合的大型主题学习活动。"二十四节气"便是继"一带一路"之后的又一个综合性主题学习活动。为弘扬中华优秀传统文化，丰富"打好人生底色"育人理念内涵，我在2015年新学期计划中提出了开展"二十四节气"主题学习活动。为了打破国学经典就是古代文学经典的常规认知，学校将国学经典的学习拓展到了人文、地理、历史、医药等诸多方面，在结合每个节气组织学生在劳动基地的动植物园中观察、讨论、交流的基础上，开展"二十四节气"与田野文化、中医养生、文学经典等相结合的综合性学习活动。主题升旗仪式和班会也融入了"二十四节气"的专题学习。学生们通过作文、手抄报、绘画等形式表现自己对"二十四节气"的理解。

图 47　学生自主参与"二十四节气"知识竞猜活动

　　随着主题性学习活动的顺利开展，我鼓励不同年级进行创新性的学习活动，根据学生年龄特点进行不同方式的学习。低年级的主题性学习方式非常新颖。低年级的学生虽然年纪小，但在年级主任的带领下开展了丰富多彩的活动。

　　1. 读书系列

　　低年级的学生通过读书了解"二十四节气"相关知识，了解植物与季节变化之间的关系。年级主任借助学校微信公众平台，每周都会发布一位教师和两名学生的朗读作品，通过认真编辑制作激励更多的学生录音参与此项活动，形成良好的阅读氛围。活动的开展引起了家长和学生的浓厚兴趣，被发布的朗读作品得到了社会及家长的广泛关注。一时间，作品被发布的学生成了学校的小明星，其他学生也都想通过这样的平台展示、锻炼自己。

　　记得一位一年级的学生家长通过朋友找到我，希望自己孩子的朗读作品也能够在学校微信公众平台上发布。为此家长和孩子每天都在家收集相关诗文并认真练习朗读。听到家长诚恳的话语，我很是欣慰。一次主题性学习活动的开展，不仅让学生学到了相关知识，而且能提高学生的积极性，激发他们的上进心，同时还得到了学生家长的支持与认可。于是我建议低年级的年级主任把"师生共读"延伸至"亲子共读"，让更多的学生和家长能够参与其中。

　　接着，"师生共读""亲子共读"周周发布，整个低年级的主题性学习活动开展得有声有色。通过这种形式的学习，学生对朗读更感兴趣了，对节气相关知识也了解得更多了。

2. 养生系列

一天，我在操场巡视间操，一位高年级班主任问我："听说低年级现在班班都在做营养饭，是学校要求的吗？"我一下子就把班主任的这一问和最近微信朋友圈中教师们晒学生煮养生粥的事对接上了，心想一定是低年级行动起来了。果然，我在和几位教师的交谈中得知，低年级学生正在根据季节变化、节气更替帮助爸爸妈妈做营养饭。低年级的年级主任能够想到在这个主题活动上做文章，是真用心思考了。以"'二十四节气'与养生"为主题开展自我服务课，不仅是对学生生活能力的培养和训练，还可以通过学生带动家长共同提高，增强自我保健意识，追求健康生活理念。

还记得在谷雨时节，好多班级的学生在微信朋友圈晒自己做的一道春天时令菜——香椿拌豆腐。后来听了教师和学生的介绍我才知道，原来谷雨前后正是吃香椿的好时候。俗话说："雨前椿芽嫩无比，雨后椿芽生木体。"每 100 克香椿芽中蛋白质的含量高达 9.8 克。看来，在"二十四节气"主题学习过程中，我们的教师和学生都成了"养生专家"。

学校每年从立春到大寒周而复始的学习，让学生对国学从懵懵懂懂到进行由点及面的放射性拓展学习，极大地丰富了学生对优秀传统文化的认知。"二十四节气"主题学习已进行了三个循环，《"二十四节气"校本学本》已完善细化成了适合低中高不同年级学生使用的序列校本教材，为立新实验小学学生打开了一扇通往国学的大门。

（三）学校有个"少年讲坛"

2014 年 9 月，立新实验小学的校本培训活动进行了一次重大改版——"立新讲坛"上线了。

"立新讲坛"由"校长讲坛""教师讲坛""少年讲坛"三部分组成，最吸引人也最让人期待的当然是"少年讲坛"了。为什么教师的培训阵地会有"少年"登台亮相呢？我们最初的想法一个是为立新实验小学的优秀学生提供一个展示自我的舞台，帮助其树立自信；另一个是让教师当观众，让他们有一个了解优秀学生的平台，以便在自己的教育工作中树立育人目标。随着"少年讲坛"一期一期地开讲，它成了学生们秀个性、比才艺、晒成果的展台和"你方唱罢我登场"的赛场。

2015 年 12 月 17 日，"少年讲坛"又开讲了。这次来到"少年讲坛"的两名学生可不一般，他们是在"少年科学院"小院士评比中脱颖而出的科研"小达人"、即将代表立新实验小学参加全国小院士评比的"小科学家"。在这一期的讲坛中，赵峰远和李若宁将他们的研究课题以手机软件的形式展示给教师们看，图片与文字的完美结合有力地诠释了"毒药对孕鼠的致畸作用"和"大气环境的污染——雾霾"这两个课题。随着一张张触目惊心的图片的展示，教师们发出了一声声感叹，真正被这两名学生扎实钻研的科研精神折服了。这两名学生也将这次"开讲"当成了出征全国小院士评比的试练场。这次出征的结果也在意料之中，他们如愿在全国小院士评比中过关斩将，载誉而归。

2016 年 6 月 24 日的"少年讲坛"是一学期的收官之作，也是为即将毕业的六年级学生特别制作的一期。六个毕业班每班一名优秀学生代表参加"少年讲坛"，同时设计一个师生同台的环节，即班主任要与本班的开讲学生一同登台，并在开讲前为学生做推荐。班主任对学生的评价句句饱含深情，令人动容。学生们精彩的演讲正是对教师辛勤育人的最好诠释。他们入学时的懵懂天真仿佛就在眼前，如今他们已经准备展翅翱翔了。此次开讲的内容也异常丰富，既有学习读书的感悟，也有科学实验研究，还有宣传家乡、介绍祖国山川的美文，各不相同，又各具风采。

还记得在其中一期，我特别"安排"了一个六年级的男孩"开讲"。这个男孩可是专门给教师出难题的"刺儿头"，他的班主任一听要让他在"少年讲坛"中做展示就连连摇头。于是我将这个男孩的情况跟学校负责培训的主任说了说，并让她细致地了解一下他的情况，让他登台开讲。一晃两周过去了，又到了"少年讲坛"开讲的日子，培训主任早早就告诉我那个"刺儿头"男孩要登台。这天开讲的学生有四名，他排在第二个出场。直到现在我还清楚地记得他讲的主题是有关喀斯特地貌的。那自信的眼神和侃侃而谈的风采，以及受邀到场的他的父母充满期待的凝望，都深深地刺痛了我的心。一个孩子的"好"与"不好"绝不是可以人为界定的，调皮、另类也许是才智的别样表达。

几年来，登上过"少年讲坛"的学生已数不胜数。他们严肃认真、意气风发的样子聚合成了一张张照片，成了我心里最鲜活的立新少年的群像。

那么多登台开讲的学生，我已记不清他们都是哪一届、哪一个班的了。我在留存的资料中找到了几名当时给我留下深刻印象的学生开讲的内容：六年级五班关铭睿的《品汉代风云人物——刘邦和项羽》，五年级五班赵梓艺的《白色污染的危害》，五年级三班杨芸萌的《突破垃圾围城，拯救世间万物》，五年级四班于司航的《龙脊——我的偶像钱伟长》，还有五年级六班刚刚参加完少先队全国代表大会的陈冠达的《手机的危害》，等等。学生们有着鲜明的个性与独立的思想，对事情有独到的见解，看问题有独特的视角，解决问题时又有可行的策略，这不正是我们的教育孜孜以求的育人效果吗？我有这样一种自信：在"少年讲坛"发出的铿锵之声，定会成为未来中国的响亮号音。

（四）校园里的"红领巾小擂台"

在天气晴朗的时候，每到周二、周四中午，学校大门旁边的操场一隅、体育馆的门口总是人头攒动，其间还时不时地爆发出热烈的掌声与喝彩，像开联欢会。其实，这是"红领巾小擂台"活动。

在立新实验小学，学生们总是被丰富多彩的活动包围着。有的活动是必须参加的，我们将它定位为校本课程；有的活动是自愿参加的，我们以"民间"组织的形式开展。每一名学生都要主动规划自己参加活动的类别和次数，至少要完成"五个一"工程。"五个一"工程提出的目的是给学生提供更为充足的参与机会与实践平台，内容包括作为主要角色做一次值周生、进行一次表演（展示）、当一天老师的小助手、当一次小主持人、当一次升旗手、展示一次才艺。这看似容易，其实不易。校园中的活动再多，面对两千多名学生也是"僧多粥少"啊！于是，"红领巾小擂台"这样的"民间"活动就上线了。

大队部将体育馆门口一个小小的平台开辟出来，挂上了"红领巾小擂台"的大牌子，一个没有任何"门槛"的学生展示平台就搭设完成了。其运行仿照的是电视上播放的一些选秀活动的流程。从申报、海选到晋级，可以说每一步都充满挑战。校园里的小明星一拨一拨涌现出来。台上歌唱、舞蹈、相声、小品、诗歌朗诵、现场书画等节目层出不穷，应有尽有。最重要的是，主持人、音响师、场记、摄影师都是由学生来担当的。台下更是热闹非凡，时而热烈鼓掌，时而捧腹大笑，时而哼唱应和。最兴奋的要数粉丝团的成员了，有了他们的呐喊助威，台上的演员更卖力、

图 48　学生们利用课余时间在"红领巾小擂台"展示个人才艺

更起劲儿了。一个班级的节目精不精彩，看观众的状态就一目了然了。"下次我也要上台表演。""我还得多向他们学习呢！""这个活动真好，不耽误学习，还能得到展示。""对呀，以前中午吃完饭我们就在操场上自由活动，现在多好呀，还有节目可以看。"学生们的想法印证了我的初衷。

记得有一天中午，快要上课了，我看见一群学生围着大队辅导员急切地说着什么，大队辅导员反复承诺会再给他们机会。我很好奇，一问才知道是"红领巾小擂台"演出当天出了意外状况，影响了这个班的演出效果。"红领巾小擂台"的表演是需要用电的，可学校当时只能从"红领巾饲养场"里用一根很长的电线把电接到体育馆门前。那天中午这根电线竟然"罢工"了，没有音乐使得表演受到了影响。但学生们并没有放弃，坚持把节目演完。可是他们对演出效果非常不满意，一定要让大队辅导员再给他们一次机会，他们要重整旗鼓再表演一次。我听了，真正被学生们不服输、不放弃的精神折服了，还和大队辅导员约好这个班再表演的时候一起去看。

"红领巾小擂台"是从高年级开始的，当轮到低年级表演时问题就出来了。"孩子们能把节目表演好就相当不错了，怎么发挥小导演、小主持人、小音响师们的作用啊？"低年级的班主任说出了他们的担忧。于是高年级的班主任主动请缨，让高年级学生提前对低年级学生进行培训。学生教学生取得了意想不到的好效果，一二年级的学生在高年级大哥哥大姐姐的指导下干得像模像样。同时，学生们还动员了最广大的同盟团队——家长。家长为学生们租服装、化装、抬乐器，帮班主任组织安排。为了有较好的表演效果，为了自己的孩子能在"红领巾小擂台"活动中得到锻炼，家长们即便是辛苦也觉得高兴。

随着"红领巾小擂台"的持续开展，一支名叫"酷boy"的学生电声乐队成了校园里最闪亮的明星。他们第一次在"红领巾小擂台"亮相的那天，电子琴、架子鼓、电吉他、电贝司这些乐器一到场就吸引了操场上的学生围观。电声乐队的声音一起，教室里的学生也都跑了出来，越聚越多。乐队的成员都来自二年级三班，主唱小小的个子，却有足够大的气场，摇滚范十足，一首歌唱完就收获了一大波歌迷。那场面如果配上灯光，就跟明星演唱会差不多了。"酷boy"乐队火了，学校艺术节、文艺汇演等大型活动中少不了他们的表演。他们还在牡丹江"好声音"第二季晋级赛中成功晋级，成了牡丹江市小有名气的学生乐队。

"红领巾小擂台"的红火让我们看到了学生自治的巨大能量。学校的放手成就了校园里的"民间"活动，也成功开辟了校园实践活动的广阔空间，真是一举两得。

（五）端午节前的沸腾校园

"新劳动教育"中有一门校本课程叫民俗文化课，它是从少先队活动中逐渐演变、提炼出来的。从1958年开始进行劳动教育以来，立新实验小学的少先队就不断获得国家级荣誉，可以说少先队活动也是学校开展劳动教育的一条重要渠道。原本劳动教育和少先队活动是两个相对独立的范畴，但随着"新劳动教育"研究的深入，我们将少先队工作中的部分德育内容和实践活动与劳动教育进行了整合，开发出了很有特色的民俗文化课。

随着国家对传统节日的重视，清明节、端午节、中秋节等节日已经成了国家法定节假日，所以立新实验小学的民俗文化课都安排在传统节日的前一周进行。周一的升旗仪式要进行主题教育活动，之后的班会也要有相关内容的学习，学校、年级、班级还会组织开展各种实践体验活动。其中最热闹的是小长假的前一天，整个校园都会沸腾起来。

2019年，在端午节的前一天，我照例早早就来到了学校，还没进大门就被悠扬的传统音乐吸引了。进了大门，浓郁的节日氛围扑面而来。一字排开的宣传板上贴

图 49　学生们积极参与"端午知识竞猜"活动

满了知识竞猜的题目；各色宣纸配上毛笔书写的文字，古色古香，赏心悦目。学生们里三层外三层地围在宣传板前，边看边读边讨论。猜到答案的学生欢呼雀跃地把纸条撕下来，拿着跑到操场的另一头排队领奖去了。我也跟着他们往领奖处走去，六条排队领奖的长龙规整有序，却看不见教师组织和引导。我凑到跟前，才发现原来是大队干部和高年级学生在组织、安排这一切。学生们以大带小，井然有序。"劳动自治"的育人成果在这时淋漓尽致地显示出来。与此同时，劳动基地的烹饪室里正热火朝天地煮着茶叶蛋，浓郁的香气弥漫在校园里。

　　最让学生们无比兴奋的要数随后的"撞鸡蛋大赛"，这是端午节课程中的传统项目。学生每人准备一个熟鸡蛋，初赛在班级进行。间操时各班的冠军在操场集中，先决出年级冠军，再决出全校前三名。学生们为了在"撞鸡蛋大赛"中取胜，还真是想了很多办法，连红皮鸡蛋硬还是白皮鸡蛋硬都有了实证。小个的土鸡蛋更受学生青睐。去年端午节的"撞鸡蛋大赛"还有一个小插曲。在比赛中，一个小女孩过关斩将，赢得了全校冠军。我给她颁奖的时候，她害羞地笑了，我还鼓励她要有自信。可到了下午，劳动主任来向我汇报，这个小女孩不是真正的"撞鸡蛋大王"，她竟然拿仿真鸡蛋一路蒙混过关，还得了冠军。回到班级之后，这个小女孩越想越不是滋味，就跟班主任说明了一切。班主任又跟劳动主任进行了说明，说这名学生平时聪明伶俐，品性也很好，这次拿仿真鸡蛋参加比赛本来是图一时好玩，没想到会夺得冠军，所以主动承认了错误。劳动主任也没批评这个"假冠军"，只是给亚军和季军重新颁了奖，提了名次。我听完整件事的经过，不禁对这个"假冠军"的"小聪明"和后来的勇敢坦诚进行了深思。其实,学生的每一次"灵机一动"都是我们的教育契机。

欢度各种节日成了学校育人的重要组成部分。立新人把节日过成了一种传统、一种习惯,更是过成了校本课程。

中秋节来了,劳动实践基地会组织学生做月饼,还会在校园中设计开展"中秋找宝"活动。每年的九十月正是校园劳动实践基地里植物比较茂盛的时候,摄影社团的学生会去植物园拍摄,为每一种植物留下不同生长期的照片。劳动主任会把这些照片打印出来,在中秋小长假的前一天早上张贴在宣传板上,就像端午节前的活动一样。学生需要到植物园中将照片上的植物找到,在得到学生工作人员的确认后就可以领奖了。这个活动不仅有趣,而且让学生把劳动实践基地中的植物又认了个遍。值得一提的是,学生领到的奖励不是奖品,也不是奖状,而是一个个印章。学生通过印章的积累来完成校本课程的学习。

元宵节是我国一个非常重要的传统节日,一般会在寒假中。我们会针对学生在家情况安排实践活动,如做元宵、办手抄报等。有时过年晚,我们也有机会在校园里欢度元宵节。每逢这时,学校都会在班级创意课上安排一个"做花灯"的内容。各班结合自己的创意课内容制作各种各样的灯笼,在元宵节当天布置一个"花灯展"。操场上、植物园中,只要能挂灯笼的地方都被利用了起来。一大清早,学生们就从班级里拿出亲手制作的大大小小的灯笼,用心设计悬挂方式,一个班一个样。

图50　元宵节学生们在校园里悬挂自制花灯

我边走边看边拍照，学生们的神奇创意真是让我应接不暇。远远望去，一排排彩色灯笼在皑皑白雪的映衬下，真是纯净而喜庆。照惯例，今天烹饪室的课程会统一成做元宵。学生们用蔬菜汁、水果汁做出了彩色元宵，新颖美味。还有一种摇元宵的做法也很有趣，需要几名学生配合着做。学生们看着雪白的小球在大簸箕里摇晃翻滚，欢声笑语不绝于耳。

　　从活动到课程，我们用长期的实践走出了一条将劳动教育与少先队活动相互整合的路。其最大的好处就是将学校各部门、各方面的教育内容都融合到"新劳动教育"校本课程中，使教师的教学行为都以"新劳动教育"为指引，让我们的育人目标更明确，育人效果更明显。

（六）小小志愿者

　　学习雷锋好榜样，志愿服务我先行。小小的志愿服务充满着大大的爱心。我一直倡导学校德育部门坚持微公益大课堂的宗旨，以不同途径进行志愿服务。

　　学校每年以 3 月 5 日"学雷锋日"为契机，将整个 3 月打造成为"学习雷锋月"。学生在大队辅导员的组织下，以中队为单位开展学雷锋微型活动课，讲一讲雷锋故事，唱一唱雷锋歌曲，学一学雷锋精神，找一找身边的小雷锋；同时志愿者也在行动，如清除校园内残雪，为师生营造良好的校园环境。在校园外，学生们也参加了多个项目的志愿服务。其中看望孤寡老人白志光爷爷的行动坚持了十几年，学生们在与白爷爷的交流过程中学会了爱与被爱。

　　在"学雷锋日"当天，全校学生会登录黑龙江省志愿服务平台，报名参加清理楼道小广告。他们还走进新立社区，擦拭垃圾箱，清扫垃圾。活动的开展使学生们

图 51　与藏族教师合影

通过帮助他人、服务社会获得快乐，也体会到了雷锋精神的精髓。更多的学生知道了学雷锋不仅仅是一句口号，只有从身边小事做起，才能真正体会其中的高尚精神。小志愿，微公益，大爱心。

还记得 2016 年 10 月中旬，由教育部首期中小学名校长领航工程的一位导师牵头，组织开展了一次为藏区偏远学校捐献冬衣的活动。通过这次活动，立新实验小学与四川甘孜州石渠县俄多马中心小学成为手拉手互助学校。

俄多马中心小学学生御寒的冬衣很匮乏。为了让他们冬天能穿得暖和一些，学校少先队举行主题升旗仪式，发起号召，倡议全校学生及家长积极参与活动。在活动中，全校学生纷纷捐出自己干净整洁的冬衣，将一份份温暖送给这所小学的孩子们。学校统一整理后，统计出共有 648 件棉衣、217 条棉裤和 129 双棉鞋。一件件冬衣表达了一份份爱心。

通过学校各种志愿服务活动的开展，学生们体会到了小小志愿者服务的意义。四年级的一名学生利用休息时间与爸爸一起参加了《牡丹江晨报》"爱心帮"公益组织，并积极参与了"关爱母亲河，行走牡丹江"大型环保公益活动。活动中，父子俩捡垃圾，发环保购物袋，帮助他人，服务社会，传递爱心。

我相信，立新实验小学的师生在弘扬雷锋精神、志愿者精神的过程中能够达到劳动逸美的最高境界，用自己的劳动为他人提供方便，为社会贡献力量，从而树立正确的人生观和价值观，为幸福的人生描绘多彩的底色。

（七）百名小解说员炼成记

"客人您好，欢迎您在这美丽的金秋时节来到立新实验小学，我是林子策，很高兴今天能成为您的小向导员。我们学校是一所近百年的老校。劳动教育是我校的办学特色，我校从 1958 年开始实施劳动教育，如今我们又在'新劳动教育'的理念下茁壮成长……"在小解说员的陪同下，《中国教育报》的记者曹曦开始了解立新实验小学传承和发展了六十多年的劳动教育。

与曹记者一同参加这次黑龙江省劳动教育现场会的客人有 200 余人。这次会议规格高，与会嘉宾人数多，接待任务量大。为了更好地做好接待与会嘉宾的引导工作，学校决定让学生来做解说员。这些学生将在活动当天第一时间接待与会嘉宾，从校门前到合影处短短一百米的距离就是他们充分展示自己的平台。

　　——接待这么多与会嘉宾，需要的学生解说员至少也得百余名。学校小解说员社团的成员共有五十四名，三四年级各一半，远不够学校布置的百人解说团队的人数，加之这次我要求起用低年级学生，这可把大队辅导员刘宝丹老师难住了。后来，她决定深入三年级的九个班去海选，逐一试听每名学生。试听过程中，刘宝丹老师遇到了一点小问题：有的学生语言好，但形象不佳；有的学生形象好，但语言稍有欠缺；还有的学生形象和语言都不错，但在班级里的综合表现很糟糕。班主任连连摇头，提醒刘宝丹老师如果让这样的孩子进入解说员队伍，会增加培训的负担。但刘宝丹老师说："只要孩子说得好，这次都可以吸纳进来，给孩子一个机会。"就这样，刘宝丹老师在每个班级成熟解说员只有两三名甚至一名都没有的基础上，海选出了131名小解说员，成立了小解说员团队。在这次海选的过程中，我们不但给了那些综合素质比较好的学生一次展示的机会，而且也给了那些平时表现普通的学生一个展示的舞台。

图 52　同参与活动的小解说员们在一起

　　海选在周五结束。在确定了这131名学生之后，刘宝丹老师第一时间将解说稿发给学生，要求利用周六周日两天时间将解说稿背诵下来，周一将考核；如果背不下来，那就要告别这个光荣的团队。学生们感到了压力，也感到了这次机会难得。他们知道自己如果能真正成为小解说员团队的一员，将是无比荣耀的，因此自己需要努力完成好每一项要求。当周一考核这131个学生时，几乎所有人都背下来了。

培训定在了周一、周四放学后的社团时间，最让人担心的是小解说员团队有因病请假、上课外辅导班而人员不齐的情况。好在班主任都与家长做好了沟通，把学生留了下来。在第一次培训时，一个学生都不少。

短时间内对新人进行训练可是一个大难题。培训过程中，我们发现学生们会背稿子，但不会与人交流；有的学生太紧张，不敢抬头走路，甚至走着走着就顺拐了。训练学生的协调能力就成了最大的难点。刘宝丹老师想出了两个游戏式的培训方法，让学生既能缓解紧张情绪，又能达到训练的目的。

训练活动一：台阶运动。五楼会议室有一个舞台，上下舞台需要走台阶。131名学生抬起头，面向刘宝丹老师，从上台到下台边走边解说。几圈之后，很多学生解决了解说与步伐不统一的问题。

训练活动二：左顾右盼。一部分学生坐在过道两侧模拟客人；另一部分学生边走边解说，同时要左看一次、右看一次，与坐在过道两侧的学生进行眼神交流。每走过一名学生，坐在过道两侧的学生都要汇报其是否与自己进行了眼神交流。这样一次次进行训练，解决了学生解说时不敢直视客人的问题。

会背稿、会与人交流还不够，学生只有实地体验活动当天的路线，才能真切地感受解说氛围。131人的小解说员团队整齐、端庄地站在校门口是很有仪式感的场面，但是谁先出来、哪一排先出列是个问题。我们提前讲好第一排先出列迎接客人，这些学生都是素质比较高的。演练时，常务副校长、党支部副书记、刘宝丹老师模拟领导，结果一整排的学生蜂拥而上，现场非常混乱。随后改变"战术"，五人编为一个小队，一个小队接着一个小队地出列，这样就有序多了。当到了第二排的小队时，学生又你看看我、我看看你，不知道什么时候该出列。刘宝丹老师就让队干部发挥作用，每个小队安排两个队干部负责把握迎接的时机，同时管理没有客人时本小队的纪律，这样整体就非常有序了。在后来的"实战演练"中，刘宝丹老师就让中高年级学生领着低年级学生练习，中高年级学生模拟领导。教师在旁边看谁走得对或是不对，一个一个地训练，一个一个地"过筛子"。

短暂而有压力的训练结束了，终于到了令学生们紧张又激动的日子。活动当天，小解说员们都提前到校，大家穿着带有中国风元素的呢子大衣，戴着鲜艳的红领巾，非常有精气神，也非常自信。在7点35分的时候，学生们就到齐了。列队来到校门口后，学生们整齐地站成四排，个个精神饱满。刚站好，还没来得及整队，领导们乘坐的大巴就到校门口了。眼看领导就要进入校园，几个机灵的学生看到刘宝丹老师的手势，赶紧迎上前去。接着，一拨又一拨与会领导陆续下车，学生们有条不紊地接待，场面宏大而有序。当大批的领导到达后，还有一部分学生没有解说的机会，他们显得有点失望。听说后面还有两辆大巴的领导没到，大家顿时来了精神，随时准备接待。由于小解说员数量远远少于嘉宾，刘宝凡老师临时将已经完成一轮解说任务的小解说员调到校门口待命。就这样，后面两辆大巴的领导进入校园时，每个小解说员都展现了自己的自信与风采。

三年级五班有个叫林子策的学生，他在培训时表现一直比较普通，站在最后一排，是小解说员团队的最后几名学生之一。但后来通过记者在文字间流露出来的那种对立新实验小学学生的称赞，我们能够感受到林子策当天的表现也是相当优秀的。所以，我们不要低估学生的能力。学生就像一张白纸，有时候他给你展现的第一面不是最好、最优秀的，甚至有点淘气，令人头大。但只要你为他搭建一个舞台，给他一次展现的机会，培训他、锻炼他，他就会在一次次历练中不断突破自己，破茧成蝶。

活动是有魅力的。对于一个成长中的儿童来说，只要参与活动，经过历练，有展示成功的机会，他就会有一种荣誉感。这种荣誉感会让他记忆深刻，并影响其一生。

（八）从小小广播站里走出的美少年

"敬爱的老师、亲爱的同学，大家中午好！欢迎收听今天的校园广播。我是主播金子蕴，我是主播郭易蒙，今天为您安排的内容有'音乐欣赏''文苑漫步'……"这个周三，又到了金子蕴和郭易蒙的播音时间。我已经记不清是第几次听到这两名学生的声音了。刘宝丹老师告诉我，四年级的他们已经在校园广播站工作了近三年，是名副其实的广播站"老人儿"。从"打杂"到日常管理，从组稿到播音，两名学生早已轻车熟路。

校园广播站是学校面向全体学生进行宣传工作的重要窗口，是学生自治的岗位，也是少先队的核心部门和队干部成长的阵地之一。广播站的队干部非常辛苦，从日常管理到中队小广播员的培训工作，从每周一7点到校准备升旗仪式到每天间播放

图 53　每周一批的小广播员在"红领巾广播站"实践

音乐再到午间播音的审稿、送稿、练稿，甚至还要与各中队辅导员沟通选拔广播员等。对于这些忙碌的工作，有的学生坚持下来了，就脱颖而出了；有的学生面对困难退缩了，也就被淘汰了。

广播站的管理一直坚持着"大带小、老带新"的原则，高年级广播员负责管理低年级广播员，队干部负责培养和训练"接班人"。也就是说，每个成熟的广播员都会有自己的"徒弟"。作为"师父"，教会他们广播的程序和如何管理广播室，培养他们作为广播员应具备的能力和素质，使"徒弟"们尽快成为一名合格的广播员，是"老广播员"的责任，也是"老广播员"的义务。

二年级有一个叫吴越棋的小男孩，在班主任的推荐下成了广播站的一名"小学徒"。每天午饭后，六年级的一名学生准时到教室来接他去广播站。刚开始，"师父"给他的任务就是观察，观察广播员们从准备广播到广播后每一步都需要做些什么，怎么做。这个小男孩瞪大了眼睛，一会儿看这儿，一会儿看那儿，不愿意放过高年级广播员的任何一个动作。20分钟过去了，广播站的工作结束了，"师父"又把他送回班级。一周的时间，他除了观察什么都没做。第二周，"师父"给了他一份稿子让他回去练习，要求他不但要读准确，还要读得有感情色彩。他激动坏了，结果接过稿子一看，只有一句话。他心想"好吧，说一句话也好"，于是回到家中反复练习，家长也帮他一起训练语音语调。第三周，周一午饭后，吴越棋迫不及待地来到了广播站，心想终于要开口播音了。可是"师父"却检查起了他的作业，然后对他提出了意见和建议，他还是没能如愿以偿地开口播音。直到他把这句话练好了，"师父"才让他在这周四的播音中读了这句话。那天，吴越棋回家以后兴奋地跟妈妈说："我今天播音了！我终于播音了！这次我'师父'还给了我一段话让我练习呢！"

还别说，经过了这样的训练，小"徒弟"还真有播音员的味道了，可以声情并茂地播音了。在这样一个循序渐进的过程中，我们看到了广播站里队干部的小智慧。

每周进行三次广播，其中两次是由广播站的成员播音，还有一次是由中队轮岗播音。为了让没有播音经历的中队能够更好地播音，大队干部可忙碌坏了，要提前两天就确定的模式和版块与轮岗中队干部进行沟通，让轮岗中队干部按照要求的主题拟定模块、编辑栏目，并自主查阅素材、编辑内容，完成初步的组稿。第二天间操时间，轮岗中队将初稿交到广播站，接受大队干部的审稿。审稿通过后，午休期间中队派出的小播音员就来到广播站练习播音，直到达到要求的水平，才能在第二天播音。时间一久，无论是大队干部还是中队干部，甚至是中队的"兼职"播音员，他们的组织能力、自治能力、沟通能力都得到了锻炼和提升。

小广播站培养大人才，学校历届少先队大队长都出自广播站。也就是说，凡是最后走上重要岗位的队员都是从广播站最基础的工作做起，经过磨炼蜕变成优秀少年的。从校园广播站成长起来的队干部不但在校园的各个岗位都堪当大任，而且参加各类活动或比赛时也都出类拔萃："宋庆龄奖学金"获得者陈冠达曾担任少先队全国代表大会的代表；落落大方的战帅晔在共青团牡丹江市第十九次代表大会开幕式上向大会致辞；阳光自信的朱鹏宇是市运动会上最小的小学生升旗手；"我行故我行"的践行者陈一阁摘得黑龙江省关心下一代工作委员会"中华魂"演讲比赛桂冠，作为唯一一名黑龙江省的选手登上人民大会堂舞台激情演讲，并获得全国"中华魂"演讲比赛一等奖……这样的学生还有很多，他们在立新实验小学成长，成为立新实验小学的荣耀。

小小广播站是学生成长的加油站、孵化器，更多的学生将从这里走向更广阔的天地。

（九）市博物馆里的美少年

牡丹江市博物馆有一群特殊的解说员。他们个子不高，年纪很小，却个个神采飞扬；他们每周末按时上岗，却不收取薪酬。他们就是牡丹江市立新实验小学的学生。为什么市博物馆里会有一些小学生当解说员呢？这就要从几年前的一次学生社会实践谈起了。

2011 年，学校组织四年级的 300 余名学生去市图书馆参加社会实践。市图书馆的引导员首先带领学生们逐层参观图书馆内的设施，让学生们了解图书馆可以为大家提供哪些服务；随后带领学生们观看了"小雪花读书交流大赛"，鼓励学生们读完书后在此交流自己的感悟。然后，大家自由读书。几百名学生一起读书，意味着几百本书籍要离开书架，这可给图书馆管理员增加了不少工作量。这时，带队老师李强提议由图书馆管理员教学生们如何进行图书管理工作。就这样，李老师选出十几名高年级学生担任图书管理员，剩下的学生可以去读自己喜欢的书籍。

图 54　与小解说员在一起

这十几名学生一听说要亲身体验当一次图书管理员，真是兴奋得不得了，蹦跳着跟随图书馆管理员来到了社科一室。管理员告诉学生们，每一本书的书脊上都有一个代码，这个代码就是书籍的分类号。以 I18 为例，I 表示文学类，1 表示世界，8 表示儿童，也就是说 I18 代表世界儿童文学类书籍。管理员还教给学生们常用的几种分类号，如艺术类用 J 表示，历史地理类用 K 表示等。接下来学生们要做的就是按照一定的分类号顺序对读者还到门口收书篮中的书籍进行排序，然后找到每本书原来的位置，将书放回原位。短短十几分钟的培训使学生们清楚了工作流程，也学到了不少图书管理知识。为了让大家有一种仪式感，更能感受图书管理员的责任，图书馆工作人员还给这十几名学生佩戴了"工作证"，这下他们就可以正式"上岗"

了。他们两三个人一组，先找到书脊上的分类号，然后分类、整理、调配、按顺序排列，再将序号相近的书籍放回相应的书架。当时图书馆的设施还比较陈旧，那种较原始的铁质书架之间的区域十分狭小，可学生们却工作得井井有条。没多久，他们就把两个图书回收车里的书籍分好上架了。

这些"图书管理员"不但学习了如何上架书籍，还学习了如何检索书籍。当其他学生找不到自己想要的书籍时，"图书管理员"就帮助他们用电脑查询分类号，然后领他们找到书籍所在的位置。他们还会告诉其他学生从哪里取书就送回哪里，以及爱护书籍等读书时的注意事项，真是认真负责！学生们的工作也得到了图书馆工作人员的称赞。

短短一下午的时间过去了，这些"图书管理员"在完成工作之余还能读一读自己喜欢的书籍，过得很充实。四年级五班一名学生的家长跟我说，那天孩子回到家特别兴奋，滔滔不绝地讲他的"工作经历"，还说："图书馆原来这么大呀！什么书都有，可惜我想读的还没读完，周末咱们一起去吧！"在学校组织学生去市图书馆参加社会实践之前，大多数家长都没有领孩子去过市图书馆。有了这次社会实践的经验，越来越多的孩子爱上了去市图书馆读书，有的还办了借阅卡。他们还能自觉做到从哪里取书就送回哪里，以减轻图书管理员的工作量。从那以后，每一次到市图书馆，我们都采取这样的模式自我管理，越来越多的学生成了"图书管理员"。读书是门槛最低的高贵。在我看来，这样一次小小的社会实践，不但为学生提供了一个读书的新平台，而且扩大了学生的阅读范围，培养了学生爱读书、勤读书的好习惯。人人争做小书迷，这对学生来说意义非凡。

有了在市图书馆的成功体验，我们对组织社会实践更有信心了。随后，在组织学生走进市博物馆的前期准备中，学校向市博物馆的领导提出可以让一些学生先去学习解说，这样既减少了市博物馆人员接待数量，又能让学生有职业体验，真是一举两得。于是，这一次参观市博物馆，学生们自己为自己解说，自己为自己服务，一点也不逊色于专业解说员。两年多的解说实践得到了市博物馆的肯定。2014 年 3 月，市博物馆希望聘用立新实验小学的学生为志愿小解说员。学校选派了十名学生去参加培训，经过背稿、试讲和训练，其中四名学生脱颖而出，被确定为首批"小学生志愿者"。

2014 年 4 月，在市博物馆和烈士纪念馆管理处举办的社会志愿者讲解工作启动仪式上，市博物馆负责人与学校签署了共建单位协议书，并聘用了这四名学生为志愿小解说员。这意味着这四名学生经过一个月的培训后将正式"上岗"，利用课余时间为来参观博物馆的游客宣传、解说。

哈佛前校长德鲁·吉尔平·福斯特说："走出去了解整个世界是孩子们的必修课。"社会实践是实现"劳动自治"的良好途径，同时也是劳动逸美的最美展示。在社会实践中，学生们增长了知识，增强了组织纪律性，养成了正确的劳动观念，掌握了一定的劳动技能，培养了参与、创新的意识和勤于实践、勇于探索、精诚合作的精神，不断提升精神境界，完善人格。更重要的是，在社会实践岗位上，学生能够对校内所开设的国学礼仪课上习得的礼仪学以致用，向社会展现立新实验小学学生美己美人的情怀与行动。如今，每一次学校组织参观市图书馆、市博物馆、市公安局警史馆等社会实践，都是学生劳动逸美的一种体验。虽然我们带领学生走出校门会承担更多的压力和责任，但我们愿意为学生提供更多的社会实践岗位和社会实践机会，更愿意看到从立新实验小学走出的学生在以后的职业生涯中熠熠生辉。

（十）走进人民大会堂的小小演说家

亲爱的同学们，我想问你们，
你们有梦想吗？对，好样的！
有梦想，你就应该大声说出来。
我认为，梦想就是人生导航的灯塔，
是它，引领我们前行。
那你们想知道我的梦想吗？
我的梦想呀，就是当一名特种兵。
保家！卫国！

你的梦想是什么？医生、科学家、艺术家、警察……听了这次演讲，你是否也和我一样想起了最初的梦想，还有那些为了梦想努力的日子？今天，让我们一起走近这个怀揣梦想的少年，走进这个立新实验小学学生的梦想。

2018年全国"中华魂"主题教育活动表彰大会在北京举行，立新实验小学学生

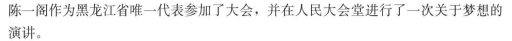

陈一阁作为黑龙江省唯一代表参加了大会，并在人民大会堂进行了一次关于梦想的演讲。

陈一阁是凭实力一路过关斩将获此殊荣的。他以《我要当一名特种兵》为题的演讲，先是在牡丹江市教育局的选拔赛中获得了第一名，接着在市关心下一代工作委员会组织的全市大赛中获得了第一名。之后经省关心下一代工作委员会选拔推荐，他作为全省少年儿童代表来到北京，又经历了全国关心下一代工作委员会的审核才最终成为在人民大会堂演讲的七位少年之一。

立新实验小学的学生有如此优秀的表现，我自然十分高兴。陈一阁回来后，学校少先队特意安排他在周一的朝会上面向全体师生又演讲了一回，让全校学生都认识一下这个"小演说家"。这次演讲为其他爱好演讲的学生树立了一个目标，也激励着陈一阁继续努力。陈一阁的妈妈陪他去的北京。她的手机里有这样几张照片：整齐的安保队伍、严格的身份检查、老干部评委们、陈一阁获奖，一个个关键节点的照片为我们描述了他的人民大会堂之旅。陈一阁兴奋地说着他的这次北京之行，第一次近距离看到人民大会堂是那么令他难忘："和印象中的一样，我感觉人民大会堂特别宏伟。"他滔滔不绝地说着他对人民大会堂的印象：下车后的场面令他震惊，面前高高的台阶上每隔一级站着一位穿着整齐的安保人员。他们每人手里撑着一把透明的雨伞，笔直地站立在雨中，迎接着走进人民大会堂的每一位客人。这种贴心的安排深深地感动了他，他心里小小地激动了一把。这场演讲的重要性一下子变成了压力。通过安保人员的身份检查后，他迈着自信有力的步伐走进了人民大会堂。映入眼帘的是一尘不染的红地毯铺满整个地面。在记忆中只有明星才会走的红地毯，今天他也能够走上一回，并成为红地毯上的焦点，多么令人骄傲啊！抬头，天棚上雕刻着无数条活灵活现的金黄色巨龙；低头，舞台的周围装饰着几盆优雅的小花。他想，这朵朵小花正象征着即将上台演讲的祖国的"花朵"们。

刚上台的一瞬间往往是最容易紧张的。我想，面对台下无数双鼓励的眼睛的那一刻，陈一阁一定是热血沸腾，而不是害怕和退缩。看他的演讲视频时，隔着屏幕我都能感受到他当时的激动。陈一阁身穿特种兵迷彩服，腰间斜挎一把玩具小手枪，脚穿绿色军鞋，迈着矫健的步伐走上演讲台。他一定是走出了军人的威风，把他参加学校组织的军营实践活动时看到的当代军人的飒爽英姿全部展现了出来，走出了一名小特种兵的气质。形神合一应该就是此刻他的状态吧。陈一阁慷慨激昂地演讲完毕后，我能够看到他身后的老干部评委们赏识的目光，听到会场中雷鸣般的掌声。他让台上的退休军队转业老干部们看到了国家未来的希望，也想起了自己曾经的那份军人誓言，就像演讲词中说的那样——保家！卫国！

学生们对于特种兵的了解仅仅是在影视作品中。看到特种兵勇士们为了保家卫国与敌人周旋、搏击，血洒战场，他们大多会热血沸腾，在心里埋下一颗理想的种子。陈一阁同学不仅想当特种兵，还想到了当特种兵要经历又苦又累的训练，要在雪地里、泥水里摸爬滚打，想着要用实际行动把自己变成在磨难中从不喊疼的真汉子。我望着眼前稚气未脱还有点小淘气的陈一阁同学，脑海中想象着他穿上军装成为一名真正的特种兵的样子。梦想已经起航，我们拭目以待！

（十一）校园里来了一群俄罗斯小朋友

"立新的学生真是太棒了！"我总是能从来校参观、视察、检查的教育界同人、专家、领导口中听到这样的赞扬，也相当认同。看着学生在客人面前阳光、洒脱、侃侃而谈的样子，我心里的自豪和幸福就都变成了笑容堆在了脸上。

2018年的秋天，风凉了。我记得那天还下着小雨，德育处临时接到任务：一群来自俄罗斯符拉迪沃托斯克第九学校的教师和学生下午要到立新实验小学开展学习交流活动。接到消息后，德育副校长和大队辅导员便有条不紊地安排好了活动内容。我的心里却打起鼓来：语言不通会不会造成交流障碍？学校里也没有懂俄语的教师。下午，一辆中巴载着近二十名俄罗斯小朋友来到了学校。这次因为考虑到语言不通，所以没有小解说员迎宾，而是由小礼仪员担负起了迎宾任务。我好奇地观察着小礼仪员们，想看看她们是怎样克服语言不通这个困难，把外国小朋友接待好的。只见她们热情地迎了上去，几乎是一对一地和俄罗斯小朋友对接。有的小礼仪员十分自然地拉起了外国小朋友的手，好像久别重逢的老友。我看着学生们落落大方又亲切文明的状态，刚才的担心一扫而光。

因为要交流，所以德育处为学生们创设了轻松的氛围，把这群俄罗斯小朋友带到了正在上剪纸课的班级。学生们一见外国小朋友来了，就纷纷围了上来，不会俄语，便用简单的英语加手势来交谈，结果竟然做到了无障碍沟通。俄罗斯小朋友还接过了学生手中的彩纸和剪刀，有模有样地学起了剪纸。有一位胖乎乎的俄罗斯小男孩专心致志的神情和立新实验小学"小师父"耐心细致传授技艺的样子让我到

图 55　与俄罗斯小朋友的合影

现在还记忆犹新。随后，这群俄罗斯小朋友又被旁边班级里非洲鼓的鼓点吸引过去。学生们在完成演奏之后，主动将非洲鼓从自己身上取下来，给俄罗斯小朋友挂上。有的俄罗斯小朋友拍起了欢快的节奏，真是能歌善舞的孩子啊！我不由得赞叹。夹杂在鼓声中的还有学生们的欢声笑语。他们和俄罗斯小朋友操着不同的语言，却交流得十分热烈。俄罗斯小朋友还表演了好几个具有民族特色的小节目。一下午的时间一晃就过去了。

到了俄罗斯小朋友离开的时候，刚刚一起活动的学生都跑出来和他们告别。有的学生说着"Goodbye"，剪纸班的学生还把刚完成的作品送给俄罗斯小朋友。他们依依惜别的样子哪里像刚认识两个小时！上了车，俄罗斯小朋友还摇下车窗，在冷风中不停地挥着手。

牡丹江市与俄罗斯的滨海边疆区一江之隔，几乎每年都会有俄罗斯教育代表团来校参观交流，但俄罗斯小学生来校学习交流却不多见。这次两国学生在剪纸、非洲鼓等艺术方面的学习交流，让我亲眼看到了艺术无国界，也让我感受到了离得最近的就是儿童最单纯的内心。立新实验小学的学生在这次接待活动中表现出来的不卑不亢和解决突发困难的智慧，更让我坚定了"打好人生底色"的育人目标和开展"新劳动教育"的信心。

（十二）课本剧中的新体验

2018 年的最后一个星期三，立新实验小学"弘扬民族文化，传承中华美德"经典诵读活动在南楼五楼隆重上演，23 个实验班的教师及二百余名学生在活动现场吟诵经典。他们着长衫，握书卷，挥笔墨，弹古筝，带来了一场独具匠心的国学盛宴。

五年级的三个班（一班、四班、五班）的九名学生表演的课本剧《晏子使楚》给我的印象最为深刻。"今奉齐王之命出使楚国，事关国家社稷之安危，晏子责任重大。"一个个子不高、长着国字脸的小男孩率先出场，我霎时被他吸引了。他身上满满的正能量和那种大义凛然的气场令人惊艳。晏子未入楚国都城，楚王戏弄他长得矮，故意设狗洞让他钻。晏子说："敝国有个不成文的规矩，访问上等国家就派上等人去，访问下等国家就派下等人去。哎！晏子不才，像我这样的下等人，当然就到你们这种蚂蚁之地来了。"扮演晏子的小男孩一开口，从表情到神情，从语气到动作，把晏子机智勇敢、灵活善辩的形象完美展示了出来。随着剧情的推进，第四幕中楚王露出了"庐山真面目"。楚王是一个体形微胖的小男孩扮演的。他端坐在几案后，大腹便便，略显昏庸："齐国人？齐国人本来善于偷盗吗？"言语间傲慢无礼，目空一切。这个课本剧真是令我惊讶。很难想象，两个历史人物形象竟能跨越几千年，被我们的学生演绎得如此鲜明生动、活灵活现。

这个课本剧的反响非常热烈，无论是教师还是家长都津津乐道，为其点赞。学生们怎么能把这样一个历史故事演得这么好？带着这样的疑问，我找来了这次经典诵读活动的负责人刘巍主任，以及五年级一班的王华老师和小演员代表田家铭、何相宜同学，这才知道课本剧的台前幕后有那么多动人的故事。

在接到学校布置的任务后，五年级的三个班就聚在一起想创意。王华老师主动挑大梁，学生家长也积极帮忙想办法，最终找到了牡丹江师范学院中文系的肖老师帮忙编排了这个课本剧。但由于活动时间紧，剧本不好编，因此他们经历了"手捧空花盆"的第一次彩排。这次彩排给他们带来了很大的压力。不管是教师还是学生，看到其他年级的节目都已基本成型，真是急得如同热锅上的蚂蚁。两天后，他们终于拿到了剧本。这个剧本表演难度太大了，选角色就是一个难题。为了有好的节目效果，小演员一定得符合人物气质。于是这三个班在一天之内进行了演员海选，选出了两个形象对比非常明显的主角。选好角色后，紧锣密鼓的排练开始了。学生们并没有这样的演出经验，语言和神态都不能很好地演绎出历史人物的味道。一位学生家长又邀请了市话剧社的吴老师来帮助学生现场排练。经过这一指点，学生们很快进入了角色，成长迅速。课本剧在第二次彩排的前一天总算成型了，但仍存在着很多问题：舞台背景幻灯片的插入有时不准确，音乐有时不合拍，小演员的服装还需要赶制。天呐！这个课本剧真是太难了！

王华老师讲述了第一次彩排时没有剧本的焦虑，拿到剧本后三天排练成型的压力，演员海选、服装安排、道具准备的前前后后，舞台背景幻灯片插入不准确、音乐不合拍的困难，领导、同事、学生家长提供帮助时的感动等一系列经历，她的眼眶有些湿润。我能感受到，这样的一个课本剧，从剧本形成到角色安排，再到最后的演出效果，团队的配合、教师的行动力、学生的努力及家长的支持都深深地感动了她。

这次表演课本剧的新体验让师生共同成长。晏子的扮演者田家铭有了这样的经历，真的成长了许多。他被选为扮演晏子的演员时非常高兴，可几次表演的"没感觉"让他情绪越来越低落，甚至想要放弃。教师和家长不停地鼓励他，帮助他更深入地去体会人物，体会作品。之后的几天，他回到家就反复看《晏子使楚》的视频，观察别人是如何表演的，让家长看他的表演并给他提建议。慢慢的，他找到了"感觉"。他想象自己就是晏子，一举一动都应该是一个上大夫该有的样子。"台上十分钟，台下十年功"，他正是有了如此"痛苦"的经历，才有了舞台上惟妙惟肖的精彩表现。田家铭说："校长，我特别感谢能有这样的机会去扮演晏子。在这个过程中，我知道了晏子的伟大，他那么自信，那么坚毅，那么爱国，那么智慧，我都能深刻地体会了！"是啊，课堂上学习的终归是书本上的知识，而要让学生融会贯通还需要结合生活，使他们参与其中。"新劳动教育"提出的"我行故我行"就是要让学生行动起来，在一次次活动中感悟生活，建立自信。

这次课本剧的编排和表演使学生解决问题的能力大大提高了。何相宜是大臣 A 的扮演者，同时也是舞台背景和音乐的负责人。她刚开始将音乐插入幻灯片时，怎么也播放不了。经过一系列的问题排查，她发现原来是音频格式不对。修改格式后，音乐又"卡不上点"，真是小麻烦不断。在这个过程中，她不断发现问题、解决问题，得到了历练，也收获了成长。

在这次课本剧的编排和表演中，我看到了教师的成长，看到了学生的成长。其实，教师的成长离不开学校，学生的成长离不开教师，师生在共同经历中共同成长。像这样一个课本剧，表演的效果好，受益更多的是学生。他们大概一辈子也忘不了在小学五年级的时候参加了这样一次活动，扮演了这样一个角色。他们的辛苦付出换来了大家的赞许，也收获了满满的成就感和荣誉感。我相信，通过表演，学生学习了晏子那种机智勇敢的品质，在日后的生活中也会巧妙地化解困难。可以说，这次课本剧的编排和表演对学生学习与成长的意义真是太大了！

（十三）小小布艺室

T形台上，灯光闪烁，音乐响起。看！学生们穿着各种款式的服装，迈着自信的步伐，开始了他们的表演……

布艺室是学校"新劳动教育"实践基地的九个劳动技术室之一，一批又一批学生在这里锻炼成长。让我印象最深刻的是黑龙江省劳动教育研讨会在立新实验小学召开时，在"新劳动教育"校本课程展示现场，布艺室的学生们的表现尤为耀眼：穿着国风古装的女孩子一颦一笑，韵味十足，自带大家风范；用废旧纸箱设计组装的动感机器人走在台上，自带律动；引领时尚的新潮服装更是不输国际名模的T形台走秀；最后的集体造型将服装表演带入了高潮，彰显了立新少年的风采。

布艺室分为设计、制作、表演、销售四个区域。服装的设计凸显的是学生的创意。敢于想象的他们要把自己的创意表现在笔头功夫上，这可得有一定的绘画功底。为更好地设计服装，布艺室请来了美术老师为学生们讲解设计理念与设计要领，指导学生们绘画。就这样，一幅幅新奇的、诡谲的、抽象的、现代的设计稿呈现在了大家面前。制作工作由动手能力较强的四年级学生担当。他们巧用一把剪刀、一把尺子，或用胶粘，或用线缝，将不同材质、不同理念的设计稿变为现实服装，再结合服装设计人的创意，装点好每一个细节。布艺室里最引人注目的莫过于服装表演了。上台前，学生对服装、头饰、整体造型等都会互相仔细检查一遍，生怕落下什么。在小小的T形台上，学生们穿着不同的服饰，或简约或华丽，或新奇或古朴，个个充满了自信，就像专业的小模特一样。看完服装表演，一个穿着小丑衣服、戴着小丑帽子和红鼻子的胖乎乎的男孩吸引了大家的眼球。原来他是负责布艺室售卖环节的，任务是将学生们制作的服装、饰品、脸谱、剪纸等卖给喜欢它们的客人。客人们都非常喜欢他可爱的造型，纷纷与他合影留念。男孩没有被这种"明星"般的感受冲昏头脑，而是借此机会推销同学们的作品："客人您好，这些都是我们自己设计制作的作品，您可以看一看有没有喜欢的，可以买回去留念!"客人看到他的样子这么可爱，也选到了自己喜欢的学生作品，便与这个男孩谈起了价格："这个15元有些贵，能不能便宜些呀?""对不起，真的不能，这些作品都是同学们亲手做的，我们可辛苦了!""那好吧! 我就买它吧。"学生用真诚打动了客人。

无论是服装设计、制作还是服装表演、销售，学生们总能不断发散思维，不断创新。服装的材质不局限于布料，还可以选择一些废旧物品，如编织袋、塑料袋、纸箱、光盘等，既环保又有创意。还有一些小细节也非常有智慧，如一个小小的头饰就出自学生们的灵感一现。经过几个走秀同学间简单的几句交流，原本平淡无奇的头饰被加上了亮片，这样的装点一下子就成了亮点，更能吸引观赏者的眼球。

布艺室的课程也有主题，在不同主题下，学生的服装设计、舞台布置和服装表演互相映衬。如果是以汉服为主题，学生们就会将舞台布置、表演编排、时装表演、背景音乐统一，表演者也会表现出阴柔秀美、韵味十足的国风;如果是以时尚服装为主题，学生们的表现就会是各种流行元素的集合体。他们用不同的服饰来展示自己，呈现出了一场又一场精彩绝伦的时装秀。

布艺室是劳动逸美的阵地。在一系列展示活动中，学生们懂得了什么是美，学会了如何在生活中寻找美的元素，提升了对美的品位。我相信，布艺室里的"小美"必定会让学生们寻找到人生的"大美"。

（十四）剪纸公益课

如果给你一把剪刀、一张纸，你会选择做什么? 我想你可能和我一样不知道该做些什么。而有这样一群学生，他们视一把剪刀、一张纸为宝贝。在他们的手中，一把剪刀、一张纸可以变成一幅幅精美的作品。他们就是立新实验小学剪纸公益课上的学生。

我们都知道，剪纸艺术是中国民间艺术之一，是中华民族优秀传统文化，有悠久的历史。作为一种镂空艺术，它能在视觉上给人以透空的感觉和艺术享受。在现代工艺还没有成熟和流行起来之前，每逢过年，家中的女子都会剪窗花、墙花、顶棚花、挂贴等，把节日的气氛烘托得更加热烈。然而，这门已有上千年历史的艺术正渐渐被人们遗忘。可是在立新实验小学，它一直闪闪发光。

2017年,临近寒假,四年级八班的学生给所有班级和教师办公室送去了剪纸。"校长您好!这是我们班同学的剪纸作品,送给您,可以贴在办公室窗户上。"我接过一看,一张是一只昂首挺胸的大公鸡在引吭高歌;另一张是一只回首的大公鸡,鸡背上方是一个"福"字。虽然我知道这个班一直是剪纸班,但依然不敢相信这样栩栩如生的剪纸作品出自十岁的学生之手。

负责教剪纸的是学校美术组的王世芳老师。她19岁中师毕业后便师从中国一级民间工艺美术家傅作仁老师。刚接触剪纸,她便爱上了剪纸且一发不可收。她决定把剪纸艺术传承下来,发扬光大。于是,她便在学校开设了一个剪纸班。这个班的学生从一年级就开始学习剪纸,月亮、花朵、抓髻娃娃、十二生肖、社会主义核心价值观、校园印象、冰雪艺术节……作品越来越精美。现在,这个班的学生正在按照自己的身材自主设计剪纸服装,打算在毕业典礼上为自己送上一份特别的礼物。

图 56　剪纸公益课上好学的学生们

在王世芳老师看来,光让剪纸在立新实验小学有所传承还不够。有多年剪纸教学经验的她早已形成了一套完善的教学方案,她决定把剪纸推向全市。

2016年寒假的一天,我在学校收发室遇到了几位等待接孩子的家长。我想,寒假期间怎么还有班级在上课?得好好调查一下。于是我询问了其中一位家长:"这是上的什么课呀?"家长说:"剪纸公益课。""公益课收费吗?课怎么样啊?"我又问。他说:"不收费,孩子可愿意学了。"另一位家长也凑过来说:"课挺好,孩子学到了不少东西呢,听孩子说,还有初中的大哥哥在这学呢。"看到在场的家长个个高兴得不得了的样子，我决定去看个究竟。

我与教学副校长迟开鹏一同走进南教学楼，在剪纸公益班看到了这样一幕：教室的墙面上挂满了学生们的剪纸作品，王老师举着一幅未完成的剪纸作品正在给学生们讲解剪纸的方法。所有学生都在认认真真地听讲。王老师的讲解结束了，一个男孩赶紧拿起小剪刀剪起来，特别专注。他旁边的那几名学生应该就是刚才家长说的中学生，小学生桌椅对他们来说显然小了一些。我很疑惑，假期里中学生的文化课压力不是非常大吗？他们还能坚持来上公益课，足见他们对剪纸的喜爱程度，也看得出他们对王老师的认可。

下课了，我找来王老师跟她聊了聊刚才的所见所闻。王老师激动不已，话匣子一下子打开了。她说，随着大家对传统文化认识程度的提高，特别是习近平总书记多次强调劳动精神、奉献精神、创新精神和"民族的才是世界的"理念之后，全国都在推崇国学经典及传统文化，她更坚定了要将剪纸艺术推向全社会的信念，所以不管在她的美术课上还是在学校的社团活动中，她都对学生倾力培养。2016年有一个好的契机——寒暑假期间全市开设各类公益班，王老师便报名开设了剪纸公益班，面向全市中小学生招生，免费授课，以实现剪纸艺术在牡丹江的传承。

几年的时间里，王老师已开展了7期剪纸公益班，300多名学生学习了剪纸艺术。这期间她累并快乐着。有免费的剪纸公益班家长当然高兴，但也担心自己的孩子用剪纸工具时会有安全隐患。每期公益班的第一课，王世芳老师都会反复强调安全问题，告诉学生剪刀怎么放，使用的时候应该注意什么。掌握工具的使用方法与剪纸的基本技巧后，学生就如鱼得水，从未出现过一起意外。慢慢的，家长也把心放了下来。

公益班上，王世芳老师注重对学生审美情趣和创新意识的培养，结合不同时节开展不同主题的课程内容。2018年是狗年，寒假公益班就以狗为主题。40多名学生自由想象，剪出了40多种各种形态的狗，惟妙惟肖。在暑假公益班，她又以金榜题名等为主题进行创作，将文化传承与时代元素结合在一起，对学生进行了多元文化教育。

"当孩子们把自己剪出的作品展示出来，在我面前露出一排小白牙的时候，是我最开心、最幸福、最有成就感的时刻。"在王老师身上，我看到了身为教育者的一种追求、一份坚持，看到了立新实验小学的教师注重培养学生"劳动逸美"的使命和思考。我坚信，立新实验小学的教师必不拘泥于校园里的教育责任，更有社会中的教育担当。

（十五）一张节目单

元旦放假前一天的下午，全校学生都以班级为单位开庆元旦联欢会。下班回家，我看到不少教师都在朋友圈晒班级联欢会的盛况，用一组组生动鲜活的照片骄傲地展示着学生们的才艺和笑脸。

这时，我发现二年级的郭老师与众不同，她只晒出三张照片：一张是教师和全班同学在活动后的合照，学生们排成放射状阵形，充满了欢乐；一张是大大的蛋糕，上面写的是"二年五班元旦快乐"，看来这是全班学生在联欢会上共享的美味；中间那张照片最吸引我，是一张节目单，很耐人寻味，我想里边一定有奥秘。晚上我在微信上跟她聊了起来，果然发现其间蕴含的深刻道理，不禁对郭老师肃然起敬。

今天上午的联欢会圆满成功。场面异常热烈、火爆。尽展孩子才艺的同时，也体现了班级的凝聚力。快乐得像风儿一样的孩子期盼着下一个元旦的到来。

图 57　郭老师的朋友圈

隋：我正在翻看你的微信相册，本来只是在看朋友圈，后来又忍不住去看你的那个相册，里面的东西让我很受启发。我非常欣赏，从其中能看出郭老师在平常的教育教学活动中常有自己的思考，有自己独特的做法，说明你心里真的装着学生。

郭：校长过奖了，谢谢校长的鼓励。这都是我平常随手拍的，有的是有感而发。

隋：我看今天你在朋友圈里发的班级联欢会的照片，虽然只有三张，但每一张都有着特别的意义。我注意到那张节目单上面密密麻麻的内容，仔细数了一下，一共有 19 个节目，把每个节目的表演者加起来，共有 61 人次，而你们班的学生人数是 45 人，也就是说你们班上的每名学生都至少有一个节目，有的学生是承担多个节目表演，这足以看出郭老师很用心。你心里装着所有学生，这张节目单就很能说明问题啊！

郭：校长，您太细心了，说得对，一个都不能少，必须全面育人。我在三周前安排一位家长——快乐英语学校的教学副校长为总策划、总导演，家长在班级群里给孩子报名。节目单汇总上来后，我一个人一个人地对名单，发现 7 名学生没报节

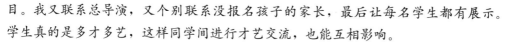

目。我又联系总导演，又个别联系没报名孩子的家长，最后让每名学生都有展示。学生真的是多才多艺，这样同学间进行才艺交流，也能互相影响。

隋：我就知道这里边一定是郭老师有意在做工作，从这张节目单就能看出一位班主任的智慧和责任感，只有做了大量的工作才会有这样的效果。只有班主任细心考虑，才能确保每一个孩子都健康快乐地成长。我发现了一位好教师！

郭：现在的家长一个个视孩子为掌上明珠，咱心里不装着哪一个孩子都不行啊！

隋：过去只知道咱们学校教师都愿意把孩子送到你的班级，现在才知道其中的原因，继续努力，我也要继续发现。

郭：隋校长，我会加油努力工作的，让您放心，更努力让家长满意。您早点休息吧。

看了下时间，已是晚上十点半了。但我却异常兴奋，没有困意。因为今天我有了重大收获，那就是发现。从这张节目单上，从与郭老师的交谈中，我的确发现了一位既充满教育智慧又有爱心的好教师。

我常对学校中层以上干部亮出我的一个观点，那就是带队伍重点做好两件事：一是发动，二是发现。首先是发动大家去做事，激发教师的工作热情，最大限度地发挥教师的个体才能与群体智慧；同时，要用心地去发现教师的闪光点与独特之处并及时宣传，树立典型，让那些潜在的优秀教师如珍珠般放射光芒，形成更壮大的优秀教师群体。

我觉得郭老师就是一颗珍珠，我应该有更多的发现，好好去了解她。说实话，之前我并没有多留意她。她从一所企办子弟学校转到我校已有十多年，是一位从不用领导操心的合格的班主任，但我也并没有发现她有多优秀。从这件事以后，我格外注意她。最近，我安排科研主任给二年级的九个班轮流上同一节语文课，以便科学、客观地了解每个班级的学情、生情及班风。上完一轮课之后，科研主任由衷地肯定郭老师的班学生训练有素，班风正，学风浓，并绘声绘色地讲述了一件课堂趣事：她提问题时，一个男孩大声喊叫并举手要发言，她因正在板书没有叫他，等到她板书完回头面向学生时，一束强光猛然照射到脸上，顿时什么也看不清了。原来是那个男孩故意用手里的碟片搞恶作剧。让科研主任惊叹的是，全班学生似乎很有默契，没有受到影响，没有惊叫和议论，该做什么还照样做什么。课后，她了解到，像这样的顽皮、捣乱、不学习的学生这个班里有好几个，但郭老师依然耐心地呵护他们，从不大声训斥，春风化雨般一点一点地去引领和感化他们。

我想进一步了解郭老师的育人策略，于是就找她深谈了一次。这一次，郭老师给我讲了很多发生在班级里的故事。例如，一个学生上课时站在凳子上举手要发言，如果老师没叫到他，他就会嚎哭不止；又如，一个学生邻座的女同学上体育课回来，发现早晨带的两个油桃不见了；还有一个顽皮的学生，当课间其他同学自动售货机上投币购买饮料时，他就去乱摁一通，人家要买红茶，他摁的是雪碧；还有一个朝鲜族男孩，父亲在韩国打工，他看到别的同学每天有爸爸接送，就哭着喊着跟妈妈要爸爸。

郭老师讲完这些故事，还没等我追问，就舒缓自然地加上了点评：其实这些孩子都挺可爱的，他们只不过好奇心强，总想试试。当老师的就得引导好、教育好他们，还得保护好他们的自尊心。另外，我发现孩子的品行和习惯比什么都重要，我也挺注重细节的，如教育他们要双手向老师递作业本。

我从心里感到自豪与兴奋，因为我又发现了一位有爱心、有责任心、有教育智慧的好教师。有了这次发现，我会以此为例，发动干部更多地去发现身边的感动，从而带动更多的教师向着更高的目标扬起风帆，再度远航。

三、劳动焕新

焕新者，创造也。以劳动之丰富为土壤、为斧凿，以土壤孕育种子之生命，以斧凿击打金石之铿锵，激发思维之灵光、创新之火花、创造之能量，是为劳动焕新。"新劳动教育"以劳动焕新为"人生底色"，以职业为参照，为学生与生俱来的好奇心与想象力找到成长的出口；以发展为目标，为学生的未来积攒可持续发展的核心竞争力。

（一）小小少年科学院

"九室、六园、两院"是校园内"新劳动教育"的劳动实践基地。"两院"就是"少年商学院"和"少年科学院"。这个"少年科学院"可是非常了不起，每年都输送多名市级"小院士"和国家级"小院士",至今已有三百余名学生获得了"小院士""预备小院士""研究员"的荣誉称号。学校还连续多年被中国少年科学院评为"中国少年科学院科普教育示范基地"。

2010年,一次偶然的机会,时任劳动主任李坚老师带领四名学生参加了中国少年科学院的"小院士"评比活动。初战告捷,边陲小城的学生有幸与中国科学院院士合影,对于这几名学生来说真是莫大的鼓舞。他们回校后,全校掀起了一股科学研究的热潮。

2011年5月10日,学校首次被评为"中国少年科学院科普教育示范基地"。次日下午,立新实验小学"红领巾少年科学院"宣布成立。我还记得,中国科学院的都培双研究员在学校五楼的阶梯教室里给三年级学生做了一场"如何进行科学研究"的讲座,用生动有趣的语言激发了学生对科学研究的兴趣。一粒粒科学的种子在学生的心田播下,慢慢地生根发芽。

起初,学生们都是以个体的形式做小研究,而且都是在班级进行,遇到困难也都是和班级里的同学一起解决。有一些学生慢慢没了兴趣,也有一些学生坚持得特别好,越研究越起劲儿。当时,全面开展科学普及教育的时机还不够成熟。为了将喜欢课题研究、乐于动脑、愿意创造的学生集结起来,给他们一片更广阔的专属天地,学校决定将南楼二楼的两个科技阅览室作为"少年科学院"的研究基地,由一位喜欢研究的科任教师管理。在这里,学生们可以自由讨论、钻研,培养科学意识、创造能力和创新品质。灵感的迸发、思维的碰撞让小小的"少年科学院"红红火火。

有了第一次出征的胜利,立新实验小学"少年科学院"受到了中国少年科学院的关注。2011年,正值立新实验小学90周年校庆之际,我们有幸邀请到了中国少年科学院副秘书长张典慧参加庆典活动。就在校庆的前一天,我们举办了"少年科学院"的揭牌仪式,张典慧副秘书长和我一起为"少年科学院"揭牌。同时,我们以班级为单位成立了"少年科学研究所"(以下简称"少科所"),形成了自上而下的少年科学研究网络结构。

仍记得,班级"少科所"成立后,每个班都设计了自己的"少科所"标志,确定了科学研究的课题。有研究新能源的,有研究科技的,有研究发电的,有研究环保的,有研究土壤的,还有研究人文的。不管是低年级学生还是高年级学生,只要是喜欢课题研究的,都可以加入班级"少科所"。当时四年级一班的研究课题是土壤。学生们在学校时就研究过"六园"的土壤，放假外出时也会关注当地的土壤，还把不同颜色的土壤带回班级里与小伙伴一起分析研究。2014 年，一年级一班的学生走进牡丹江市第二发电厂进行社会实践。回到班级后，他们就确立了研究如何发电的课题。两年后，他们带着自主设计的水力发电模型参加中国少年科学院的评比，取得了优异成绩。

我们可能会认为"少年科学院"研究的应该是自然科学课题，实则不然，还有人文课题。2016 年，四年级三班的孙杨同学研究的课题就是家庭教育暴力。所谓家庭教育暴力不仅是指家长动手打孩子，还指孩子成绩不好或不能达到家长心理预期时家长对孩子的语言打击、羞辱、威胁、恐吓。当孙杨将自己身边的家庭教育暴力现象在课题中呈现出来，将一组组触目惊心的图片展示给评委和在场的师生时，大家都为之惊叹。评委问他："你的父母对你有家庭教育暴力吗?"他回答："以前偶尔有，自从我研究了这个课题之后就没有了。"

"打好人生底色"是立新实验小学"新劳动教育"的育人目标。要实现这一目标，必不可少的就是劳动焕新。"少年科学院"就是实现劳动焕新的一个平台，批判质疑、勇于探究的科学精神在课堂之外也能得到淋漓尽致的体现。现在，班级"少科所"涌现出来的优秀学生都会被"少年科学院"吸纳，只要是有志于课题研究的学生都有机会参加国家级"小院士"的评选。我相信，未来的科学研究领域必将有立新实验小学学子的一席之地。

(二)"小院士"出征

2018 年 11 月，第十四届中国少年科学院"小院士"课题研究成果展示交流活动开始了。"小院士"课题报送选拔分为地方和全国两个阶段。在地方选拔中，立新实验小学的小选手们从课题立项、研究、幻灯片的制作到现场展示等方面做了充分的准备，最终全部成功晋级全国"小院士"选拔赛。

为鼓励学生焕新、追梦，同时给学生提供历练的机会，学校决定由一名劳动学科教师带队赴京，冲击决赛。为了给学生们加油鼓劲，在出征前我与准"小院士"们进行了一次有趣的会晤。为了使与学生交流的内容更集中，我提出了三个问题：请学生介绍一下他们的课题是什么，为什么选择这样的课题，以及为参加这次比赛做了什么样的准备。准"小院士"们听了我的问题，一下子就活跃起来，都抢着回答。

王昭聪：我的课题是"合理选择捷径"。课题的由来是暑假去小姨家玩，小姨给我出了一道智力题：两点之间滑落的小球，直线与曲线哪个先到达终点？我猜的是直线。小姨没有给我答案，让我在生活中寻找。我和爸爸利用休息时间制作了一个模型，经过查找资料与反复实验找到了答案：由于曲线的倾斜角度非常大，沿曲线滑落的小球在开始运动的时候产生了一个加速度，速度随着时间的变化越来越快，最后到达终点的速度也很快，所以沿曲线滑落的小球最先到达终点。

陈禹燃：我研究的课题是"探索纯牛奶保质期的秘密"。这个课题的由来是我在超市购买纯牛奶时发现不同种类的纯牛奶保质期相差很大，如塑料袋包装的牛奶保质期只有二十八天，还需要冷藏保存；纸袋包装的牛奶保质期为四十五天；纸盒包装的牛奶保质期为六个月。为了验证纯牛奶杀菌方式与保质期的关系，探究纯牛奶保质期为什么有这么大的不同，我开始探索纯牛奶保质期的秘密。通过培养细菌的实验证明了纯牛奶过了保质期就会有细菌生长，通过对不同包装方式及杀菌方式的研究验证了包装与保质期的关系，从而得出了不同包装的纯牛奶保质期不同的结论。

赵元睿：我研究的课题是"新能源电动汽车——中国汽车的未来"。研究这个课题的原因是曾经在爸爸的手机上看到一条关于全球变暖的新闻。我非常喜欢汽车，在我三岁时家里买了第二辆车，我特别想知道车盖下面机器的工作原理是什么，如变速箱、换挡逻辑等设备的功能。通过这个课题我想推荐大家购买新能源汽车，倡导大家保护我们的地球。

于超泽：我研究的课题是"自动化水族箱"。我爸爸是一名养鱼爱好者，但他每天都要值班，没有时间打理鱼缸。我想制作一种自动定时换水的自动化水族箱，帮助养鱼爱好者养出颜色好、形态好的鱼，把打理鱼缸的时间节省下来做其他的事。

张睿桐：我研究的课题是"神奇的手套"。我姥姥年纪大了，偶尔身体不舒服时，我会帮她按摩，但是我没有那么大的力气。我发现市场上很多按摩器都有各自的弊端，在请教了班主任后我想到了做手套，因为手上有很多穴位。我把银珠按穴位分布的情况缝在手套上，做成按摩手套。这样我在给别人按摩的时候，既可以通过按摩手套帮助别人缓解病痛，又可以按压自己手上的穴位，一举两得。

　　在学生们的描述中，我看到了他们言语中的那份自信。准"小院士"们从立新实验小学两千多名学生中脱颖而出，他们研究课题时的专注和发布课题时的自信都让我心里升腾起一份自豪与骄傲。我相信无论什么时候，立新实验小学的学生都能做好准备，把自己最独特的一面展示出来，表现出该有的"立新范儿"。

　　北京"小院士"之旅圆满落下帷幕后，看到带队老师传回来的一张张荣誉照，我为学生们高兴的同时也特别想了解一下此次活动中学生们的收获与感悟。于是，我再次组织见面会，欢迎"小院士"们载誉归来，这次见面会的交流主题是"请'小院士'们说说这次比赛的过程中有哪些趣事，有哪些感悟"。

　　王昭聪：刚进场时我非常紧张，但一张口我就找到了比赛的感觉。平时在学校里经历的锻炼让我能够对答如流，取得一等奖的好成绩。这次活动让我大开眼界，不但锻炼了自己，还懂得了一些历史文化知识。比如，皇帝寝宫门前的两个大狮子的含义是进门之后不该听的不听，不该看的不看，不该说的不说。

　　于超泽：上场时我特别紧张，但当我面对考官时感觉达到了一个属于自己的境界，最后我获得了二等奖的好成绩。比赛之后是参观军事博物馆，这给我留下的印象最深。我特别喜欢那里的军事装备，感觉特别酷。

　　陈禹燃：在上台的时候我为自己捏了把汗，我说的时候发挥得比较好，所以获得了"小院士"的称号。在北京游玩的时候印象最深的"驴打滚"，很好吃。去故宫的时候天气比较冷，但是我们玩得都很开心，没有因为天气的寒冷降低我们的热情。

　　张睿桐：在比赛的时候，我发现前面的选手发明的东西非常棒，而且很实用。我在想我的发明是不是不太实用，心里很忐忑。不过我发挥得很好，最后获得了"小院士"的称号，下次我要冲击十佳"小院士"。这次活动中我印象最深的就是博物馆，因为了解历史可以让我们增长很多知识。在比赛的过程中我也交了很多好朋友，增长了见识。

　　赵元睿：比赛时我压力很大，因为我发现其他选手的发明技术含量特别高。但是他们表现得不好，有的稿子都没背下来，说话结巴，声音还小，所以我又重新振作起来，最后获得了"小院士"的称号。

　　听着学生们讲述比赛的经历与感悟，我感到学生们对北京"小院士"之旅的认识非常真实，也非常深刻。这又一次印证了任何成功都是给有准备的人的，要多看、多听、多思考。开阔眼界很重要，用心感悟更重要。学生们未来的路还很长，只有树立远大目标、顺应兴趣发展方向，才能一步一个脚印地向前走。

（三）冲击国赛的科技少年

"接下来我们要颁发的是小学组二等奖，获奖者黑龙江代表队彭子骅。"2018 年 8 月 16 日，第33 届全国青少年科技创新大赛在重庆开幕，此赛事由国家九部委联合组织，是亚洲区域规模最大、参赛国家最多的青少年科技类竞赛活动。来自国内的 500 多名青少年及 50 多个国家和地区的国际代表参加竞赛，中央电视台《新闻联播》、中国新闻网、腾讯新闻相继进行报道。通过公开展示、封闭答辩、论坛交流、参观学习等环节，共评选出青少年项目一等奖 59 项、二等奖 136 项、三等奖 192 项。这名获得了二等奖的小学生就是我们立新实验小学五年级二班的彭子骅，他作为黑龙江省唯一一名小学生代表参加了本次大赛。

图 58　彭子骅获得全国青少年
科技创新大赛二等奖

其实，这不是彭子骅第一次参加这项比赛，2017 年他就参加了第 32 届全国青少年科技创新大赛。一个 11 岁的小学生连续两年参加全国青少年科技创新大赛，并取得优异成绩，他是天才吗？不！他只是在创新创造的路上行走得早了一点。

参加完比赛的彭子骅回校后跟我介绍说，他们是历经市里、省里选拔，最后获得参加国赛资格的。他们的作品是以团体项目申报的，但团体项目初中组和小学组全省只有一个名额，因此竞争非常激烈。好在他们的作品得到专家评委的肯定，有幸参加国赛。这次国赛历时 4 天，包括专家评委问题答辩环节和公开展示环节。在评委提问时，彭子骅是很紧张的。当问到设计原理、设计理念、如何设计等问题时，他内心的自信让他侃侃而谈，专家们也为他竖起了大拇指。随后三天面向市民开放的公开展示中，彭子骅有了自己的专享展位来展示作品，他要不断地向客人介绍自己的作品。虽然很辛苦，但他感到无比骄傲和自豪。这就是我们的小发明家、小科学家彭子骅。当自己的科技发明成果被更多的人肯定时，虽辛苦也甘甜。

当我问到明年的科技创新大赛他有什么打算时，彭子骅同学又来了精神，一双有神的眼睛放着光芒。他说："下次我一定还要参加，晋级决赛。因为下次国赛是在澳门，我太想去了。我已经想好了下一个发明——利用光的反射原理设计一种反光门，我还是很有信心的。"在后来与彭子骅的交谈中，我体会到这个孩子经历了这两次国赛，真的不一样了。他的视野开阔了，也更热爱发明创造了。至于是如何走上这条创新之路的，彭子骅谈到了他十分喜欢上科学课，喜欢科学课上多种多样的实验。后来，他参加了中国少年科学院"小院士"评比。他是在自己发明的真空式太阳能吸尘器得到了肯定后才想到去参加科技含量更高的全国青少年科技创新大赛的。中国少年科学院"小院士"评比为他搭建了走上科技发明创造道路的平台。彭子骅还谈到，其实在他内心最让他佩服的是从立新实验小学毕业的邱麒。他在北楼二楼楼道"桃李竞华"展板上看到邱麒研究的东西，觉得他太厉害了。比如那个带玻璃罩的电钻，既可以阻隔噪声，又可以防止木屑飞溅，这个发明非常巧妙。他也想像邱麒那样厉害。

在与彭子骅谈话后，我开始有了新的思考。作为教育工作者，我们要细心呵护学生的好奇心和想象力，激发学生的创作兴趣，培养学生的创造力。我们可以从四个方面入手。一是发挥课堂教学的积极作用，启发学生兴趣。课堂教学在科技发明创造上、培养学生创新思维上对学生都有着极其重要的作用，而且非常有必要。我们发现，凡是对科技发明有兴趣的学生，都愿意上科学课；反过来说，科学课会引发学生对科技发明的兴趣，这种兴趣会延伸到课外。二是发挥已毕业学生的影响力，让已毕业的在科技发明方面有成就的学生影响在校学生。对在校学生而言，耳濡目染的宣传也会激发他们在科技领域的兴趣。三是学校要为学生搭建科技创新的平台，积极推荐学生参加一些活动，不断开阔视野，如"少年科学院"每年都开展的"小院士"评比活动。正因为有了"小院士"评比活动的影响，学生们才愿意不断学习，深入研究新的东西。自己的科技发明成果能够被选拔、被肯定、被奖励是他们最开心的事。四是积极寻求家庭的支持。如果原生家庭重视从小培养孩子发明创造方面的兴趣，为孩子提供物质支持，孩子长大后的创造力会更强。

彭子骅在立新实验小学"新劳动教育"理念的引领下成长历练，在丰富多彩的各项活动中全面发展。我相信，在彭子骅的带动下，立新实验小学必将掀起校园科技创新的高潮，会有更多的学生善于观察，乐于思考，勤于动手，在探索中感悟科学精神，在实践中验证科学道理，成为新时代科技创新的好少年。

（四）桃李竞华·人物——邱麒

　　创造来源于生活，结合国内外教育看立新的劳动教育，是先进的、是前瞻的。

——邱麒

　　在学校的楼廊文化建设中，我们设计了一个特别的板块"桃李竞华"，将其放在北楼二楼中厅一个十分显眼的位置，用来展示立新实验小学优秀毕业生。我们试图用在各行各业中有所成就的优秀毕业生的成长轨迹来引导在校学生，帮助他们树立正确的人生观与价值观，让他们心中有目标、身体有行动。这一期，我们展示了一位走上创新之路的优秀毕业生——邱麒。

图 59　邱麒回母校座谈

　　邱麒是我校 2002 年的毕业生，从事工业设计已有十年。他是新锐工业设计师、北京极智创新设计研究机构创始人，所设计的作品获得德国红点至尊奖、德国 iF 概念奖、美国工业设计优秀奖、中国红星原创奖、韩国 K-DESIGN 设计奖等 175 项国内外设计大奖，获实用新型及外观专利 40 项，代表文创作品《品味上海——红酒赛系列》《微·上海》已在上海旅游纪念品官方授权店售卖。

2018 年 4 月 28 日，一个偶然的机会，邱麒回到牡丹江为某企业做设计。他联系我说想要回母校看一看。我当然很高兴也很欢迎，便组织了在校师生与他一起座谈，希望他能为我们正在读书的学生解决如何发展自身的困惑，同时给我们的中青年教师一定的育人启发。果然，他没让我失望，为师生带来了一次生动别样的头脑风暴和精神洗礼。

邱麒谈到，时隔 16 年回到母校，看到这么多朝气蓬勃的孩子们，让他回想起了当年在立新实验小学的美好时光。小学阶段的学习为他科技创新兴趣的培养奠定了良好的基础。他很谦虚地说，今天他取得成功并不是因为他多么优秀，而是他一直在坚持自己的兴趣，用十几年的时间一直坚持做一件事，一步一步地去修正，一步一步地去完善，然后做到更好。这份坚持是母校赠予他的最好的礼物，他很感谢母校给了他一个正确的方向。如果没有当时母校开放、自由的劳动教育，可能就没有他今日的成绩。在这里，我想附上邱麒寄给母校的一封信：

当年，我充满好奇地来到牡丹江市立新实验小学，那独具特色的育人理念、底蕴深厚的文化传承、丰富多彩的校园活动开启了我通往科学与艺术的大门。告别母校多年后，我已初露锋芒，在国内外设计大赛中的历练让我更深入地理解了母校"打好人生底色"的深意，更加明晰了一次次劳动实践体验带给整个人生的深远影响。如今，我在自我发展的同时也致力于创新人才的培训，立新实验小学的教育理念已渗透于我对学生的培训之中，我要把母校的精神一直传承下去。

我很欣慰，我们立新实验小学培养出的都是这样懂得感恩、懂得回报的好学生。其实，邱麒小学时学习并不是数一数二的，是个比较调皮的小男孩。但他特别热爱科学和艺术，也有自己独特的想法。我们没有为他"修枝剪叶"，而是更多地鼓励他朝着他的兴趣和爱好去发展。立新实验小学为每一名学生"打好人生底色"的育人理念，不代表培养出的学生一定要考入名牌院校。立新实验小学注重文化课的学习，因为文化课是基础。没有文化基础，创造力就会跟不上思维。但学习从来都不是学生唯一的选择，我们更尊重学生的意愿，强调发展学生的兴趣，因为兴趣能让一个人在某一领域走得更远。

或许在许多人看来，邱麒的成功来自天分。他的父亲邱瑞松是一位知名画家。他从小受到父亲的熏陶，自己也有这样的爱好，但更多的是他个人的兴趣和坚持。我们往往看到很多成功人士的光鲜亮丽，说他们有天分，却没有看到他们对某一项工作的执着和付出的辛劳。邱麒对学生们说，兴趣比天分更重要，没有任何一个人是生下来就什么都会做的。不论是科学家也好，知名人士也好，都是不断去尝试、去探究，抱着试一试的心态去做的，他们有"打破砂锅问到底"的钻研精神。邱麒小时候也上过很多兴趣班，如音乐班、书法班，但最后让他产生更大兴趣的是艺术，加上后来的坚持，才有了现在的成绩。邱麒又给教师们一点建议：面对学生的时候多发现学生的优点和特点，开发和挖掘学生对某专业领域的兴趣爱好，相信学生真的会带给教师惊喜。

不管面对学生的讨教还是教师的提问，邱麒总是侃侃而谈。我看到了他在思想上的成熟，我一直倡导和推崇的观点在他的身上也得到了印证。

"授人以鱼不如授人以渔"，小学生学习成绩的好坏只是一时的，我们更要注重对学生学习力的培养。当我们遇到问题时，有的时候用过去的知识解决不了，就需要重新去研究，寻找解决问题所要用到的东西。这个时候就需要不断去学习，这就是一种学习力。一个人有了学习力之后，在未来的发明创造过程中遇到问题的时候才知道怎么去学、通过什么样的路径去、怎么去解决问题，再加上坚韧不拔的决心，就一定可以达到预期目标。对学生来说，培养好奇心和想象力也非常重要，尤其是对于那些喜欢语言、艺术、科学研究的学生来说。这种好奇心和想象力就是做事要保持新鲜感，有自由思维。只有保持新鲜感，才愿意并努力去做，遇到困难不仅不会退缩，反而更想去研究。

2017年，我赴美考察的时候深刻感受到了中美教育的差异。我参观了美国的小学校园，看到展出的美国小学生的作品远远不如中国小学生的作品优秀，一点儿也不完美，但都是学生亲手做的，是真实的。学生自身经历了一步步实践与体验的过程，拿出了自己付出了劳动和汗水的作品，即使是幼稚的、粗糙的，也是劳动的果实与收获，会得到教师的赏识。关于这一点，多次到国外的邱麒也谈到"过程比结果更重要"，不是拿出最完美的，而是拿出最真实的，让学生自我肯定，从而产生满满的信心。

图 60　2017 年赴美考察时导师颁发证书

　　面对后麒，我仿佛又看到了那个曾经的小男孩在校园跑跳的样子，想起了他在"红领巾饲养场"中劳作的样子，甚至想象到中年的他伏案工作时的认真和灵感迸发时的喜悦，还有他得奖时的兴奋与自信。这就是在学子，我们"新劳动教育"培养下成长起来的我们立新实验小学的学生。

（五）小小实验盆做成大文章

　　东北的冬季漫长、寒冷，进入 11 月植物就已经无法在室外生长了。第二年 4 月，春天的痕迹才会慢慢显露。立新实验小学劳动实践基地中的"六园"除了一个用来存放花卉和育种的暖窖外，绝大部分都受季节影响，一年中有 5 个月的闲置期。学生无法在"六园"中上课，我们的劳动教育校本课程却不能停下来，于是种植实验盆的想法便产生了。实验盆的种植可以解决"六园"不方便学生长期观察与实践的问题。从 2010 年第一次尝试种植到现在，实验盆已经从最初的实践基地的补充内容发展成了科技普及课和科学研究课的基础性学习内容。

　　每年 10 月的最后一个周末，按照惯例是学生种植的实验盆展示"斗宝"的日子。"老师们、同学们，这是我们爱因斯坦小队种植的大豆，它的生长期是……在大豆生长过程中遇到了细菌性斑疹病……"班级里，各小组推举出来的种植能手正在做着介绍。"同学们，我觉得爱因斯坦小队种植的大豆没有我们宙斯小队种植的好。你们看，他们的大豆颗粒不饱满，而我们的颗粒饱满，一定能出很多油……"种植了相同作物的小组积极做着比较，并竭力推荐自己的实验盆。"呜呜……老师，我们小队种的茄子失败了，长出苗来后就是不结果。后来我们通过查找资料才找到原因，原来是授粉不良产生的问题……"种植失败的学生积极分析原因，将失败中收获的种植经验分享给大家。这样的"斗宝"大赛在每个班级都要开展，最终评出实验盆种植小能手和观察日记优胜者。也就是说，"手捧空花盆的孩子"也有可能会因为观察日记写得好、研究得比较深入而胜出。

随着实验盆种植的不断成功，各种蔬菜、水果、农作物都成了学生手中的"宝"。内容不断丰富，引发的研究课题便层出不穷，仅仅作为冬季实践基地的补充已远远不能发挥它的作用了。我也正在思考劳动焕新在全体学生中的落脚点。要想让劳动教育保持生命力，就必须培养学生的科研能力。于是我借着"少年科学院"的揭牌仪式和班级"少科所"的建设，将实验盆种植创设成学生开展科学研究的平台。

"老师，我要研究生菜的病虫害防治。""老师，我们小组想合作研究豆角的生长，您看行吗？"学生的研究热情一下子被调动起来。春天，班级里摆满了散发着泥土气息的实验盆，植物的发芽、生长、开花、结果等变化都发生在学生眼前。学生对植物从生长到衰败的过程进行全程记录，通过写观察日记、拍摄照片与视频，经历着观察、思考、积累、总结的实践体验，研究能力不断提高。

2019年3月，春季实验盆种植又开始了，这期的主题是"种子"。我们的劳动主任先一步到种子商店做了调查，把适合盆植的蔬菜种类挑选出来，分配到各年级去。全校一共种植15种蔬菜，一年级是香菜和菠菜，二年级是茼蒿、油麦和大辣椒，三年级是芹菜、小白菜和黄瓜，四年级是生菜和苦苣，五年级是臭菜和水萝卜，六年级是苏子、油菜和尖椒。待班级将盆、土、

图61　学生们观察实验盆

种子准备就绪之后，3月15日，实验盆种植开始了。学生人手一盆，开始了一场与种子同行的奇妙旅行。4月25日，迎来了实验盆的第一次展示活动开始了，短短一个多月的时间，种子会发生怎样的变化呢？我和学校评比小组的成员一起去每个班走走看看。种植青菜的班级已经到了收获的时候，一盆盆油麦、小白菜、臭菜、香

菜绿油油的，很是吸引眼球，可也有刚刚发芽或长势不好的，一问才知道，这种菜的门道可真多啊！首先，播种的时候种子的密度要掌握好，密了芽太厚，稀了产量少。然后，种子埋的深度也要适度，土层厚了，种子根本就长不出来，也有可能长出牛毛一样的细芽，这样就很难长成菜，所以种子上只能薄薄地盖上一层土。等到种子发芽后，还要经过几次间苗。间苗的时间、轻重都有讲究，间得好就会长成绿油油的一盆菜，间得不好就有可能长成东倒西歪的几棵。种香菜的班级还发现了一个秘密，那就是香菜的种子在播种之前要先碾碎，否则就发不出芽，这也是一年级几个班的香菜长势相差甚远的原因。

事实上，对于这些种菜的门道，我们也可以请几位有经验的菜农来给学生讲一讲。但我们还是想让学生在动手实践、动脑观察思考的过程中自己探究获得，这样得来的知识才更深刻，也更有价值。正所谓"纸上得来终觉浅，绝知此事要躬行"。学生的好奇心和想象力等科学品质得到了激发。很多学生在种植实验盆的过程中开始向更高层次和更具挑战性的课题发起了冲击，如辣椒的辣度由什么决定？茄子和豆角挨着种，为什么豆角会出现紫色花纹，难道不同种类的植物之间也可以传粉吗？这样的问题层出不穷，班主任不是专业人员，哪里懂得如此多的农林知识呢？

对于学生们提出的许多问题，教师也无法给出明确的解释。如果长期这样下去，学生们的科研兴趣必然会受到打击。于是，学校在已有两名专业教师的基础上积极引进校外资源，与社会、高校、家庭携手办教育。学校与黑龙江农业经济职业学院联手，请农林专家来校讲课、答疑，同时带领学生到农业经济职业学院参观。那里的现代化农业技术打开了学生的视野。班级实验盆的种植与课题研究的覆盖率已达到100%，探索意识强的学生还报名参加了每年一度的中国少年科学院"小院士"评比活动，学校几乎每次都会有农林类课题斩获殊荣。小小的实验盆正在书写着学生创造性劳动的大文章。

（六）小小商学院

"新劳动教育"从本质上讲是一种综合实践学习，校本课程中的许多内容需要动手实践、亲身体验。学生们在基地观察课、技能训练课、班级创意课的劳动中生产出了各式各样的"产品"。这些"产品"如何才能变成"商品"呢？事实上，在2003年"红领巾饲养场"撤出校园之前，学校劳动实践基地生产的农副产品除一部分留给学生开展"一日夏令营"等实践活动之外，都会售卖，当时劳动实践基地的运营是可以实现自给自足的。"红领巾饲养场"的撤出，让之前那种以营利为目的的商业活动戛然而止，只保留下来了每年秋天"收获节"里学生们进行的义卖活动，即对农作物园、蔬菜园、葡萄园里收获的果蔬进行采摘、分类、定价、称重之后，在学校附近的小市场售卖，获得的收益用来给小动物园里的小动物们买饲料。

随着网络时代的到来，商业化进程大大加快，学生接触商业活动的机会越来越多，开始对网上的各种经营形式感兴趣，微商逐渐走进学生的生活。同时，学生在劳动校本课程实践中制作出来的各种创意作品越来越多，质量也越来越好。仅仅展示一下便收起来，已远远无法满足学生对成就感、价值感、认同感的渴求。于是，一个大胆的想法在我的心里渐渐清晰起来：成立一个"少年商学院"，让学生在其中学习商业运作方法，进行商业经营实践，解决学生作品的自产自销问题，实现产销一体的良性循环，从而为学生搭建一个走进现实社会、面向未来世界的实践平台。

图62　立新实验小学的"少年商学院"

关于"少年商学院"负责老师的人选，校领导班子反复斟酌，最终确定由胡萍老师挑起这个重担。胡老师是一位很有个性的年轻教师，热情、时尚、朝气蓬勃，又有丰富的网络知识。把"少年商学院"的筹建工作交给她肯定不会错。果然，胡老师很快进入了角色，用极短的时间将原来的一个"红领巾书屋"改建成了"少年商学院"的基地，购置了简单的设备，加上各班级、各社团赠送的学生作品，小小的"少年商学院"便有了模样。紧接着，胡老师又进行了机构建设。根据营销规定，未成年人不能单独经营管理，所以"少年商学院"的运营机构建立了教师和学生两套体系，所有岗位一一对应。这样既方便办理各种证照，又方便师生间的交流、指导。我非常荣幸地成了"少年商学院"的教师"总裁"，学生"总裁"由曾经参加过少先队全国代表大会的陈冠达同学担任。"少年商学院"下设制作部、运营部、销售部和客服部，各部门"经理"也都各司其职，全部到位。

前期的准备工作就绪之后，学生"总裁"和各部门"经理"在胡老师的带领下开始申请开设淘宝店。申请工作虽然复杂，但很顺利。学生们为淘宝店选了一个绿色背景，象征着淘宝店的经营生机勃勃。有了店铺，经营活动便开始了。商品的上传工作量最大，运营部负责将学生们制作出来的可以作为商品售卖的工艺品收上来，进行分类、拍照、上传；销售部要给每一件商品写解说词，做各种参数，定价格，设计宣传推广的策略。大量的工作一下子压在了这个刚刚成立的团队的肩上。学生和教师都很努力，但问题也迅速出现了。我这个教师"总裁"就成了"消防员"。解决的第一个问题是学生"总裁"与各部门"经理"之间的矛盾，"总裁"管得太多，"经理"们觉得自己的活自己做不了主。我就和胡老师一起同学生们开了一次"高层"会议，结合店铺开张后的实际情况进一步明确各部门的分工，明确学生"总裁"与各部门"经理"之间的领导与协作关系，同时也给大家鼓鼓劲儿，并引导学生将实践中遇到的小情况、小问题记录下来，写成"少年商学院"的运营记录。解决的第二个问题就是技术问题，如给商品拍照的技巧、有关商品参数的知识。对于这些专业的问题，学校请来专业人员给学生们一一做了讲解和示范。随着问题的迎刃而解，淘宝店也接到了第一单生意。销售部接单，客服部打包、填单、邮寄，一气呵成。"少年商学院"的网上运营正式开始。

淘宝店的网上销售只是"少年商学院"的一种运营手段，各种义卖活动是另一条重要途径，如每学期一到两次的为学校劳动基地建设和为小动物购买饲料而举办的"心手相牵"红领巾大型义卖会。像这样的义卖会，我们往往会选择在学校有大型活动的时候举办，这样参加义卖会的人会很多。义卖的作品都来自班级创意课，学生们用灵巧的双手和勤劳与智慧布置出了一个丰富、精致、充满童趣的义卖场。消费者有学生、教师，也有前来参加活动的领导、家长。虽然在成人的眼里，孩子们用废旧物品制作的小工艺品还不够精美，他们的美术功底和创意设计还很稚嫩，但孩子们特有的自信和热情完全可以弥补这些不足。每场义卖会都会有比较丰厚的收入。除了在校园中组织大型义卖会之外，"少年商学院"还会组织开展各种有特色的售卖活动。比如，剪纸技艺高超的美术老师带出的班级已经可以剪出很有水准的作品了，"少年商学院"有时会组织这样几个有特色的班级到文化广场进行推销活动。推销的有时是剪纸作品，有时是节日商品。比如，端午节前推销自己制作的香包，这样的活动让学生体验到了走街串巷的辛苦，也体验到了与人交流的不易，更多的是通过一次次的义卖让学生接触到了社会，接触到了更广阔的世界。

2018年5月17日上午，"少年商学院"以第43届体育节为契机，举行了一场别开生面的"立新少年商学院自制美食义卖"活动。那次义卖活动空前火爆。现场的美食是学生在劳动实践基地亲手做的薯条、蛋挞、寿司、酸奶饼、水果沙拉、奶茶等，这些食品从食材到制作都进行了严格的把关。学生们提前一天采购原料，选的都是最新鲜、最好的。体育节当天天还没亮，学生们就来到烹饪室开始制作。为了保温，学生们还用废旧纸箱和泡沫塑料做了"保温箱"，既确保了食品的安全，又保证了食品的口感。义卖时，学生们都戴上了帽子、口罩、围裙和手套，一副标准的食品推销员的打扮，热情地向同学们推销着自制美食。许多早上来不及吃饭的学生争先恐后地排队购买。等体育节开幕式结束后教师们想品尝一下的时候，很多食品都已经卖光了。

"少年商学院"的运行激发了学生们的行动热情，让学生们的劳动变得更有价值，更贴近生活，也更有乐趣。

（七）创意课上创意多

立新实验小学有这样一门特殊的课程，那就是"新劳动教育"课程体系中三类十五门课程中的班级创意课。班级创意课是在全校范围内开展的一门既能培养学生的动手实践能力和审美情趣，又能培养学生的创造力与想象力的课程，每个班级都会在每周五下午开展活动。现有的53个教学班从一年级下学期开始就确定项目，做到班班有项目，班班有创新，班班不重复。

2018年11月23日，立新实验小学承办了黑龙江省劳动教育现场会。200多名代表、领导和专家齐聚校园。在合影之后，代表们陆续走进教学楼，开启了一场视觉的"饕餮盛宴"。首先映入眼帘的便是楼道里各个班级设计的学生作品展。每个班级的项目各不相同，别出心裁。每件学生作品都独一无二。代表们惊讶极了，连连

图63　班级创意课上的学生们

赞叹："孩子们真了不起！"

　　由于参观的人员较多，代表们分成了四组，每走进一个班级，都会有一名面带微笑、热情洋溢的班级小解说员迎上来，向参观者介绍本班的创意特色。我能感受到学生们的话语间充满了自信与自豪，这不正是"新劳动教育"成果的最好展示么！

　　50多个活动现场让客人们目不暇接，眼花缭乱。对于印象最深刻的几个场景，我至今记忆犹新。当我们走进三年级五班时，一个自信大方、端庄漂亮的小女孩迎了上来，向我们介绍班级的创意特色——手工织布。这是一项传统的技术工艺，学生用七彩毛线编织出一条条绚丽夺目的围巾。再看正在织围巾的学生，个个聚精会神，仿佛身边是否有人都与他们无关。其中有一个小女孩引起了我的注意，只见她将彩色毛线拴到梭子的一端，在经纬线调整杆和线梳子的配合下，将梭子在上下间隔分开的经纬线中来回穿过。灵巧的小手在小小织布机之间穿梭，十分娴熟。毛线不松不紧，每次经过的地方都形成了一排排彩色的成品。她那专注认真的模样在我脑海中瞬间定格。

　　不同于其他班级那种热闹的场面，五年级六班出奇地安静，连客人进入班级的脚步声似乎都成了一种打扰。原来学生们正在全身心地穿珠子。我认识教室后排那个男孩，他就是在家里令家长头疼的"混世魔王"，在班级里总"起刺儿"的"问题少年"，在学校里"出名"的"头号人物"。此刻，连平时最调皮的他竟也安静了下来。只见那胖乎乎的小手捏起一颗小珠子，右手拿着针很快就穿了过去，眼神一直跟着手里的针。有几颗稍大的珠子，他把它们排成一排，头一歪，手一动，针一伸，就像穿糖葫芦一样穿起来了。此时，这孩子是多么可爱呀！

客人们很好奇地问我："学生是怎么学会做这些东西的呀，而且能让所有的学生都动手做，还做得这么好？这看上去可不是一天两天的工夫了。"我向客人们介绍，其实学生们今天展示的是我们"新劳动教育"课程体系中的班级创意课，是我们常规开展的课程。班级创意课往往选择学生们容易动手操作、能够发挥想象力，又能够手脑并用的活动项目，取材于生活中常见的物品，如毛线、珠子、扣子等，甚至可能是废弃的垃圾，如石头、果壳、树枝、纸盒等。让学生通过创意活动变废为宝，不但实现了劳动教育，而且实现了价值观的培养。客人们听了啧啧称赞，连连竖起大拇指。我内心也是乐开了花。可能在这次劳动教育现场会上，令客人最感兴趣、印象最深刻的就是这53个班级的班级创意课了。其实，班级创意课不过是我们开展的最普通的一门课程，我们也叫它"动手做"。

在立新实验小学，从一年级下学期开始，班主任就跟家长一起选定一个项目作为班级创意课的内容，这个项目的选择要满足两个条件：一是材料不花钱、方便获取、常见；二是能够开发学生智力，能够培养学生创新思维和品质，有一定的创意空间。因此，项目一旦被确定下来，这个班级就会有两位老师，一位是班主任，另一位是家长志愿者。

正是因为有了"创造基于生活而高于生活"这样的主导思想，我们的学生真的会"金点子"频出。三年级九班的多彩超轻黏土画制作中，学生们每次设计一个主题，有荷塘月色，有秋日的白桦林、向日葵，有夏日海滩、森林小屋、梦幻树屋，有海底世界、一起长大、午后的池塘。学生们借助揉、搓、捏、贴、插、刻、压等动作完成作品创作，不仅促进了手部肌肉的发展，增强了手眼协调能力，而且在混合调配颜色中丰富了对色彩的认知，提升了审美品位。四年级四班的超轻黏土创作也是别有风味，有美丽的椰树风情，有漂亮的蝶恋花，有色彩明亮的小黄花，还有威风的军人。学生介绍说，军人头上和脖子上的挂饰越多，说明他打的胜仗越多。四年级七班的创意主题是石头画，学生们巧妙利用石头的天然造型，绘之以精美的图案，具有生动效果。或是憨态可掬的熊猫，或是意境优美的山水，或是沉静甜美的少女，这些精致的画面呈现在石头上，玲珑有致。五年级五班的创意主题是缤纷果壳，学生们用瓜子壳、南瓜子壳、开心果壳制作出戴帽子的女孩、展翅的雄鹰、昂首的公鸡、航行的帆船、立体插花、逗趣动物世界、美丽家园等。最有趣的是，学生们在创作的过程中可以边吃边做。他们用刚刚嗑出的果壳作为材料，贴出生动的贴画。据劳动主任说，她在巡查班级创意课时发现这个班的学生边吃边做，真是让人忍俊不禁。

四年级六班的手工制作更有创意，他们结合我国传统节日端午节的习俗确定了艺术训练内容——缝制香包。每年三月，这个班的学生就开始着手准备材料，设计新款样式，跟教师学习基本的针法，如平针法、码边针法、挑线针法、绣字针法，然后在班级创意课上集中缝制。一双双小手越来越灵巧，制作的香包也越来越精美。历时三个月，学生们制作了近千个香包。等到端午节前一周，班主任杨青老师和学生们会在一起商量这近千个香包的去处：将部分香包赠送给家人和教师，或是送到"少年商学院"进行网络销售。大家一起计算香包成本和利润，合理定价。把个人的成本收回后，小部分收入会按劳取酬，大部分收入会捐给贫困学生。每名学生在创造美的同时懂得可以通过劳动增强自信；可以用劳动温暖身边的人，送去珍贵的情谊；可以换取合理的实际价值。这是四年级六班四十五名学生最大的收获。一个小小的香包，学生们做了三年，每年都会更新不同的款式，有不同的创意。在这个过程中，学生们学会了新的技能，也收获了成长。香包有价，情义无价，用赚来的钱去做慈善，学生们取之有道，用之有义。

班级创意课的内容还有动感米粒画、多彩揉纸画、京剧脸谱、创意网花、织布能手、三角插纸、纸绳贴画、纽扣世界、锡纸贴画、木刻大千、七彩布艺……如果逐一介绍我们的创意课程，我想我一天也讲不完。我很高兴，我们立新实验小学的学生能在每周五短短一下午的时间里提升动手能力，开启创造力和想象力，培养空间思维能力和审美能力；我很欣慰，我们的孩子能在"新劳动教育"的哺育下健康、幸福地成长……

（八）小学生创编劳动格言

"劳动对于我是玩，我在玩中劳动，我很快乐。"这句童言出自立新实验小学一名一年级学生之口。话虽质朴，但很有道理。这是 2017 年学校进行南北教学楼楼廊文化建设的时候，向全校学生发起创编劳动格言倡议的收获。我们在构思文化建设时想要营造的是"劳动无处不在"的生态环境，尤其南楼的文化主题就是要表达"新劳动教育"。我们要让每一面墙都成为"新劳动教育"的扬声器和回音壁。

南楼一至五楼东侧的楼梯是平时学生们上课下课的必经之路，楼廊文化建设当然不能在这里留下空白。这里最适合展示的莫过于劳动格言和与劳动相关的名人名言了。按照"新劳动教育"中"生活即教育"的育人原则，学校做的每一件事都需要学生亲力亲为，展示的劳动格言和与劳动相关的名人名言当然也要出自学生之手了。为了让学生们更准确地理解并参与到活动中来，我们将活动分成两步来进行。第一步先动员学生收集与劳动相关的名人名言，汇总后由当时兼任大队辅导员的劳动主任组织学生干部进行筛选，最终挑选出 188 条名人名言，粘贴在了台阶上。第二步就是趁热打铁，号召全体学生创编劳动格言。学生们有了收集名人名言的经历，对自己所要创编的劳动格言就有了大概的方向。为了让学生们能更好地把握格言的写法，学校还专门在中午的广播时间增加了"什么是格言""格言的写法"等内容，引导学生立足日常生活，从平时参加劳动的过程中提取有教育意义的内容，再精炼成完整、独立又言简意赅的句子。这对学生们来讲是充满挑战的，尤其是低年级的学生，思想的深度和语言的高度还不够。在作品出炉前的那段时间，我既期待又担心。

借着每天巡视校园的机会，我会到班级里和教师、学生聊上几句，关注一下创编格言的进程。各年级师生都严格遵循自创的原则，不让家长帮忙，不模仿名人名言。二年级的教师还把创编格言带入到了语文课中，与《七色光》的学习结合起来。我也边走边看了一些新鲜出炉的作品。一年级学生的作品总是能让我在笑过之后回味良久："劳动对于我是玩，我在玩中劳动，我很快乐。""劳动太累了，但又不能不劳动。""不劳动，怎么会有饭吃。"这些六七岁的学生还在父母的怀抱中过着衣来伸手、饭来张口的生活，能够将劳动与"玩""累""饭"联系起来，真的很了不起，这说明他们已经在懵懵懂懂中感知到了"劳动创造生活""劳动创造一切"的道理。语言虽然稚嫩，表达的思想、道理却一点儿都不幼稚。

学校组织了一个由校长、中层干部、教师和学生组成的评选小组。每个班级报送几十条，全校收上来的格言就有上千条。学生们的智慧是无穷无尽的，也是千变万化的。初步筛选时，我们依据年级水平的不同共留下了一百余条，之后又经历了网上查重、征询班主任意见和与小作者交流创编格言时的想法等程序，最终确定下来八条格言，将其作为南楼文化建设的一部分展示在了一至五楼东侧的楼梯上。六年级五班刘睿同学的"劳动是最美的姿态，更是我们人生的必修课"，五年级四班刘子旗同学的"劳动，就像喝咖啡一样，先苦后甜"表达了他们对待人生的态度，也表现了他们在经历了长时间劳动教育之后对"劳动"意义的深刻认知。二年级五班高筱渔同学的"一个人要是不劳动，就代表他不存在"和一年级二班王子睿同学的"走一步，胜过思想千步"已从稚嫩走向了理性，尤其是王子睿同学创编的格言竟完美诠释了立新实验小学的校训"我行故我行"的内涵，真让我发自内心地惊叹。

（九）智慧教师成就智慧班级

东北的四月乍暖还寒，沉寂了半年的校园终于吐芳露蕊。杏花开了，樱花开了，迎春花开了，梨花也开了。每根杈上挤挤挨挨"站"满了小花，形成一条条花枝。这一枝怒放，那一枝含羞，各有各的样貌，各有各的风姿。阳面的花枝已粉白，阴面的花枝依旧嫩红。一根根大枝杈相交，花海连片，似一片红霞，如一片寒英，与地面上伸头展腰的各种绿芽相映成趣。春天来了，不禁让人心雀跃，意神往。校园春色在立新人的眼里成了嘴角的笑意。谁能不爱校园的春天？

站在这一片花海旁，耳边传来教学楼里的琅琅书声——"谷雨时节种谷天，南坡北洼忙种棉"。谷雨刚过，学生们此时正跟着教师学习"二十四节气"的传统知识。循声走进班级，是王宇玲老师的四年级三班。与她攀谈后，我有了惊喜的发现：王老师在完成学校规定活动的同时，创造性地开展了"二十四节气"与劳动自治相结合的活动。王老师在每周三的无作业日会引导学生做养生饭菜，这一举动后来推广到四年级各班级。学生们既学会了做饭，又学会了养生，多么好的做法啊！我满心欢喜地赞赏。王老师的脸上飞起两朵红晕，像含羞的杏花，好美！

王老师是立新实验小学班主任中的普通一员，默默地工作，默默地思考。这一活动充满了教师的智慧，学生因为别具匠心的活动而成长。立新实验小学五十多位班主任中，不乏既勤奋又有才华的教师。我要发现更多这样有智慧的教师，发现更多这样有意义的活动，用智慧点亮智慧。

我召集了年级主任，让年级主任深入各班级展开调研，用心发现那些别样的教师。两天后，高效率的年级主任整理了调研材料拿给我看：徐昕老师注重培养学生劳动自治、学习自治的能力，李明慧老师的班级岗位自治活动扎实有效，王晓丹老师关注学生的细节教育……他们都能加上自己独特的思考，一项一项落实学校工作，使学生在参与活动的过程中得到锻炼。其中，让我刮目相看的是王华老师和杨青老师。

王华老师是同事眼中的"拼命三郎"、典型的完美主义者，在学校各项活动中总能以积极的参与、优异的成果令其他教师钦佩不已。再看他的班级活动，"班级小院士科研行动"中，他们去发电厂研究发电流程，去飞机场学习飞机的飞行原理。王老师组织学生思考、实验、动手，使班级形成了浓厚的科研氛围，成为"少年科学院"的中坚力量，有三名学生被评为中国少年科学院"小院士"。以班级为单位开展科学研究是很困难的，缺少科研指导是最大问题。要产生有效的科研成果，这个过程必然是艰辛的。王老师为学生打开了科学研究的大门，领着学生探索科学的奥秘。试问，没有钻劲、韧劲，怎能做到？

王老师不仅懂得在活动中育人的道理，而且懂得育人先育心的为师之道，教育丧父的学生要坚强，给贫困学生有尊严的帮助。了解每名学生的特殊之处，走进学生的心灵，给他们最需要的爱，这才是教师的人性智慧。

杨青老师曾经在学校各种大型活动中担任策划、撰稿人及主持人工作，是在活动中成长起来的班主任，形成了自己独特的教育理念——让学生在活动中成长，过有意义的、快乐的学校生活。调研材料的最后一页是杨老师的学期工作计划，按日期罗列了学校各项活动的时间，还有自己班级的活动安排：三月的"坚持与热爱"活动，四月的诗词大会，五月的唱歌比赛、纸飞机大赛，六月的第二届班级画展、端午节香包义卖活动等。每一项活动的后面都分别注明了"新劳动教育"的具体目标。这份学期工作计划丰富多彩，寓教于乐。杨老师完全把学校的"新劳动教育"理念与班级的班本特色活动融为一体。学生在这些创造性活动中成长的意义是深远的，能力、心智、人生观、价值观都在慢慢而坚定地形成。这样的有着大教育观的班主任令人钦佩。

智慧教师成就智慧班级，最终成就一批一批有能力、有智慧、有情怀的祖国栋梁。人们经常把教师比作园丁，我倒觉得他们就是校园里的杏花、梨花、迎春花，各有芳华，独具特色。正所谓"一花独放不是春，百花齐放春满园"，学校因为有了这么多独特而有智慧的教师，才有无限活力。而我，也从这些敢于创新、用心用情的班主任身上感受到了教育的温度与教师团队的力量。

（十）有思想的"思想者联盟"

"思想者联盟"是一个微信群的名字。这个群很特别，算上我在内的八位成员有班主任代表、科研主任、办公室成员，还有科任教师。这个群的成员有一个相同的习惯：当大家看到与"新劳动教育"相关的文章，或是能够改进教育教学理论与方法的文章，或是能引发教育思考的文章时，就会发到群里来，谈一谈自己的感想，或"唇枪舌剑"一番。"思想者联盟"成了教师们的思想交流和碰撞的平台，也成了自上而下的思维训练沙龙。

那天，我在午间闭目小憩的时候，脑海里冒出了一个词——闭目养神。我在想，为什么说闭目养神呢？为什么养神需要闭目？闭目才能养神吗？闭目一定能养神吗？闭目养神有什么作用？养神还需要什么样的条件？一连串的问号在我脑海里不停地打转。我忽然感到我们立新实验小学的教师和学生要有思想力，需要经过一定的思维训练，而思维训练需要有话题。今天脑海中的这个词难道不是一个很好的训练题吗？何不让群里的教师带领学生一起思考这个问题呢？于是，我将这个问题抛到了"思想者联盟"中："大家可以在自己的班级里试一试，拿出'闭目养神'这个词，让学生去讨论其中的逻辑关系，培养学生的思维能力。"第二天，我又将一个新的思考题发到了"思想者联盟"中："我想到这样一个问题，可以组织学生讨论：我们看到校园里经常有学生坐在地上，或者躺在地上，还有的在地上爬滚着打闹，中午休息期间这样的现象就更多了，这样的行为好吗？无论是赞成还是否定，都要说出充分的理由。鼓励学生大胆讲，大胆把自己想到的说出来，这就是一种思维训练。"

接下来发生的事情是我始料不及的。几天后，王华老师交给我一摞学生们的"作业本"。我仔细一看，原来是题为"思维拓展我能行"的闯关卡，上面赫然写着我之前发到"思想者联盟"中的思考题。学生们以小组为单位，从词语含义、医学角度、个人感受、条件要素等方面自由分析"闭目养神"。有的语言还比较稚嫩，有的语言则已经有了哲学的意味，真是让我刮目相看。在对校园午休时间学生在操场上的行为进行分析思考时，几乎所有的学生都表示这是一种不文明的行为，但周珉萱小组写出了"孩子的天性就是爱玩。如果是在夏天，我们坐在地上或躺在草坪上沐浴阳光，看一看天空变幻的云朵，放松心情，也没有什么不好；如果是冬天，就不建议这样去做了"。我很开心，这才是我们立新实验小学的学生该有的样子。立新实验小学的学生就应该有这样的辩证思考能力，而不是一味地拘泥于道德或文明。学生自由、开放的思维值得教师赞赏，更需要教师鼓励。

三年级九班的李艳萍老师也给大家讲了一个生动的思维训练案例。她说，学校"新劳动教育"倡导的劳动自治思想已经在学生们的心中根深蒂固。学生们无论在家还是在学校都积极主动地做事，养成了热爱劳动、文明做事的良好习惯，自己的事情自己做，班级的事情抢着做，家里的事情主动做。每天早晨到班级，学生们已经给老师烧好了水，沏好了茶；中午送完走读学生回到班级，学生们已经在老师的桌子上铺上了报纸，上面摆好了午餐，放好了筷子……这一幕幕无不感动着年过半百的李老师。"我爱你们，我的孩子们！"这是李老师的心声。茶余饭后李老师和学生们聊天，他们不约而同地说："这是爱的延续……因为老师您更爱我们呀！"李老师的心里真的甚是温暖和欣慰。苏霍姆林斯基说："没有爱就没有教育。""教育就是一棵树摇动一棵树，一朵云推动一朵云，一个灵魂唤醒另一个灵魂"。当教师的行动影响学生的行动、教师的思想影响学生的思想，学生能够经过思考反馈给教师时，我们的思维训练就奏效了。其实，思维训练最主要的场所就是课堂教学及师生之间的每一项活动、每一个教育细节。

四年级六班的杨青老师也是这样一位有思考、有方法的好教师。她在指导学生读书时，注重培养学生"读"和"思"的结合，有意识地针对学生设计思维训练。假期，她让学生背诵一百首李白和苏轼的诗词，开学便举办了一期诗词大会。接着，一场关于李白和苏轼诗词的研究便开始了。学生们根据自己的喜好确定了研究主题，有的小组研究的是李白和苏轼在盛衰不同时期的诗词的特点，比较他们的相同与不同；有的小组以《念奴娇·赤壁怀古》为例，分析苏轼创作的诗词表达的情感。虽然这些研究内容都相对粗浅，但对小学生来说，他们在没有家长帮忙的情况下自己研究，自主参与，还能写出研究报告，真是件了不起的事情。杨老师用一次诗词学习打开了学生研究诗词的大门。

在杨老师的身上，我看到了一位有智慧、有思想的教师，她在教育教学中始终注重学生思维能力的培养。学习《开天辟地》时她领着学生读中国神话，学习《从天上偷火种的人》时她又领着学生读希腊神话。学生们读后感悟道："无论是哪个国家的神话，其实都是这个国家哲学史的开端。"看，这就是我引以为傲的学生，他们的思维能力在教师一步步的引导下得到了培养。

我的一个关于学生思维训练的提议在"思想者联盟"群里的教师身上得到了践行。王华老师在讲授《桃花心木》一课时，就有意识地联系生活实际，将课文中的道理融入现实生活，让学生自由讨论、放飞思想。课文讲述了种树人不按规律给树浇水，有的小树苗枯死了，有的小树苗为了生存只能将根深扎于地下。文中的"我"先是不理解种树人的做法，觉得种树人太过残忍，后来慢慢懂得了种树人为了让树苗适应自然环境的良苦用心。王老师提到了当时受到热议的上海高中生跳高架桥事件，让大家自由发言。学生们讨论着讨论着就谈到了学校的"新劳动教育"。一名学生说："'新劳动教育'让我学会了自己的事情自己做，如整理书包、床铺、自主学习……这样，当不再有来自家长和老师的呵护时，我们也能够独立生活，甚至更加坚强。我们不就像《桃花心木》里的小树苗吗？家长和老师就是种树人。为了让我们更好地扎根泥土，更好地长成参天大树，他们真是用心良苦。我想我真的理解种树人的做法了。"学生的顿悟让我感动。是啊！身为一名教育工作者，我们在对待学生成长这件事上就要有意识地去培养，让学生学会经受挫折。当成年人给予他们的呵护慢慢撤掉时，他们会更加顽强。

清华大学教授钱颖一说：中国人重视教育，但太简单地把"教育"等同于"知识"。中国学生多偏重知识的积累，缺少批判性思维。不让学生具备批判性思维，他们何以创造？在"思想者联盟"中，我们常常把交流的话题放在如何关注和培养学生的思维能力和独立思考能力上。我觉得，把学生的思维能力培养起来，比教给他们知识有用得多。不管这次"有主题的思维训练"是我的一时兴起还是我的刻意为之，我收获的都是满满的感动和惊喜。我就是要让教师在班级管理上、课堂教学上有意或无意地为学生搭设一个开放思维、求异思维、批判思维、辩证思维的训练平台。"我行故我行"不是一句口号，而是踏踏实实的行动。

（十一）"排不开"的"大课程表"

"排不开啊！真的排不开！"每学期开学前，立新实验小学的劳动主任最头疼的事就是安排一学期的"新劳动教育"校本课程的上课时间。2018年，"新劳动教育"校本课程由三类十门调整为三类十五门之后，排课程表的难度更大了。

　　"新劳动教育"是在学生的整个生活空间中展开的，所以课程实施基本不受时间和空间限制。为了让校本课程的实施更完整、更舒展、更贴合学生的生活，我们对学生的生活空间进行了一个大致的切分，就是把学生的生活空间分成校外与校内两个部分，校外部分再分为家庭生活与社会生活，校内部分再分为课堂与课外两个部分，课外部分又分为自由时间与非自由时间，就像这样：

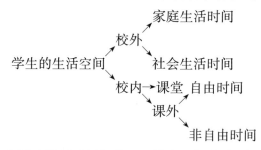

　　有了这样的时间切分，三类十五门校本课程的实施就都有了着落。自我服务课和家庭体验课安排在家庭生活时间进行，社会实践课安排在社会生活时间进行，这三门校本课程基本在校外完成。我们学期初制定的课程表以周或月为单位安排内容。校内的非自由时间包括每天各十分钟的晨读午说时间、二十分钟的间操时间和每周四次的社团活动时间，以及升旗晨会、班会时间；自由时间指其他的在校时间，如课间、午休等时间。我们将艺术品味课、健体训练课、科学研究课安排在社团中进行，健体训练课的普及项目篮球操安排在间操时间进行，国学礼仪课和民俗文化课安排在晨读午说、升旗、晨会、班会时间进行，趣味游戏课安排在课间十分钟进行。校园实践课分成班级实践岗位和校级实践岗位两部分，大部分学习内容都安排在校内的自由时间进行。这种"见缝插针"的安排让我们的校本课程"大课程表"变成了"课程表群"。

　　说到这里，也许大家会问，"新劳动教育"校本课程难道没有排进日常教学、在课堂中进行的课程吗？当然有。我们的班级创意课和技能训练课就排进了日常教学，每周五下午两节课连上。技能训练课在各劳动技术室轮流进行。周五下午能够用来上校本课程的两个课时已经得来不易，可校本课程中还有基地观察课和科技普及课也需要课时，也需要在课堂中进行教学。但开辟独立课时已没有可能。这可怎么办？解决这个难题对于充满智慧又有决心将"新劳动教育"落实到底的立新实验小学而言，也不是不可能的，而且早在 1999 年学校就进行过一次尝试，那就是进行课程整合。

1999 年的情况和我们现在遇到的情况差不多，教务处忙着编排新学期课程表，却怎么也排不开。当时的国家课程有语文、数学、英语等十一门，我们必须开全课程，开满课时。如果再加上当时的劳动教育校本课程及活动课程，所需课时总数就超出五天授课日所能承载的最大课时量了。问题很快摆到了时任校长张雅英面前。当时中共中央国务院下发《中共中央国务院关于深化教育改革全面推进素质教育的决定》，其中"调整和改革课程体系、结构、内容，建立新的基础教育课程体系，试行国家课程、地方课程和学校课程"给我们指明了方向。那次立新实验小学的课程整合针对的是当时各学科分科过细、知识重复、课程数量过多等问题，主要进行了交叉与重复内容的合并、陈旧内容的改编、学校特色内容的补充，最终形成了以劳动与思想品德、社会学科相整合的社会实践课，以劳动与科技、自然学科相整合的科学实践课，以劳动与心理健康、卫生保健相整合的生活实践课，以劳动与音乐、美术学科相整合的艺术实践课。这四门实践课的确立大大节省了课时，让"排不开的课程表"排开了，其中的社会实践课还为国家新课程中的《品德与生活》《品德与社会》提供了可借鉴的经验。

可是，现时不同往日。当时立新实验小学大胆尝试了以合并为主要形式的课程整合，今天新课程改革已基本完成。目前国家课程各学科划分清楚，内容自成体系。我们已经无法再通过学科内容的合并为校本课程争取课时了，只能另辟蹊径。

近十年，我们有两次编写"新劳动教育"校本课程的经验。尤其是在学科渗透课的内容设置上，我们反复进行了几轮试验，已基本将国家课程各学科中与"新劳动教育"相关联的内容筛选出来，其中既有劳动精神、劳动品格的教育内容，也有生活常识、技术技能的教育内容，还有许多与动植物知识、科学研究相关的课程内容，这些都是"新劳动教育"校本课程进入课时计划的切入点。这次我们采取的策略是"1+X"认领机制，也就是对基地观察课、科技普及课、学科渗透课及其他校本课程中需要进入课堂的学习内容按学习主题划分单元，每一个单元即"1"，国家课程各学科即"X"，由"X"来认领"1"。这个"X"有时是一个学科，有时是几个学科。对于认领的标准，我们遵循"新劳动教育"校本课程内容为国家课程内容的补充、拓展，最大限度地开发校本课程的综合实践功能，让我们的课堂变成开放式的大课堂，让学生把在课堂中学到的知识应用于实践。

　　思路确定下来了，真正落实起来可难坏了劳动主任。"新劳动教育"校本课程内容繁多，划分单元耗时费力；国家课程学科众多，泾渭分明，更非几人之力所能及。就好像两座大山摆在面前，如何将两山相连使之交融，成了"新劳动教育"校本课程的"课程表群"最终能否完整呈现的关键。为了啃下这块硬骨头，我们从各学科中精挑细选了一位资深教师，组建了一个校本课程实施研究小组。小组成员共八人，各代表一个学科。我们称其为"八路军"。研究工作自此全面铺开。因为有学科渗透课作为基础，我们可以边研究边实施，春季植物园（基地观察课）中的"找不同——植物的变化""春种"等单元。科技普及课中的"风""显微镜下的植物"等单元的成功实施给了我们进一步研究的动力和信心。期盼着我们的"课程表群"能早日呈现出来……

　　加油，"八路军"！

（十二）楼廊文化新创意

　　人可以穿一样的衣服，化同样的妆容，做相似的举止，但我们往往还是只看一眼身影便能认出一个人来。这是因为不同的人有不同的由内而外的气质。学校也一样，即使有同样的教学楼，同样的装修，但只要你进入校园，扑面而来的肯定是不一样的环境、不一样的氛围、不一样的人文气息。尤其是工作、学习于其中的师生更像戴了标签一样，呈现出一种清晰的整体风貌。

　　立新实验小学就是这样一个整体，它的每一个"细胞"都印刻着"新劳动教育"的特质。浸润其中，环境化人，自然而然。

　　记得有一年寒假，立新实验小学启动了校园整体的楼廊文化建设项目。立新实验小学的主体建筑是两座南北呼应的五层楼，建于 1986 年的北楼是教学楼，建于 1998 年的南楼是综合楼。两座楼已斑驳陈旧，缺少现代化学校的蓬勃朝气。终于，市教育局为改善立新实验小学的办学环境，划拨了建设经费。我开始为学校的旧貌换新颜谋划蓝图了。我们一直坚持营造劳动教育的生态环境与常态环境。校园楼廊文化建设完全可以成为生态环境的重要组成部分，也可以承载一部分常态环境的内容；可以是立新实验小学劳动教育理论与知识普及的平台，也可以是学生学习生活、劳动实践成果的展示舞台，还可以是学生参与劳动实践的校园岗位。慢慢的，学校整体楼廊文化建设的构想逐渐成形。让每一面墙都会"说话",让每一个拐角都有内容,让每一个设计都有教育意义,是这次文化建设的核心。

说干就干,先成立一个设计小组。教学和德育两位副校长各管一座楼,科研主任总体设计,劳动主任、办公室主任、后勤主任分工合作,教导主任协同作战。大家集思广益,很快设计方案就一稿接一稿地摆在了我的面前。如何划分南北楼的文化分工?如何让每面墙的功能最优化也最大化?如何布局才可以达到我们想要达到的教育目标?最关键的是如何才能让每一个想法都充满设计感,能够表达立新实验小学的文化气质?我和设计小组的成员不断讨论、交流,给他们空间,也给他们压力。一时间仿佛学校的每一个角落都长了脚,蹦跳在我们之间,一会儿变一个样,让我们在取舍之间举步维艰。

虽然设计难,但总体框架还是越来越清晰了。然而,承建单位却带给我们一个更大的难题。通过招标待定的设计公司是一家综合实力较强的单位,可对于校园文化建设这样的项目,他们是第一次接,而且还一接就接了立新实验小学这样一个高标准的项目。我知道会很难,但没想到会这么难。设计图纸一张接一张地出来,又一张接一张地被推翻,最后几近停滞。学校负责设计的主任一次又一次地来诉苦、平时只接触平面广告的设计师的专业水平受到了质疑。设计师对我们主创的设计要求也感到十分崩溃。经过几次协商,我们最终达成一致,就是让我们学校设计小组的成员每天到设计公司与设计师一起干,面对面地解决问题,敲定细节。这一招还真管用,设计图开始有模有样了。经过一个寒假的"不眠不休",设计公司终于可以施工了。

施工过程也是困难重重。北楼一楼设计了一个浮雕,用来表现学校百年历史中的重要发展节点。按照设计图,浮雕的主要部分有一组少年儿童的群像。对于设计师给出的形象,我们总觉得不够现代,代表不了现在的立新实验小学学生的精神气质。教学副校长迟开鹏带领教导主任反复商讨,大到衣着、动作,小到发型、表情,都一一想好,再精挑细选在读学生拍照,直到即使模糊到看不清五官也能展现出新时代立新实验小学学生风貌才同意加工,可谓精益求精。南北楼学生展示区的材料选择也经历了反反复复的推翻与重置。在对装修材料一无所知的情况下,我们上网查,到建材市场找,甚至翻出以前出差参观过的各地学校的照片,从中找到我们觉得合适的材料,然后一个一个地问,既要求控制经费,又要求实用、有质感。一番折腾下来，我们的科研主任开玩笑地说，自己以后如果不当教师了，就可以去开广告公司了。

功夫不负有心人，我们学校的楼廊文化建设完成后，就引来了各兄弟学校的参观与模仿。承建我们这个项目的设计公司也一下子成了在校园文化建设方面有着丰富经验的单位，接了许多学校的订单。

我们这次楼廊文化建设的主题是"劳动无处不在"。南楼的东侧一至四楼分别以"劳动育人""劳动自治""劳动逸美""劳动焕新"为标题介绍"新劳动教育"的发展历史、理论框架和育人成果，西侧二至四楼以"小手巧思""创意无限""水墨气质"三个板块展示学生的劳动作品，东西呼应，一气呵成。其间穿插着中楼梯的诗词名句欣赏和东楼梯的劳动格言，让师生每走一步都能有所收获。中楼道的"劳动托起中国梦""劳动创造一切"两面主题墙和东楼道的"学""练""悟"三个大字，更是整个南楼文化设计的点睛之笔。在北楼的设计上，一楼大厅最为醒目。东侧的浮雕展示了学校发展历程，西侧打造了一面形象墙。"打好人生底色"六个熠熠生辉的大字表达了立新实验小学的育人理念和教育目标，更是全体立新人教育情怀的展现。"自治、逸美、焕新"的校风和"我行故我行"的校训也在北一楼展示着。立新实验小学师生进出教学楼时都会潜移默化地受到学校办学理念的影响。北楼楼廊文化建设还有三个亮点。一是二楼中厅用来展示立新实验小学优秀毕业生的"桃李竞华"。我们试图用在各行各业中有所成就的优秀毕业生的成长轨迹来引导现在的学生，帮助他们树立正确的人生观与价值观，让他们心中有目标，身体有行动。二是一至五楼各有一个开放式书吧，木质书柜和地板、温馨的窗帘、明亮的灯光为学生营造了一个轻松的阅读环境。花"巨资"打造的实木小凳子更是让学生玩出了花样，每天一个造型，从来不重样。学生的想象力简直让我惊奇不已。三是学生展示墙"我行我秀"和"我们和我们的（we and ours）"两个板块的设计，既能即时展示学生的个性成果，又能综合体现班集体在各种劳动实践活动中的整体状态，在实用中透着智慧，被其他学校争相模仿。

人常说"近朱者赤，近墨者黑"，环境对人的影响总是在不经意间产生的。我们届竭尽所能打造了一个"新劳动教育"的生态园，只要能让劳动的种子在学生的心里落地生根，让我们孜孜以求的育人理念得以实现，让"打好人生底色"实实在在地影响每一位立新学子的成长，我们的目的就达到了。

权威评价与社会反响

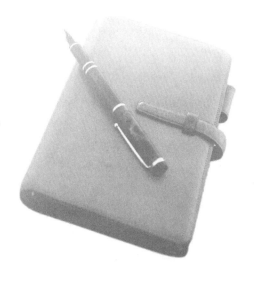

当我全身心地持续投入到教育思想的探寻之中时，我感到自己进入了一个新领域、新境界。因此，我比以往更加笃信，力求科学。但现在，我却非同以往地沉下心来，静观自我。我想听到来自他人的声音，我想从别人的眼睛里看到我们的"新劳动教育"。

一、不落的风帆

——简评《隋桂凤与新劳动教育》

陈　力

（陈力　教育学博士　编审　中国教育电视台原副台长兼总编辑　中国教育电视协会现任常务副会长）

（一）

2019年3月的一天，隋桂凤校长在信息中告知，她应邀在写《隋桂凤与新劳动教育》一书，希望我做点评。我欣然答应了，尽管手头的活在"排队"。

为此书写点评，一是祝贺隋校长和牡丹江市立新实验小学不断取得的骄人成绩，二是源于我与学校有着三十多年的情缘。

20世纪80年代初，我还是一名年轻的教育记者、编辑，曾多次到闻名省内外的立新实验小学采访。这所学校坚定不移地全面贯彻党的教育方针的那份自觉，以劳动教育和德育为特色的办学理念，不断追求、献身事业的那份执着，使我看到了中国基础教育领域有着一批普通但是优秀的教育工作者，他们正在做着一项夯实中国基石的伟大事业。此后，我和全国知名的时任学校校长高红岩，学校劳动教育的重要创始人、副校长张宪武等成了好朋友。

2009年，为庆祝新中国成立六十周年，作为中国教育电视台副台长兼总编辑的我组织策划和制作了60集大型纪录片《新中国教育纪事》，并亲自担任了总撰稿人。这部纪录片全面记录了新中国成立六十周年以来教育事业改革发展的步伐及重大事件，播出后产生了广泛的影响，在全国获得多个奖项，同时被国家博物馆永久收藏。纪录片中有一集是反映党的教育方针的。在选择典型采访对象时，编导很茫然。我立刻告诉编导，牡丹江市有一所立新实验小学，从1958年党中央、国务院提出党的教育工作方针以来，一直坚持全面贯彻党的教育方针，劳动教育闻名全国。编导立刻前往采访，最后用丰富的素材完成了这一集的制作，也使立新实验小学的风采与新中国的教育一起得到了永久珍藏。

从这之后，隋桂凤这位年轻、干练、有思想的校长和立新实验小学的"新劳动教育"走进了我的视野。我不断关注中央媒体对"新劳动教育"的大篇幅报道。特别是 2018 年，"新劳动教育"研究成果荣获第二届基础教育国家级教学成果奖二等奖。这在中国基础教育领域是多么高的殊荣啊！我由衷地为立新实验小学不断取得的新成绩而高兴。

为写点评，我翻阅了 1989 年由黑龙江教育出版社编辑出版的《一所别具特色的小学》一书，该书完整地介绍了立新实验小学当时的办学思想与实践。没想到，在这本保存了 30 年的书中，我不仅看到了立新实验小学的办学实践，还看到了隋校长成长的足迹。当年她还是一名普通的年轻教师，但是从书中有关她的文章和报道可以看出她已初露锋芒。如今，她已成为这里的"掌门人"，成为从实践中走出来的教育家。她和所有成功者一样，始终在学习、实践、积累、前行，永不懈怠。

"新劳动教育"是立新实验小学一代代教育工作者爱岗敬业、锐意进取、执着专注、追求卓越的自身劳动价值观的体现。在新时代，要做到"以劳树德，以劳增智，以劳强体，以劳育美，以劳创新"，教育工作者必须首先要具有"立身之本""修心之境"。

（二）

劳动是人类最基本的实践活动，它不仅创造了人类本身，而且创造了人类所需要的一切物质财富和精神财富。

中华民族历来有重视劳动教育的传统。新中国成立以来，我国的劳动教育政策在不同时期呈现出不同特点，但是总体而言，都是全面贯彻落实党的教育方针，培养全面发展的社会主义建设者和接班人。从不同时期劳动教育的实践与案例中，我们会清晰地看到不同时期的特点，看到在历史发展中更深的劳动教育的内涵。

《隋桂凤与新劳动教育》一书正是在这方面为我们打开了一扇认识新时期劳动教育的通透之门。特别是书中提供的众多案例，鲜活地展示了新的历史时期，以培养行动力为核心，以自治、逸美、焕新为目标的"新劳动教育"的生命力。

"当一周小管家"案例记录了学校独特的寒假作业，即让学生们当一周小管家，通过与父母互换角色，体验父母持家的辛劳，懂得理财也是一种劳动。学生们当了一周小管家，颇有成就感，学会了合理消费，理解了父母的辛苦，学会了勤俭节约、精打细算、不奢侈浪费。学生们感言"幸福不是毛毛雨，要靠劳动去经营"。这些具有鲜明时代特点的语言中闪耀着新一代人成长的光亮，验证了培养劳动自治、增强自我服务与服务他人本领的"新劳动教育"的价值所在。

"是谁拔了花苗"案例记录了一名学生在好奇心的驱使下拔掉了学校花坛里的一大片花苗的事件。这在几十年来始终重视劳动教育的立新实验小学自然不是小事。但是学校并不是简单了事，而是在学生身上"种植"起"教育之花"。当下的学生聪明伶俐，好奇心和探究欲强，那名学生拔掉花苗就是为了找蚂蚁。但是在优越的生活条件下，这件事所反映出的学生不珍惜劳动成果的现象是普遍的。学校抓住机会，在保护学生探究欲的同时，在全校开展珍惜劳动成果的教育活动。那名学生亲手补栽上了花苗，并在花窖劳动，还担任花坛监督员。在和谐共生的环境中，学生能够健康成长。

"楼廊文化新创意"案例让我们看到了立新实验小学的校园文化建设，它将学校的每一个"细胞"都印刻上了全面贯彻党的教育方针、坚持劳动育人的特色理念。学校从设计到施工，全面打造了一个"新劳动教育"的生态园。反映百年老校发展风貌的浮雕，依据"劳动无处不在"的主题依次设置的"劳动育人""劳动自治""劳动逸美""劳动焕新"的内容，无一不在彰显着学校的历史、成果、理念、追求。"劳动托起中国梦""劳动创造一切"两面主题墙，更是以无比的气势时刻召唤着学生肩负责任，创造未来。

立新实验小学针对时代发展对教育的新要求，不断自觉打造新时期劳动教育的精神气场，这正是今天走中国特色社会主义教育之路的宝贵探索与实践。

（三）

2018年9月，习近平总书记在全国教育大会上发表重要讲话，明确提出要培养德、智、体、美劳全面发展的社会主义建设者和接班人，并对我国的教育方针做出了全面阐述。习近平总书记重新提出劳动教育，"要在学生中弘扬劳动精神，教育引导学生崇尚劳动、尊重劳动，懂得劳动最光荣、劳动最崇高、劳动最伟大、劳动最美丽的道理，长大后能够辛勤劳动、诚实劳动、创造性劳动"。习近平总书记的重要讲话对新的历史时期促进学生的全面发展具有极其重大的意义。

加强新时代的劳动教育，就是要解决时下劳动教育中存在的问题，将劳动教育融入育人的全过程。将劳动教育融入学生的日常生活，需要家庭教育与学校教育的紧密结合，需要在真实的劳动环境中进行，需要丰富多彩的活动涵养，需要结构化的学校课程的实施，需要增强劳动教育的目的性和方向感。

多年来，国家在学校劳动教育的内容、管理等方面有着明确要求，劳动教育管理成为学校管理的重要组成部分。2015年7月，针对新时期的劳动教育，教育部、中国共产主义青年团中央委员会、中国少年先锋队全国工作委员会联合下发了《关于加强中小学劳动教育的意见》，要求用三至五年时间，推动建立课程完善、资源丰富、模式多样、机制健全的劳动教育体系。

在这方面，立新实验小学通过不断总结和探索，交了一份新的有价值的答卷。书中介绍的学校"新劳动教育"的三类十五门校本课程体系渗透着学校对教育规律、五育并举、新时期劳动教育的认知和理解，许多方面是在继承基础上的创新。

学校"新劳动教育"自治类的五门课程，更多地是从学生的认知出发，坚持以培养学生的生活技能、生存技能为主，保留和增加了相关课程。

以培养学生的人文底蕴、艺术特长、审美能力与生活情趣为主的逸美类的五门课程延伸了"新劳动教育"的内涵，"坚持扎根中国大地办教育"，将"新劳动教育"与中国传统文化教育结合，与美育结合，强化了人文教育。

特别值得一提的是，以培养学生的科学思维方式、分析质疑能力、发现探索能力为主的焕新类的五门课程，是对科技进步、时代发展、劳动方式和工具发生巨大变革的时代特征的准确把握，扩大了"新劳动教育"的外延，将"新劳动教育"与培养科学精神、创新能力有机结合。

从书中可以看到，为有效地实施"新劳动教育"校本课程，学校不断增加和改善设施，建设专业化的教师队伍，解决课时难题，建立评价体系，使"新劳动教育"的框架一步一个脚印地得到完善。

几十年来，立新实验小学坚持全面贯彻党的教育方针，坚持劳动教育特色，并且做到了创新发展，这是难得的担当与自觉。愿风帆不落，载着希望与追求，继续在基础教育中领航。

二、来自"新劳动教育"的四大启示

刘　力

（刘力　浙江大学教授　博士生导师　教育部首期中小学名校长领航工程浙江基地首席导师　中国教育学会教育实验研究分会副会长）

2018年9月10日，习近平总书记在全国教育大会上号召："要在学生中弘扬劳动精神，教育引导学生崇尚劳动、尊重劳动，懂得劳动最光荣、劳动最崇高、劳动最伟大、劳动最美丽的道理，长大后能够辛勤劳动、诚实劳动、创造性劳动。"隋桂凤是教育部首期中小学名校长领航工程首批校长。她所带领的立新实验小学率先开展"新劳动教育"，并获得了第二届基础教育国家级教学成果奖二等奖，成了全国劳动教育的标杆，带给我们四大启示。

其一，体现了劳动教育的综合性特征。学生面对的世界是一个整体的世界、综合的世界，这就决定了实施"新劳动教育"必须运用多学科的知识分析和解决问题。立新实验小学注重多学科的渗透、多路径的实施和多形态的结合，通过学科渗透课、家庭体验课、社会实践课进行素养化、课程化、体系化建设，使"新劳动教育"校本课程成为弘扬新时代劳动精神、实现学校全面育人的载体。在此过程中，学生经历着动作和思维之间的相互联结，需要眼、耳、手、心相互协调。同时，学生在交往、对话、协作中体悟着劳动承载的文化、审美、道德、法律等。

其二，体现了劳动教育的实践性特征。劳动是人类主体维持自我生存和自我发展，对生活生产资料进行加工、制作和改变的活动；是人类最为基本、最为普遍、最为崇高的实践活动。黑格尔在《精神现象学》一书中认为，劳动是自我意识得以保存的媒介之一，是精神形成的重要因素。立新实验小学通过对"自治、逸美、焕新"内涵的界定，重构了"新劳动教育"校本课程体系，进行了认知、实践、创新的多元、多层次训练，激发、调动了学生的多种感官，体现了坚持让学生在劳动实践中做、在劳动实践中学、在劳动实践中悟，实现了劳动育人的教育目标。

其三，体现了劳动教育的情境性特征。苏霍姆林斯基说："只有经历具有教育意义的劳动，才可能有真正的劳动教育。"劳动教育总是在特定的情境和场域中通过真实的劳动来实现的。立新实验小学建立了集学校、社区、家庭为一体的劳动教育场所，将劳动教育拓展到学科教学、家庭、社会，并将劳动教育的德育功能与智育功能相结合，使劳动教育情境具有生活性和普遍性；同时，提供了具有明确目标和任务、对象和资源、环境和场域的情境要素，实现了从生产劳动到劳动育人的转变。

其四，体现了劳动教育的双重属性机制。劳动教育既是手段，也是目的，对五育的系统性、融合性、融通性、整体价值性具有解释力和承载力。双重属性机制决定了劳动教育具有强大的开放性、包容性和兼容性。立新实验小学的"新劳动教育"通过劳动培养受教育者的综合素质，发展学生创造性劳动的潜质，使学生成为新时代所需要的创造性劳动者。这也告诉我们，真正的劳动教育应当特别注重核心目标的实现，即努力帮助学生确立正确的劳动观，养成积极的劳动态度，形成尊重、热爱劳动成果和劳动人民的态度。因此，劳动本身的元教育特质承载了人的创造性活动的本质，劳动教育本质上也是创新教育。

苏霍姆林斯基曾经断言："脱离劳动，没有劳动，就没有，也不可能有教育。"他还强调："劳动，这是渗透一切、贯通一切的东西。"在呈现新特点、担负新使命的新时代，立新实验小学的"新劳动教育"重视劳动环境的熏陶、劳动文化的融入、劳动实践的体验、劳动过程的感悟、劳动经验的内化、劳动习惯的形成等，围绕弘扬劳动精神、建立"两种态度"、养成"三种行为"、内化"四种观念"不断进行全方位的、更深入的实践探索。我们期待隋校长和她的研究团队展现出更多的有立新实验小学特色的成果。

三、桂凤印象

沙培宁

（沙培宁　《中小学管理》原主编　编审　教育部首期、二期中小学名校长领航工程理论导师）

认识桂凤已有四年。在我眼里，她是一位成熟老练，同时又充满生机朝气的优秀校长。

相识伊始，大家便牢牢地将"隋桂凤"三个字与"劳动教育"连接在一起。在她那里，劳动教育不是在运动式的特色建设中为学校寻得的一个标签，也不是专家学者帮助设计打造的一张亮丽名片，而是她内心笃定的追求。她，因为"真信"，所以"真做"。

桂凤绝大部分的职业生涯是在立新实验小学度过的，她对这所学校、对劳动教育充满深情。做校长后，她带领立新人以"咬定青山不放松"的精神承继学校光荣传统，高擎劳动教育大旗，使学校始终保持强大的精神力量和清晰的文化脉络。在"守正"的同时，她又将新时代的新要求、新要素融入劳动教育，不断丰富与深化劳动教育的内涵，不断

图 64　桂凤印象

寻找劳动教育新的生长点、发展点与创新点。在她的领导下，立新实验小学努力将劳动教育的育人价值发挥到极致。在他们那里，劳动教育越来越彰显出"全人教育"的价值，越来越与学生核心素养的发展相契合。这样的劳动教育既有历史感又有时代感，且充满了面向未来的无限活力。

桂凤之所以能使学校坚守半个多世纪的劳动教育保持持续生长的状态，与她本人始终保持饱满的教育激情，不断超越自我、超越当下的执着追求直接相关。三四

年间，每次见到她，我都觉得她在"长"——从话题的宽度到思考的深度，再到表达的力度……看得出，她一直处于一种开放吸收、深度研磨的状态，特别希望自己在既有实践的基础上提升理论研究和结构化思考的水平。记得 2016 年 5 月，我试着向她推荐了两本"难啃"的书——《马克思劳动伦理思想的哲学研究》与《成功智力》。没想到她很感兴趣，并认真研读了相关内容。平时，她常通过微信与我交流一些专业问题，她的追问与反思也常带给我很多启发。我想，对于一位已经获得诸多荣誉、处于发展高原期的校长而言，这样的"长进"实在是难能可贵。也唯有如此，一位校长才能真正实现从优秀到卓越的迈进，进而在不断超越自身的同时带领学校走向更光明的未来。

四、隋桂凤：新劳动教育的领航者

李更生

（李更生　浙江省教育行政干部培训中心教授　教育部首期中小学名校长领航工程浙江基地项目负责人）

恩格斯曾言，劳动既创造人，又创造了人类社会，而且是从简单到复杂的发展过程。人的本质是劳动，而且人的本质也是通过劳动实现的，因此劳动是人类赖以生存和发展的决定力量。正是由于劳动具有如此伟大的价值，习近平总书记在全国教育大会上指出，"要努力构建德智体美劳全面培养的教育体系"，"要在学生中弘扬劳动精神，教育引导学生崇尚劳动、尊重劳动，懂得劳动最光荣、劳动最崇高、劳动最伟大、劳动最美丽的道理，长大后能够辛勤劳动、诚实劳动、创造性劳动"。习总书记对劳动教育的高度重视，凸显了劳动教育的重要地位，既是我国教育史上一个新的里程碑，也是新时代对马克思、恩格斯劳动教育思想的一种传承与发展。

劳动不仅创造了人和人类社会，而且创造了教育。对牡丹江市立新实验小学而言，劳动还成就了一所学校，成就了一代代立新人。

从 1958 年至今，立新实验小学的劳动教育已走过六十余年。六十余年风雨兼程，六十余年薪火相传，六十余年筚路蓝缕……六十余年来，一代代立新人始终坚

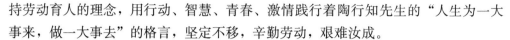

持劳动育人的理念，用行动、智慧、青春、激情践行着陶行知先生的"人生为一大事来，做一大事去"的格言，坚定不移，辛勤劳动，艰难汝成。

六十余年的坚守，使立新实验小学收获了辉煌的办学成就：多位国家级领导人前来学校视察、检阅，获得过二十余次国家级奖励；《中国教育报》《人民教育》、中国教育电视台、中国教育新闻网等众多媒体对立新实验小学的劳动教育相继展开了系列报道。如今，立新实验小学的"新劳动教育"已然成为中国劳动教育的一面旗帜，学校两次被授予"全国特色学校"称号，还被授予多项国家级、省市级荣誉称号。可以说，立新实验小学因劳动教育而"立身"，也因劳动教育而"扬名"。

六十余年的奋斗，劳动教育也成就了一代代立新人。六十余年来，具有劳动精神的立新学子从这里走向社会，成为各行各业合格的劳动者；一批批立新教育者因劳动教育而成为名师、名校长、骨干及学科带头人。作为立新实验小学"新劳动教育"的领航者，隋桂凤校长也因"新劳动教育"而成名。她既是黑龙江省"巾帼建功"标兵，又是"全国五一巾帼标兵"，还曾获省市"劳动模范""优秀教育工作者""专家型校长""魅力校长"等诸多光荣称号。如今她跻身国家领航名校长行列，已经成为中国基础教育真正的领航者，在更广阔的教育舞台上引领、推动劳动教育的发展。

21世纪的接班人需要接受"新劳动教育"。隋桂凤校长和立新教育者本着"立学焕新"的精神，把劳动教育发展为"新劳动教育"，用"新劳动教育"培育新时代的立新人。

"新劳动教育"的核心理念，是通过有目的、有组织的劳动实践活动调动学生各种感官的协调运动，促进学生的综合素养全面提升的育人活动。"新劳动教育"的核心价值追求就是劳动育人，即通过劳动促进学生实现自我管理、自我规划、自我发展、自我创造，让学生在劳动中"学生活的知识、练生存的技能、悟生命的意义"，从而实现劳动育人的功效。"新劳动教育"的目标是劳动自治、劳动逸美、劳动焕新，即让学生在劳动中体验劳动带来的自我满足、自我实现；在劳动中培养对美的认知，从而培育发现美、欣赏美、创造美的能力；在劳动中培养创新创造的品质，创造性地解决生活中的新问题。劳动自治、劳动逸美、劳动焕新共同支撑起了"新劳动教育"的育人目标、内容和途径。三个支点相互融合，共同作用，形成了立新实验小学的劳动育人文化。

　　在教育部首期中小学名校长领航工程的三年研修期间，隋桂凤利用宝贵的学习和研究机会，不断完善和丰富"新劳动教育"的思想内涵，也在办学实践中大胆探索"新劳动教育"的实践路径和模式。几年来，她在国家教育行政学院的大讲堂上，在浙江、湖南、江西、新疆等地的名校长论坛中，在"隋桂凤校长工作室"的弟子学员的学校中，在帮扶支教、辐射引领的中西部学校的讲台上宣讲、推广"新劳动教育"的教育思想和教育实践。如今，在德智体美劳五育并举的新时代，在党和国家高度重视劳动教育的大背景下，"新劳动教育"宛如一朵绚丽的花盛开在林海雪原，越来越娇艳夺目，而且不断向着中国大地更广更远的地方生长……

　　立新人正在用"新劳动教育"培育新时代更多的社会主义建设者和接班人。

五、创新，是最好的继承

魏永生

（魏永生　《黑龙江教育》杂志社副总编辑　中国古代文学博士　教育部首期中小学名校长领航工程"隋桂凤校长工作室"顾问）

　　劳动教育是一个似新实旧的话题，在新中国教育史上总是随社会发展与国家教育政策的变化时隐时现。随着全国教育大会的召开，劳动教育赫然出现于教育方针之中，与德、智、体、美并列，引起了前所未有的重视，处于前所未有的高度。

　　对于牡丹江市立新实验小学来说，从 1958 年国家提出教育与生产劳动相结合以来，劳动教育一直贯穿其六十余年的办学之路，不断丰富着内涵。20 世纪 60 年代，立新实验小学是贯彻教育方针的典型；20 世纪 80 年代，立新实验小学是全国勤工俭学先进集体；20 世纪 90 年代，立新实验小学是全国劳动教育先进学校。1999 年与 2012 年，立新实验小学两次被授予"全国特色学校"光荣称号，成为全国劳动教育的一面旗帜。特别是近些年来，立新实验小学的劳动教育经历三次大的调整，记录着劳动教育向"新劳动教育"前行的足迹：2008 年，提出"劳动育人，文化立校"的办学理念，学校走上内涵发展之路；2013 年，强调"劳动育人"的核心地位，着力于理论架构，明确育人目标；2015 年，提出"新劳动教育"，挖掘新时代劳动教育内涵，探索劳动教育未来发展之路。

立新实验小学劳动教育改革的不断深化，给人以深刻的启示。

创新是最好的继承。运动是绝对的，变化从未停止，世界上的万事万物始终处于或显或隐、或大或小、或快或慢的发展之中；静止就是停滞、僵化，意味着终止或消亡。以这种认识衡量立新实验小学的"新劳动教育"，就会发现它成功地实现了对学校百年办学历史中逐渐积淀下来的"自强不息，坚定执着""脚踏实地，浑然天成""争创一流，立意创新"等文化的继承。"新劳动教育"是一代代师生以富有开创性的行动不断丰富劳动教育的内涵，为劳动教育不断注入新的血液、鲜活力量的结果。与劳动教育相比，"新劳动教育"不变的是历久弥新的精神文化，不断更新丰富的是学生培养目标和劳动教育方式等内容。因此，立新实验小学"新劳动教育"的创新是在继承学校传统文化基础之上的创新，是对传统最好的继承、最好的发展。它源于传统，超越传统，内涵不断丰盈，外延不断扩展，已达到一个新的高度。因此，我们在立新实验小学现任校长隋桂凤这本新著中不仅能看到立新实验小学劳动文化所包含的精神、特质等，而且能清晰地了解到"新劳动教育"的概念、内涵、范畴、目标、功能、途径、核心、关键、课程、现实意义等。这对新时期劳动教育的理论研究与行为实践是弥足珍贵的。

教育作为意识形态的重要领域，必然要为社会进步提供智力支持，为国家发展培养所需人才，要反映国家意志。这在我国数千年的教育史中尤为明显。小学阶段的教育对象是身心处于生长发育初级阶段的儿童少年，具有不同于其他教育阶段学生的特殊性质。这一阶段的教育必须要面对和回答的一个重要问题，就是教育形式和教育内容如何既能满足教育服务于国家社会发展的需要和要求，又要探索如何顺应儿童少年身心健康成长的规律，满足和保证儿童少年全面发展，即处理好个体与共同体、个人与社会之间的关系。这也是教育作为紧紧联结个人与国家社会的中间环节所独具的特殊作用。对于教育目的，国内外教育史上存在着社会本体论和个人本体论的争论，存在着孰优孰劣、孰更合理孰更有效的争论。在教育过程中，强调社会需求、社会价值，就是社会本体论；强调个人需要、个人价值，就是个人本体论。社会本体论认为，人生活于社会之中，不可能脱离社会独立存在、独立发展，个人价值须通过社会价值来实现；个人利益要服务于社会利益，教育的目的是培养服务社会发展的人。因此，社会本体论具有一定的合理性。个人本体论认为，个人需要、个人价值是教育目的的出发点，教育就是为了完善人、发展人，而不应以社会需求作为教育目标；个人价值高于社会价值，社会价值应服务于个人价值。如果从"以人为本""以学生为本"的角度观之，这也不是完全没有道理的。

教育要"立德树人"，要目中有"人"。我们以此来反观立新实验小学的"新劳动教育"是如何比较合理地摆正教育目的的社会价值与个人价值的关系的。

关于"新劳动教育"强调教育目的的个人价值的论述，书中有如下内容：

"从劳动教育到'新劳动教育'，我们走过了10年的探索历程……我们保持唯一不变的就是一切以学生的健康成长为本，一切以学生的未来发展为目标，所以'新劳动教育'是以关注学生的生命成长为核心的……所以立新实验小学的办学理念从劳动教育到'新劳动教育'的变化也是一种基于生命的成长。"

"'新劳动教育'的育人目标是以关注学生的生命成长为核心的，其本质在于挖掘、建构适合6～12岁儿童身心发展规律的综合实践活动，创设多元立体的学习空间，以实现学生的亲身参与和各种感官的协调运动，达到儿童主动地、生动活泼地发展这一最终目标。"

由此可知，"新劳动教育"的创新遵循着教育规律，遵循着儿童个体身心成长的规律，这是"新劳动教育"具有新意的一个关键所在。

关于"新劳动教育"强调教育目的的社会价值的论述，书中也时时可见：

"既包含劳动教育的德育功能……还包括劳动教育在'五育'中的核心地位，即以劳辅德，以劳增智，以劳强体，以劳益美。同时，'新劳动教育'还是学校践行社会主义核心价值观的有效载体，在充分的实践体验过程中理解社会主义核心价值观，自觉践行起国家富强、民族振兴、人民幸福的奋斗目标。"

"是一种开放的教育。它面向人的成长需要，面向社会发展的需要，面向未来的职业需要。"

事实上，上面的论述明确地表现出"新劳动教育"已将教育目的的社会价值与个人价值的合二为一，使两者比较和谐地作用于劳动教育过程中。从这个角度说，

"新劳动教育"的观点是对教育目的的社会价值与个人价值的关系的新解说、新探索、新实践，用实际行动回答了教育目的的社会价值与个人价值的关系这一难题，其意义发人深思。

"新劳动教育"的提出与实践，对小学阶段的教育具有重要意义。它"直面教育问题，破解教育矛盾"，从深层次上努力化解当前基础教育存在的矛盾："劳心者治人，劳力者治于人"的传统思想和家庭对于儿童未来发展的"虚高"预设与培养"全面发展的社会主义建设者和接班人"之间的矛盾；对第二代独生子女的过度呵护与时代发展对人才的核心竞争力的要求之间的矛盾。它"直击教育本质，关注全面育人"：以关注学生的生命成长为核心，以劳动实践为载体，促进学生全面发展。它"直指核心素养，专注理论落地"："打好人生底色"凝结了"新劳动教育"育人目标的精髓，在学生成长的启蒙期进行潜能的开发与核心素养的奠基，并将"新劳动教育"内容归于行动力这一关键点。这正和学生核心素养的培养相一致。

因此，"新劳动教育"是破解小学教育全面育人难题的一条有效路径。

六、一位有德行、有追求的校长

宋志辉

（宋志辉　黑龙江省基础教育行政干部培训中心主任　教育部首期中小学名校长领航工程"隋桂凤校长工作室"顾问）

认识隋校长已经有十几年了。2003年她入选省级骨干校长，我有幸与她相识。2007年以来，她一直为我们中心的校长培训班讲课。她不温不火，谦虚低调，举止言谈中展现出她良好的修养。她的课也如她的人一样，不会出现高峰谷底的情绪渲染，而是需要你紧随她的思路安静地思考她提出的每一个问题。她不是单纯地讲知识，也不是简单地传导她的经验，而是会告诉你她在想什么，她在思考什么，她在关注什么。她要用她的反思和线索把你带入问题解决的情境。她不仅是一位好校长，也是一位好教师。2013年，她被遴选为黑龙江省教育家型小学校长高端研修班培养对象。从此我开始对她有了更多的思想上的了解，逐渐进入了她的精神世界。

　　立新实验小学的特色是劳动教育。我曾经去过两次立新实验小学。在那里我感受到了立新实验小学的文化底蕴，也体验到了隋校长本人的教育思想和管理风格是如何影响教师和学生的。我在给全省中小学校长培训班讲课时经常会将立新实验小学和隋桂凤校长作为案例为校长们讲解：品牌学校建设的核心是文化建设，文化建设的关键是校长；一所好学校的核心价值是文化精神，这种精神的引领者正是校长。立新实验小学几十年来始终坚持把劳动教育作为自己的办学特色，这种特色其实也就是学校的文化特色。这种文化特色不仅表现在外在形式上，而且是一种文化精神的传承。隋校长就是这种精神的传人。

　　做文化传人难在继承。劳动本是马克思主义教育学说的基本概念和重要论述之一，但在我国，由于种种原因，劳动教育在功利主义思想下曾被忽视，在很多学校得不到重视。"分数第一""成绩第一"成为评价学校质量的主流。即便在这样的教育思想环境下，立新实验小学依然没有放弃劳动教育，在艰难中走自己的路，在坚持中一枝独秀，最终看到了孩子们在劳动中的笑脸，见证了孩子们的品格成长，在孩子们的劳动中找到了快乐与幸福。隋校长正是在劳动教育的实践中形成了属于自己的劳动教育思想。

　　做文化传人难在创新。立新实验小学在隋桂凤校长的带领下，经过多年的努力，已经形成了比较完整的劳动教育课程体系。这个过程是漫长的，付出是巨大的，成就也是满满的。隋校长和她的优秀团队"立学焕新"，从"做"到"创"，从"学"到"新"，使立新实验小学的劳动教育焕发着千姿百态的新意。我和隋校长讨论过劳动创新问题，她说："过去我们强调劳动创新，只是为了激发孩子们在劳作中拿出独特的作品。无论是从手段上还是从孩子们参与的方式方法上来看，有些已经不能跟上时代的要求了。我们的劳动教育课程还要变，我们正在研究人工智能。探索'新劳动教育'，我们要和时代同步。"的确，她在思考，她在创新行动，她在勾画更加绚丽的"新劳动教育"。

　　做文化传人难在奋进追梦。隋校长是一个很知性的人，她的成功在于锲而不舍。她博学求索，心向远方。她曾和我说她的心中有两个不可或缺：一个是每天带给她快乐的学生，一个是让她不断充实和给她力量的阅读习惯。可以说，她是在学习中成长起来的。她从骨干校长成为优秀校长，又从优秀校长成为卓越校长——教育家型校长。学习让她有志，学习让她深刻，学习更让她不断地去追逐心中的教育梦想。

之前阅读隋校长的第一部著作《立学焕新——思想与行动的交错》时，我已被其思想的深度感染。这本即将出版的《隋桂凤与新劳动教育》让我再次领略了她的思想成果，获益匪浅。相信这本书一定会在校长间引起新的反响，让关注劳动教育的同行们驻足。

七、教育路上追随隋桂凤校长的脚步努力前行

嵇　鸿

（嵇鸿　黑龙江省佳木斯市光复小学校长　教育部首期中小学名校长领航工程"隋桂凤校长工作室"入室校长）

年轻人崇拜明星，最高级的粉丝为"骨灰级粉丝"；我追随隋桂凤校长，也可被称为她的"骨灰级粉丝"。我很早就在报纸上看到了关于她本人及其学校的报道，很是欣赏、敬佩。2015 年，我幸运地被遴选为教育部首期中小学名校长领航工程"隋桂凤校长工作室"入室校长，从此便走近她、了解她、学习她、追随她……在我的眼里，她是仁者、智者和舞者。

图 65　隋桂凤——仁者、智者、舞者

仁者——充满教育情怀

仁者是充满慈爱之心、心怀大爱、具有人格魅力的人。在我心中，隋桂凤校长便是这样的人。在为期三年的"隋桂凤校长工作室"的学习中，每当我走近她的时候，总能感受到她全身充满了对教育的挚爱，总能被她火一般的激情和热情点燃。仁者大爱，作为教育家型校长，她毅然承担起在基础教育中发挥专业引领和辐射带动作用的历史使命和社会责任，不辞辛苦，不畏劳累，殚精竭虑……

几年来，她精心制定了近万字的切实可行的工作室章程和工作室发展规划，明确了工作室的指导思想、宗旨、工作目标、研修任务及"合作、交融、创新、发展"的室训；几年来，她精心组织工作室集中开展教育教学研究和学术研修活动 7 次、学术讲座 6 次，总计 100 余学时；几年来，她组织工作室对牡丹江市立新实验小学、鸡西市南山小学等十余所学校进行实地考察 5 次；几年来，她组织编辑"隋桂凤校长工作室"研修手册、研修活动简报 8 期，展示活动照片千余张，活动介绍及工作指导、总结五万余字……这一串串数字的背后是她近乎疯狂的工作状态、惊人的工作毅力、博大的教育情怀和卓越的工作能力。

仁者爱人。"隋桂凤校长工作室"以校本主题研究为主要方式，以学校管理为研究领域，以学校特色建设与提升为目标。几年来，她深入到每位入室校长的学校进行精心指导，在实地考察与交流中帮助我们解剖每所学校存在的主要问题。通过隋校长的理念引领和实践指导，我们找准了自己学校的问题，开展了自己的研究，发表了自己的见解，提升了自己的素质，改进了自己的管理，形成了自己的思想，发展了自己的办学特色。

隋桂凤校长帮助我们工作室成员提升了办学理念，优化了学校管理方略，增强了领导力与执行力，带领我们向研究型、专家型校长不断迈进。据我了解，她还走进西藏、新疆等地区送教讲学。她常对我们说："我们聚是一团火，散是满天星，团队携手共同进步，为推动黑龙江省教育发展、为祖国的教育事业贡献我们的一切力量！"

仁者之为天下度也！为天地立心，为生民立命，为往圣继绝学，为万世开太平。

智者——充满教育智慧

"智者，知也。独见前闻，不惑于事，见微知著也。"在我心中，隋桂凤校长便是智者。拜读她赠送给我的专著《立学焕新——思想与行动的交错》，我读出了她对教育的"独见前闻"——立学焕新，品出了她在教育现象中的"不惑于事，见微知著"——她对育人观、办学观、教师观和人生观的独特见解。

"立学焕新"是隋校长从教三十余年来对教育的深刻理解。我在工作室集中研修中听她系统地讲述过，也认真拜读过她的专著。在参观立新实验小学的过程中，我亲身体验了劳动教育的鲜明办学特色和丰硕的育人成果。令我最佩服的是，她作为校长不但自觉地担负起传承与发展学校特色的使命，而且与时俱进，站在时代的前沿，不断地调整和丰富劳动教育的内涵，更好地促进学生的全面发展。

在她成功的办学实践的引领下，在她丰厚著作的熏陶中，我不断以她为榜样，调整完善自己的教育思想，修正自己的教育行为。在工作室学习的这几年中，在隋校长的引领下，我一边向外看学习经验；一边向内看查找问题，不断完善自己。

第一次研修，我学习了立新实验小学校本课程，完善了我们光复小学的校本课程。第一次迈进立新实验小学，我结识了可亲可敬的隋校长，认真聆听了她理论深厚、实践丰富的办学经验，这为我打开了一扇"如何凸显办学特色、如何构建校本课程体系"的天窗。回到学校后，我结合学校特色和教师们一起完善了我们光复小学的"爱的教育"的六方面内容，即爱生命、爱生活、爱学习、爱环境、爱科学、爱祖国，并且针对小学生的年龄特点进行了校本化解读。完善后的内容更通俗具体，贴近学生实际，便于学生更好地理解爱、感受爱、学会爱、奉献爱。

同时，我校构建了"爱的教育"校级、年级、班级三级校本课程体系，使课程更规范、更系统、更具特色。《爱的教育 24 节日》是学生们最喜欢的课程。学生们在活动中体验，在活动中成长，每天的校园生活都像过节一样快乐。

第二次研修，我学习了哈尔滨市群力兆麟小学的办学思想，提升了我校办学理念。隋校长将第二次研修的主题确定为"办一所有品质的学校"，并带领我们参观了三所学校，其中群力兆麟小学的办学思想与我们光复小学的办学理念都有"幸福"两个字，所以在学习时我对其办学理念的内涵及校本文化解读非常关注。学习后，我组织教师们研讨完善了"用爱为学生幸福成长奠基"的办学理念的内涵，并从三个维度诠释了办学理念，使其更具时代性和发展性。

隋校长将第三次研修的主题确定为"如何将特色做成品牌"，并带领我们在鸡西市南山小学找到了答案。

在这三年的工作室学习时间里，我们不仅仅是集中研修，还有个别辅导。隋校长多次利用业余时间对我进行指导、帮助，使我在学习中反思，在反思中调整，在调整中实践，在实践中完善。就这样，在教育路上我追随着隋桂凤校长这位教育智者的脚步努力前行。正如陶行知所言："身为校长，说得小些，他关系千百人的学业前途；说得大些，他关系国家与学术的兴衰。"立德树人，任重道远。

舞者——充满生活热情

舞者，心灵之翼也。尼采说："每一个不曾起舞的日子都是对生命的辜负。"舞蹈是一种意志、一种追求，让生活更加灵动，让心情更加愉悦。清晰地记得隋校长在一次五校联谊活动中竟然在舞台上翩翩起舞，太让我惊讶了。她轻盈的舞姿尽展舞者的风采，给人以美的熏陶。观其舞，知其德。欣赏着优美的舞蹈，我理解了她把美育置于和智育同等重要地位的真正原因。她是在以自身良好的审美修养去塑造学校的形象、教师的形象、学生的形象。唯其如此，才能创造美的教育环境，促进学校发展。我十分羡慕她的艺术修养及对美育的落实，于是我也随之步入了学习舞蹈的行列当中，争做一名德艺双馨、对生活充满热情的新时代校长。

记得中国现代著名教育家张伯苓曾言："不懂体育者，不可以当校长。"更让我惊讶的是隋校长不仅是一名优雅的舞者，还是一名体育爱好者。她酷爱游泳和乒乓球，体育锻炼成为她生活中不可分割的一部分。她以身作则，为学生健康成长、个性发展起到了积极的示范和引领作用，是师生们身边最具激励性的榜样力量。她具有一颗年轻的心，热情澎湃，激情飞扬。正因为这样，她才真正走进了师生的内心，真正与师生心心相印。这几年我也追随她，开始坚持锻炼身体，学习打乒乓球。乐在其中的同时，我又开始着手进行学校体育工作的建设。因为学校体育不仅在技术之专长，尤重在体德之兼进，体与育并重。

隋校长在她的专著中写过这样一段话："人生当有梦想，追逐梦想的过程能让人生呈现炫目的光彩。勤奋且投入的工作则能使梦想生成一种魔力，带着你一步一个脚印坚实地走下去，一直走向你心中的那座灯塔……"隋校长便是我教育路上的一座灯塔，以她的个人魅力和工作能力带领我一步一个脚印坚实地走下去，坚守自己的办学信念，既不急功近利，又不好高骛远，脚踏实地按既定的目标和规划的步骤前进，为实现学校美好的愿景持之以恒地潜心耕耘，不忘初心，砥砺前行！

八、她是我一生仰望的那颗星

杨　青

（杨青　黑龙江省牡丹江市立新实验小学教师）

二十年前，她是业务精湛的教学副校长，我是一名刚从企办小学转来的年轻教师；十年前，她是这所百年名校的一把手，我是一名从科任教师转岗的班主任新手；现在，她是全国校长领航班的专家校长，我是一名意气风发的班主任。

她说："这辈子做得最正确的选择、最幸福的事就是做一名教师。"

我说："做班主任，看到孩子们的成长，是我一生的骄傲。"

她就是我教师生涯的领路人，我的职业偶像——隋桂凤校长。

（一）小女子有大格局之人生初见

2000 年，在企办小学浑浑噩噩做了七年教师的我，转调到立新实验小学做了一名科任教师。一直觉得让领导挑不出毛病、安闲舒适的工作是女子最好的生活状态，没想到这样"没毛病"的人生观被教学副校长的一次讲座彻底击碎。她站在台上，个子不高，身材娇小，一头微曲的短发，眼神明亮而深邃，说起话来柔缓动听，犹如温婉的江南女子。记得那是一次业务讲座，本无心听讲的我却被隋校长的讲座题目深深吸引——人生当有梦想。当她讲到"温水煮青蛙"的例子时，我瞬间脑补了一个画面：自己就是那只在温水中的青蛙，水温逐渐升高，我一点一点被煮到没有跳跃能力，被蛙族淘汰。安于现状的思想使自己变得懈怠、慵懒而不自知。我好像从未想过自己的梦想。隋校长声音不大，但每句话都重重击打在我的心房，敲碎了包裹心脏的厚厚的外壳——一个叫梦想的东西飞了出来。人生第一次有了醍醐灌顶的感觉。我开始思考我的人生梦想、职业梦想——我要做一位像她一样会讲课的教师。

从那时起，"小隋校长"在我心中不再那样娇小；我也不再那样安闲，和其他年轻教师一起参加各种赛课活动。在她的指导下，我成长着，进步着，感受到了从未有过的成就和由内而外散发出的活力。就在我沾沾自喜于离梦想更近时，隋校长又陆续与全校教师分享她的"追求卓越，拒绝平庸""教师要有大格局"等教育理念，引领我们走教育科研之路，向研究型教师、专家型教师努力。我像开蒙的少年一样拼命汲取这些教育思想，努力实现这些宏伟蓝图。20 年过去了，虽然我依然是众多班主任中的普通一员，但我积极向上，深入研究班本特色，努力形成自己独特的教学风格。在隋校长的引领下，我看到了自己翻天覆地的内在变化。

（二）温婉中蕴含智慧的力量之日常窥见

2008 年，隋校长在北山小学任校长两年后又回到立新实验小学，成为立新实验小学的新一任校长。她依然那样温婉，嘴角时常带着微笑。我经常看到她清晨站在校门口迎接师生入校，带着副校长及主任巡视各班级，和教师聊工作、聊学生、聊班级情况，了解教师的家庭，关心教师的生活，让人感觉十分温暖，如沐春风。

自从学校设立"一日校长制"，我又领略了她的气魄。记得第一次做"一日校长"，会议室的椭圆形办公桌边坐满了几位校级领导及各部门主任。没有想象中的冗长会议，校级领导总结、点出问题，给出意见；主任相互配合，各司其职，明确有序。这不禁让我联想到年级主任给教师开例会时，不就是这种严谨干练的风格吗？学校进行教育改革或专项活动时，各级领导上传下达，解读理念，组织实施。对于干部团队的执行力，全校教师有目共睹。坐在这里，我仿佛能感受到一股力量。我的目光不由得转向校长，她正在宣讲下周特色活动的要点，优雅中多了一份气度，从容中彰显着专家风范。我在心里默默地为这样可亲可敬的校长和干部队伍点赞。

最令全校教师激动的是，学校领导班子在隋校长的带领下制定了科学又不失人性化的管理和评价制度。其中的"五评五不评"似一针强心剂，激发了教师工作的热情和活力。尤其是那些踏实、勤奋、任劳任怨又默默无闻的教师，更加努力地工作，因为他们知道勤恳劳动能得到学校的认可。

每个学期末是最值得期待的时刻。教师们都盼望着隋校长在全校期末大会上表扬自己，评优颁奖时得到光荣的奖励证书。果然，隋校长在台上或赞赏某个团队，或表扬某位教师。李老师的课堂教学生动有趣，隋校长记在心间；张老师关爱每一名学生，受到家长爱戴，隋校长为她喝彩；王老师培养学生的学习和生活习惯有独特的方法，隋校长在全校推广……台下的教师捧着一张张奖状，不仅收获了领导的

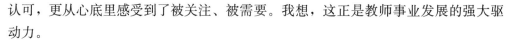

认可，更从心底里感受到了被关注、被需要。我想，这正是教师事业发展的强大驱动力。

最令教师感动的是，学校每个季度给教师过集体生日，每一位教师都会收到一张私人定制的祝福贺卡，贺卡上记录着自己在立新实验小学成长的每一个精彩瞬间。我们感受到了校领导家人般的关爱，幸福感爆棚，对学校的归属感油然而生。

一个成功的管理者，也许要有高明的管理模式，也许要有丰富的管理经验，但是在立新实验小学，在隋校长身上，我得到了不一样的答案——教师第一。她曾经说过："一个学校的管理，教师是关键；学生的发展，教师是灵魂。没有教师的成长，就没有学生的成长；校长关注教师的成长，教师必然关注学生的成长——教师是校长的天使。"这是何等高明的管理智慧。这样科学、人文的管理，激励着每一位立新人用奋斗书写自己的教育人生。

（三）站在高处却躬身实践——你带着我看风景

立新实验小学以劳动教育为特色，几十年来已形成自己独特的文化内涵，一代又一代的立新人被这种不畏困难、敢于创新、追求卓越的精神文化熏陶着。隋桂凤接任校长后就着手从劳动教育中提取文化的精髓，开始走"劳动育人、文化立校"之路，提出了梦想文化、书香文化、绿茵文化、微尘文化四种立新文化。后来在实践研究的过程中，隋校长逐渐感觉到这四种文化的理念虽好，但与劳动教育相互促进发展的前景有限，于是带领学校的科研团队再次调整研究方向，更多地关注劳动教育，在劳动教育思想体系的建构上下了很大力气，让劳动教育再创新，一切以学生发展为中心。2015 年，隋校长在全国领航班上首次提出"新劳动教育"。全校上下一盘棋，在教育中研究，在研究中实践。我们和隋校长一起走过四年漫长的科研之路，最终我们确立了"新劳动教育"的总目标，即"打好人生底色"；又细化了具体目标，即"自治、逸美、焕新"；同时对接具体内容，共设三类十五门课程。当"新劳动教育"在全校被认真推行，得到学生喜爱、家长称赞时，我们会和隋校长一起分享这份快乐；当看到学生们能独立做好一件小事时，她会兴奋得像个孩子。

从劳动教育到"新劳动教育"，我见证了学校在改革中确定发展方向的关键时刻，见证了一校之长科研兴校的决心和毅力，见证了在改革得以顺利推行、轰轰烈烈地行动时校长一呼百应的酣畅气势。能成为亲历者，我甚感荣耀。我想对未来的立新人说，这是我见过的最美的人生风景。

（四）热爱一生，执着一生，你是我仰望的那颗星

与隋校长相识二十载，虽一直仰望，但感觉与她的心灵距离越来越近。因为在她的培养下，我更加热爱教育事业，乐此不疲；更加喜爱孩子，愿意与她分享教育的喜悦。我会永远怀揣教育梦想，无论年岁几何，热爱不减，奋斗永远。她是我一生仰望的那颗星。

九、感谢立新实验小学

唐耀舜

（唐耀舜　黑龙江省牡丹江市林口县进修学校　黑龙江省牡丹江市立新实验小学学生家长）

我辞去退休返聘的工作，承担接送小孙女海若上下学的任务时，她已经是二年级的学生了。一年多不在身边，我发现她在动手能力方面有了进步，学会了洗发、梳头、洗袜子、叠被子、洗红领巾，双休日有时还扫扫地。这些都是学校要求的，看来立新实验小学在劳动教育方面还是很有眼光的。

到了三年级，海若学会了饭后自己洗碗筷。大概在读四年级的时候，母亲节这天，她说老师要求他们给母亲做一次饭，于是奶奶就教她淘米、加水、正确使用电饭锅。这顿饭，她妈妈吃起来格外香甜。一高兴，她妈妈就给她买了面包机。每天晚上做完作业，海若就和面、加工，第二天早晨就吃到了自己亲手做的面包。之后家里又买了榨汁机，她就可以喝自己榨的果汁了。说来惭愧，我已年过花甲，一向不懂厨房里的工作，大概与没在立新实验小学读书有关吧。

到五年级的时候，学校要求他们做一周家庭理财小管家，于是奶奶就给她设了一周支出账本，让她记账，每天放学领她去超市采购。那几天正赶上妹妹生病，奶奶就领她去买药。一周下来，海若发现支出近两千元，觉得数字不小，开始懂得节俭了。天热时，爷爷说买一只冰糕吧，海若说不用了；看到玩具，爷爷问买不买，

海若说她长大了。以前奶奶把纸箱等家庭废旧物品卖掉，海若对此不感兴趣，现在开始有了积极性，常常会把能卖钱的物品分类存放，甚至还和奶奶一起到废品收购站卖废品。卖来的钱都归她，现在已经有 1000 多元了。班级号召捐款，她比较大方，自己却舍不得花钱。"一粥一饭，当思来处不易；半丝半缕，恒念物力维艰。"传统美德的培养也是需要契机的。

2018 年初夏，学校组织研学活动，他们考察了渤海国上京龙泉府遗址，然后到享誉全国的石板大米产区学习插秧。他们体验到了烈日下泥水中的艰辛，也懂得了从秧苗到米饭的时空距离。海若喜欢农作物，到农村的亲戚家做客时总要认识一下庄稼和蔬菜。在三年级的时候，老师让他们种西红柿。她在阳台的花盆中种了一棵，这棵西红柿在她的精心培植下开花结果了。前几天，学校搞了一个广泛的种植活动，他们这个年级种的是辣椒，还要求每 5 天写一篇观察日记。从下种到出苗，海若每天都要观察，相继写了七八篇日记。有时她感到没什么可写的，爷爷告诉她，可以写看到的，也可以写想到的，手、眼与心的结合才是更有意义的。两千多年前，樊迟请学稼，孔子拒绝了他。这固然是因为孔子不太懂农事活动，更主要的是他认为"劳心者治人，劳力者治于人"。那时，知识分子是稀有资源，教育的目标是培养治国安邦的人才。今天，我们需要的是全面发展的人才，或者至少是有一方面特长、能够自食其力的人。我想，立新实验小学应该是有这样的思考吧。每到寒暑假，学校都要求学生到爸爸妈妈的职场去观察一下爸爸妈妈的工作，感受一下社会工作的意义。海若到妈妈工作的农经学院帮助妈妈批阅学生的试卷。小学生批阅大学生的试卷像是天方夜谭，其实批选择题是小学生也能做好的事情，当然妈妈是一定要复批的，这是给海若一次体验的机会。

海若所在的班级有两项活动是始终坚持的。一项是办手抄报，每学期每人至少要出刊一次。开始的时候，她有些手足无措，经常需要家长的帮助。渐渐的，办手抄报成了她的爱好。从上网找材料到整体设计再到抄写，她都亲自去做，而且质量也越来越高。海若既动了脑，又动了手；既开阔了视野，又提高了多方面的能力。另一项是剪纸，几乎每周都有这样的作业，寒暑假都有任务。同学们普遍认为海若的剪纸很好，还说如果拿到春节市场卖，肯定会有顾客。班主任也当真就向其他教师推销海若的作品，卖出几幅，得了 11 元。海若向我们描述时，兴奋之情溢于言表。由此她对美术产生了浓厚的兴趣，就在双休日去学素描，学了两年多。她的作品获得了 2018 年全国少儿世界和平海报作品牡丹江分展区的优秀作品奖。

过去我们说劳动，常常仅仅限于体力劳动的狭义范畴，这是由社会分工的不同造成的，也是由"劳心"和"劳力"的固有分界观念决定的。今天，随着生产力水平的提高，生产工具的改善，劳动概念的外延逐步扩大，立新实验小学的"新劳动教育"也会更加丰富多彩。在应试教育的弊端还没有被全社会认清的时候，立新实验小学的探索是难能可贵的。

谢谢立新实验小学。

十、新劳动教育滋养家长与孩子共成长

李俨国

（李俨国　黑龙江省牡丹江边境管理支队穆棱大队　黑龙江省牡丹江市立新实验小学学生家长）

一位熟睡的母亲，过往火车的轰鸣不会叫醒她；可身旁的小孩哪怕是翻个身或是哼哼一声，她便会马上警觉，随即查看。一位学生家长，对于生计奔波的压力可以忽略不计，可对于孩子从学校回来后的变化会立刻发觉，细心询问。在陪女儿度过小学初始三年的时光里，在立新实验小学的家校互动中，置身警营工作的我渐渐觉察到在"新劳动教育"滋养下我与孩子的成长，更好地看见孩子，看见自己，看见生活，看见趋势。

立新实验小学的"新劳动教育"早已从"劳"中脱胎出来，在实际操作中将核心放在了"动"上，让学生的"人生底色"成为自己的特殊性；真正行动起来，不断去体悟和实践"劳动自治、劳动逸美、劳动焕新"这三个行动支点，即促进学生在行动中增强自我服务与服务他人的本领（劳动自治），培养美己美人的情怀和懂美会美的品位（劳动逸美），树立想到即行动的研究意识和探索精神（劳动焕新）。

劳动自治为家长与孩子修筑经受失败的"承重墙"。在行动中增强自我服务与服务他人的本领，这个问题最容易引起共鸣。特别是"70 后""80 后"的父母，许多人都有在劳动中锻炼成长的阅历，在劳动锻炼中培养了意志品质，懂得了自立自强，学会了担当责任。随着物质生活水平的飞速提高，我们欠缺给孩子创造磨砺的机会。独生子女又担负着家庭的全部希望，特殊的生活环境极易使孩子被过度保护。一段时间以来，"没有教不好的学生，只有教不好的老师""好孩子是夸出来的"等一些理念又在校园与家庭占据了上风，怂恿家长"关注"对孩子精神和心理的保护，一味强调对学生的鼓励和表扬，而把批评学生描绘成无能。一些家长更是习惯拿出各类教育"鸡汤"喂养孩子，把孩子经受的一点点委屈放大到"对孩子心理、性格造成危害"，动辄因为孩子哭喊或是磕碰等一点点的异常就要跟教师、学校理论一番，弄个水落石出。

　　不幸的是，人生并非"夸"出来的，恰恰是在诸多失败、种种困苦、一系列压力挑战中淬炼出来的。正如年年都有春夏秋冬，岁岁都经严寒酷暑，人生路上遇到一些不如意，简直太正常不过了。经常见诸报端的是那些被捧着、保护着长大的孩子，在挑战和压力面前，或投降，或全面崩溃，或做出极端的事情。离家出走、跳楼自杀的消息不绝于耳，有的甚至还出现杀师弑亲行为，最终不仅轻易损毁自己，而且毁灭了一个家庭的幸福和未来。好在问题有一个适宜的预防和应对平台，那就是劳动自治。孩子通过劳动看见自己在生活中的样子，发现生活的本来面貌，学会所应具有的生活自理能力。在劳动自治中，把衣服叠反了穿反了再纠正过来，把老师布置的作业记错了再及时补救，辛苦养的盆栽死掉了再重新开始等一系列劳作，使女儿慢慢知道，世界不为你而存在，别人不为你而活着，社会不为你而构建，而你需要率先增长自我服务的本领才能生存下去，有服务他人的本领才能与周围的人相处得更好；更使她慢慢懂得，这个世界没有那么多的"理所当然"，除了阳光与空气是大自然赐予之外，都需要劳动来获得，每次劳动自治的内容就是为经受失败的"承重墙"添砖加瓦。记得有一次，看到女儿的手指裂了几个小口，我关切地问她："怎么弄的？疼不疼？用不用处理一下？"没承想，一向怕疼的她坚定地告诉我："别大惊小怪的，在学校弄的，没什么事，过几天自己就好了！"听了她的话，我备感欣慰。女儿在反复的劳动自治中已经能够接受那些微创伤，敢于同负面的东西正面相遇，不再是遇到失败就先哭鼻子的小孩子了。我作为家长，只需调和失败的大小程度，不让失败完全打消她的自信；协助她慢慢学会情绪自控，学会与自己相处、与同伴相处，习惯与失败共存，不被失败击倒，进而学会化失败为成功。也许这是送给孩子的最重要的童年礼物，这份礼物的生产线恰恰是劳动自治。

　　劳动逸美为家长与孩子勾勒了美美与共的"同心圆"。培养美己美人的情怀和懂美会美的品位，更似当前着重推进的美育的"小学生实践版"。生活中，我们成人多有体会：人的审美和情感是被构建的，人的行为不可能仅凭理智的告诫，还需要情感的驱使才能产生。唯有美好的情感才会有高尚的行为，唯有与孩子保持协调一致，有同心同向的情感，才能更好地沟通，最起码孩子会愿意听家长的话。把审美、艺术、人生三者统一起来，实现美学与艺术对人生的早期介入，能够促使孩子受到美的熏陶，培养爱的情感，使孩子的人格更趋向于健全。记得在参加女儿的班级创意课辅导时，看见女儿与其他同学都在按照自己的想法聚精会神地勾描京剧脸谱，顿觉一种仪式感弥散在教室之中。在颜色配比中，在线条涂抹中，孩子们专注的眼神、平静的神态，分明是在与美的交互中体会着美的感受与节奏。尽管孩子的手上、衣服上蹭着各色颜料，但那也是在一点点积攒和培养美己美人的情怀、美的品位，是为今后更加"美美的"生活涂的底色。

　　梁启超说，美对于人来说并不是什么"奢侈品"，而是像阳光雨露、布帛菽粟一样的"生活的必需品"。就我而言，没有经受和体验过深刻的美育，对美的认识与体会颇有局限。我是在与女儿共同完成劳动逸美活动时，才发觉原来美真的就在日常生活中。在帮助女儿准备关于"二十四节气"中的"白露"的午说时，自己再次学习了节气的内涵。我们一起推敲课件的颜色搭配、动画设计，既想展现好我们的祖先发现的节气之美，又想让女儿的同学愿意看、能听懂节气的常识。近5分钟的课件，我们足足用了2个小时才完工。整个课件的制作过程，让我体验到了表达美的欣喜，也激发了我进一步了解劳动逸美的内容的兴致。近几年来，学校的校本课程内容丰富严谨，既对校内学习生活有妥善安排，又要求学生多到自然中去体会自然之美。让家长与孩子在生活中寻找美的景色、欣赏美的景致，通过向孩子呈现美让孩子体验美，了解什么是真正的美，从而在孩子心中种下一颗美的种子，让孩子日后对艺术、对文化的理解更为深刻，这或许是更深层次的价值观塑造的最底层基础，也是学校用心用力的出发点。蔡元培先生在100年前提倡美育的时候就强调环境影响在美育中的重要作用，他将美育分为家庭美育、学校美育和社会美育三部分。学校美育涉及美学和艺术等教育科目；家庭美育和社会美育没有明确的教育科目，而与环境和氛围营造有关。学校鼓励家长参与劳动逸美，可以提升家长的审美情趣，完善家庭美育，帮助家长体悟真美、追求美，打造好家长对孩子实施美育影响的软环境，增加家长与孩子的契合点，共同提升生活情趣，为孩子感悟美、鉴赏美铺平道路。

劳动焕新为家长与孩子提供开拓创新的"涵养源"。"经师易得，人师难求。"没有好的教师，就没有好的教育、好的未来。对于好教师来说，除了自身知识阅历的积累、师德师范的修炼外，师道风尚的形成凝聚同样关键。德国教育家福禄贝尔曾说："教育之道无他，唯爱与榜样而已。"成长路上，每个孩子都会不由自主地以家长、教师为榜样，教师更是家长与孩子尊敬的"涵养源"。学生亲其师才能信其道，信其道才愿受其教；家长又何尝不是觉得教师亲和力强，才更愿意让孩子跟随其师，更好地信其道。尤其是在基础教育阶段，教师与学生接触时间长，此阶段家长的权威地位慢慢被教师替代，孩子会敬佩教师，嘴上经常挂着"老师说……老师让我……"足见小学教师的教诲对学生的影响在学生心目中有极其特殊的地位。记得女儿参加学校的小解说员团队培训，负责向来学校参观的客人讲解学校的设置和各类变化。她提到解说的内容时常会调整，令她感到很不适，有时会背串内容。我建议她在适当的时候问问老师原因。有一天，女儿欣喜地告诉我，老师已经告诉他们，学校要紧跟形势发展，所以设置是变化的，小解说员的解说词和介绍的动作也要更新，这样更能培养解说员的能力。女儿还告诉我，她听了老师的话，更愿意做这份解说员的差使了。小学生在耳濡目染中受到"世异则事异，事异则备变"的道理的熏陶。虽然他们还不知道这些道理是如何总结的，但在与教师的接触中所获得的"想到即行动"的研究意识和探索精神终究会无声地注入他们心中，让他们的小学生时代非常难忘，进而让他们受益一生。

马克思说："教育绝非单纯的文化传递，教育之为教育，正是在于它是一种人格心灵的唤醒。"学生愿意亲近教师后，内心才能被唤醒，从而在无形中调整自己。家长愿意接触教师后，自身的观念会被唤醒，自然会在教师的引导下自觉带领孩子去强化研究意识，追求探索精神。劳动焕新凝结了学校师德师风的实践，包含了对小学教育的积极探索。立新实验小学建校近百年，在传承与发展既有学校特色的基础上不断调整和发展劳动教育的内涵与途径，生动地诠释了"想到即行动"的研究意识和探索精神。学校把原先的劳动教育改为劳动育人，并提出"新劳动教育"的办学理念。除了弘扬劳动精神外，培养会学习、能创造的人成为学校劳动教育的新目标。对于这一切变化，我在与隋桂凤校长的接触中体悟颇深。隋校长动作和缓，眼神温柔，时时传递自然的表达，如潺潺溪流，不为速度与激情，只是涓涓细流，从容而行。与隋校长的交流，如古代书院师生之间的答问，独有从游之乐，更有观摩濡染之效，也有情感上的交汇，让我体验到了教育者对他人人格的无形熏陶和有形塑造。这样的领头人一定错不了，带领的团队也一定错不了，在这里求学的孩子更是一定错不了。每每与女儿讲到学校近百年发展历史的细节，讲到对校长、对教师的体会时，女儿总是安静地听着。任何一个孩子都愿意探求身边的人与事，愿意同美好的人与环境接触。在美好中，女儿乐于完成学校布置的任务，也更自觉地走上了创新之路，为自己今后的发展打好了"人生底色"。

"我行故我行"可诠释"新劳动教育"所要打造的学生的"人生底色"的内涵与意义，第一个"行"指行动，第二个"行"指行动力。"我行故我行"传达给学生"我能行"的自信，潜移默化地影响着家长。对于常人来讲，人生中时间最长的任务不是工作，而是当家长，要用几十年的时间扮演家长的角义勇。对于这份不能辞职的工作，"新劳动教育"既带动了孩子的成长，又带动了家长对生活和教育的思考。在一次次家校互动中，我深刻体会到，即使拥有专业育儿知识，也并不代表一定会把孩子教育得优秀和卓越；而更好地理解孩子的成长规律，接受当家长的不完美，寻求自我成长才是终极的育儿之道。在陪伴女儿参与劳动自治、劳动逸美、劳动焕新的过程中，我经常听到孩子说"我行故我行"。那一刻，我也在心里念"我行故我行"。

十一、新劳动教育下的"劳动少年"养成记

孙 宇

（孙宇 黑龙江省牡丹江市教育局 黑龙江省牡丹江市立新实验小学学生家长）

身为教师的我，对众多独生子女缺乏生活自理能力、责任意识淡漠、依赖性强、不懂得感恩的现状司空见惯。在自己孩子上小学之际，我着实为上什么样的小学纠结了好久。在走遍许多大大小小的学校、认真仔细品读了每所学校的招生简章之后，立新实验小学的"新劳动教育"点亮了我的心灯，从此拉开了我家"劳动少年"养

成的序幕。

生活基本劳动技能训练培养了良好的劳动价值意识。

好的教育贵在对细枝末节的关注。因为我和孩子爸爸都是工薪阶层，工作忙碌如众人，孩子小的时候都是拜托家里老人来照看的。隔辈人对孩子的疼爱无微不至、如影随形，累了是马上要背着的，饿了是马上要把吃的送到嘴里的。到了上学的年纪，孩子吃饭、穿衣、整理物品这些生活自理能力有很大的欠缺。作为家长的我们总是看在眼里，急在心里。孩子上了小学以后，学校的劳动自治教育完全打消了我们的顾虑。之前在家里对孩子生活自理能力的训练有时会因我们忙碌而不能长久坚持，学校"每天劳动 10 分钟"的作业可帮了大忙。从低年级的整理书包、系鞋带、系红领巾、规范洗脸刷牙的程序和动作、饭后收拾碗筷，到高年级的洗袜子、刷鞋、洗碗、做简单的饭菜，每一项劳动技能都贴近生活又循序渐进。每学期学校举行"劳动技能节"，进行自我服务技能大比武，一年级是系红领巾比赛，二年级是系鞋带大比拼，三年级是穿校服大赛……学校以课程化的形式推进生活技能的培养与劳动习惯的养成。每天孩子们在班级的微信群里相互比赛，看谁做得更好。在学校大群体营造的比学氛围里，孩子们在不知不觉中一点点坚持着、变化着，从一个个衣来伸手、饭来张口的"小皇帝""小公主"，蜕变为一个个可以照顾自己生活起居的自立少年。

其实，人的心灵深处都有一种根深蒂固的需要，那就是希望自己是发现者、研究者、探索者。在孩子的世界里，这种需要特别强烈。孩子总是希望自己成功，得到别人的赏识。在学校一以贯之的劳动教育的氛围里，孩子们在每一次劳动中都是真正的发现者，也有着对劳动的体验和探索，这才是真正意义上的劳动价值观的形成过程。我感知到这一点，是源于一件小事。一天，语文老师留了一篇写母爱的作文。我很好奇孩子会提及哪些细节使他感受到了母爱。是给他买了新平板电脑，还是领他游山玩水？出乎意料的是，他居然选择了我每天早起为他做早饭又准备午饭的细节来写。我问他为什么选这么平凡的小事来写，他回答说："因为学校留过蒸鸡蛋糕、炒菜的作业，我都认真完成过。我知道一大早为了早饭和午饭不重样，做四个有肉又有青菜的菜还有汤和粥是需要很长时间的，因为我做一个菜都需要十到二十分钟。我算过，您早上至少得五点半起床，还一坚持就是好几年，所以我觉得从这件事上能看出您是爱我的。"我一边感慨孩子心细，一边也为他能从自己的劳动体验中知道每一件事都要付出辛苦并推己及人，还能从辛苦中体会收获甘甜的滋味而欣慰不已。

课程化的劳动教育涵养了尊重劳动的心灵。

如果说生活技能的训练培养了孩子的自主能力，那么深入教学课程的劳动教育就是丰盈孩子生命的源泉。身为教师的我对学校的课程是很关注的。从孩子上一年级起，我经常在孩子的古诗单和劳动实践综合课教材中看到一些从中国古典文学作品中精选出来的歌颂人民热爱劳动的高贵品质的诗词。例如，"锄禾日当午，汗滴禾下土。谁知盘中餐，粒粒皆辛苦"关注劳动者的辛勤和劳苦；"田家少闲月，五月人倍忙。夜来南风起，小麦覆陇黄。妇姑荷箪食，童稚携壶浆，相随饷田去，丁壮在南冈。足蒸暑土气，背灼炎天光，力尽不知热，但惜夏日长"描写了农家在炎炎烈日下辛勤劳动，充满对丰收的期盼；"春种一粒粟，秋收万颗子。四海无闲田，农夫犹饿死"关注农民通过辛勤劳动获得丰收，却依然吃不饱、穿不暖甚至惨遭饿死的问题。

在学校的德育课程里，"二十四节气晨读午说""寻找传统节日中的习俗""一带一路"等专题课程在孩子的心灵里播下了"劳动创造了一切成就"的种子。元宵节，孩子会给我们带回亲手制作的花灯；二月二，孩子会给我们讲讲三皇之首伏羲重农桑、务耕田、御驾亲耕的传说；清明节，孩子会主动提出去烈士公墓祭扫……就这样，虽然在孩子忙碌的日程中穿梭，但心里却是踏实的，因为在孩子的言行中，我们从未看到孩子在相对不轻松的学习中叫过苦喊过累。我们知道，对劳动意义的深入理解已经成了孩子思维的一部分。书本是枯燥的，但影响人的精神却是永远鲜活的。我渐渐发现，孩子宁愿用手把垃圾攥到家也不随意丢到车窗外，他说那样是对环卫工人劳动成果的不尊重。他在参加公益活动的演讲时发出这样的倡议：生活中的劳动者无处不在，有面朝黄土背朝天的农民；有为了使他人幸福，在春节不能与家人团聚的火车司机；有被誉为"白衣天使"的医生……因为有了他们，我们在生活中才可以得到便利，因此只有尊重这些勤劳的劳动者，我们的世界才能得以进步。

每年我都会领孩子去姥姥家。每次孩子都非常乐意去院子里帮姥姥摘辣椒、收茄子，很快乐，没有丝毫厌弃的情绪。我想，大概是他这个"劳动少年"的内心深处已经深深懂得"富贵本无根，尽从勤里得"的道理了吧。每当这个时候，我就觉得我和我的孩子遇到了自己想要的学校真是很幸运。

十二、为什么长大后我想成为你

——我眼中的恩师隋桂凤

邹振栋

（邹振栋　东北大学秦皇岛分校经济学院党委书记　管理学博士　副教授　黑龙江省牡丹江市立新实验小学 1986 级学生）

人总是经常在感叹，时间过得真快！的确，真快！当我得知小学班主任隋桂凤老师要出一本书，并且我可以写一篇文章放入书稿中的消息时，我感到万分荣幸，也感叹时间过得真快。从 1986 年上小学算起，到现在三十多个年头过去了，回想起小学的点点滴滴，感觉既模糊又熟悉。模糊的是一些日常琐事，熟悉的是老师对学生的那份关爱之情。"小时候我以为你很美丽，领着一群小鸟飞来飞去。小时候我以为你很神秘，让所有的难题成了乐趣。长大后我就成了你，才知道那块黑板，写下的是真理，擦去的是功利。"每当这首熟悉的旋律响起，我就想起了所有教过我的老师。每一位老师都伴我走过一段人生，或欢乐或忧伤，但他们在我的生命里都刻下了永不磨灭的印记，这个印记就是师恩。对我来说，师恩最深、影响最大的就是我的启蒙老师隋桂凤老师。她用人格魅力引导着学生，以学术造诣开启了学生的智慧之门。

小学教育对一个人的影响非常大。一个人如果在小学阶段得到了很好的教育，养成了优良的综合素质，就具备了人生长足发展的坚实基础。因此，人生中的第一位小学老师的重要作用不言而喻。大家小时候对老师都是有些敬畏甚至是害怕的，我也不例外。作为一个刚离开家长的视线来到陌生人身边的小孩子，我也是茫然的。但是我第一次见到班主任隋老师，就喜欢上了这位和蔼可亲的老师，也非常感谢隋老师给了我一个非常好的机会，从一年级就开始让我担任班长。担任班长让我在各方面都得到了更多的锻炼，隋老师也给了我非常多的指导和帮助，也正是隋老师的影响让我对教师这个职业充满了好奇与向往。现在回想起来，是隋老师教导我要养成良好的行为习惯、正确的道德观念、强烈的求知欲望、良好的人际交往能力等，这些都关乎个人的终身发展。我很庆幸我的一些良好习惯和正确意识都在小学阶段得到了很好的培养，为我以后可以更好地学习、生活和工作打下了良好的基础，我在中学、大学期间也担任了班长、团支书、"爱心社"副理事长、学生会副主席、系党校校长等干部职务。毕业多年以后和同学们聚会的时候，大家都和我很亲近，而且都亲切地称呼我为班长。我深刻地体会到能为同学服务是一件很幸福的事情，感谢隋老师的良苦用心。

虽然小学毕业已经很多年了，但是同学之间的感情和同学对老师的感情依旧没有改变，尤其是当班级建了微信群之后，这种感情得到了进一步抒发。在班级微信群的组建过程当中，我们陆续找到了失联多年的同学，一起在群里畅谈小学那些难忘的记忆：谁当选了学校里的小解说员，谁经常不完成作业让老师找了家长，谁当选了市里小红艺术团的团员，谁作为朗读比赛的选手代表学校去市里参加比赛，谁在"一日夏令营"的时候找错了班级的车，谁去"红领巾饲养场"劳动的时候不小心摔倒了，谁为了做出一张满意的蛋壳贴作品吃了好多鸡蛋……大家你一言我一语，彼此勾起了好多好多有趣的场景和美好的回忆。

谈到隋老师带领我们去学校饲养场劳动的场景，大家记忆都很深刻。我们就读的母校立新实验小学是以劳动教育为特色并闻名四方的。我们那一代人可以说是国家第一代独生子女，是被大家公认的家里的"小公主""小皇帝"，很多人都不喜欢劳动。学校发现了这些问题，就响应国家号召，提出了劳动教育，要培养德智体美劳全方位发展的接班人。记得当年让从三年级开始，每学期会有一周将上午的第四节课作为劳动实践课，让我们去学校的"红领巾饲养场"劳动。"红领巾饲养场"里养了鸡、鸭、鹅、鸽子、火鸡、山羊、兔子、猪等，还种植了水稻、小麦、花生、芝麻、葡萄、杏、樱桃、李子等。被分到不同地点的同学有不同的任务，如被分到鸡舍的同学要协助工人师傅打扫鸡粪，给鸡喂食，捡鸡蛋等；被分到猪舍的同学要协助工人师傅打扫猪粪，搅拌猪饲料等；被分到花圃的同学要给花浇水、施肥、除草等。记得在六年级的一次劳动中，一名女同学不小心一条腿踩进了化粪池，是隋老师和同学们一起把她拉上来，并且马上带她去水房冲洗。隋老师还亲自把她送回了家。在劳动过程中我们不但认识了很多动植物，而且感受到了什么是互帮互助、团结协作，也真正体会到了"劳动最光荣"。隋老师担任校长之后，又提出了"新劳动教育"，让之前的劳动教育得到了继承和发扬。

　　记得我们班的第二课堂活动也开展得非常好，隋老师想设计一个以手工制作为主的特色活动，这样不但可以锻炼我们的动手能力，而且可以锻炼我们的想象力和创造力。但我们这些一年级的小孩子到底能做点什么呢？隋老师绞尽脑汁，终于有了一个很好的创意，并且和作为班长的我做了交流。记得她当时问我家里吃不吃鸡蛋，我说当然每天都吃啊。她又问我鸡蛋壳怎么处理，我说鸡蛋壳当然扔掉，难道还能吃吗？现在想想这是一段多么有趣的对话。隋老师想到的就是废物利用，用鸡蛋壳做蛋壳贴。同学们就用鸡蛋壳在纸上贴各种各样的图案，有人物、动物、风景等。同学们都很喜欢这个活动，每学期都会把一学期的作品集中起来做一次展示。其他班级的同学、家长及省市各级领导都来参观过，并且给出了很高的评价。

　　2018年的一天，隋老师在我们班级的微信群里发了一段当年她给我们班上的一堂公开课的视频片段，这让群里的同学们都很兴奋，都争相寻找视频里当年的自己。我也看到了自己发言的样子。大家都感触颇深，思绪又回到了当年的课堂上。隋老师讲课非常好。她所教授的科目是语文，包罗万象的语文知识与小学生的日常学习生活紧密相连。隋老师精心准备每次课程。她不但熟悉教材的基本内容，形成了完整的知识体系，而且还会讲很多课外的拓展内容，可以非常好地掌控课堂。隋老师每次上课都声情并茂，普通话说得非常标准，教学内容拿捏得恰到好处，同学们都喜欢听她的课。而且我们班在隋老师的课上回答问题有一个特点，就是可以不用举手，站起来就回答。大家回答问题时，都非常积极踊跃。在隋老师的精心组织下，课堂气氛很活跃，又很有秩序。当时，这种教学模式得到听课专家的好评。隋老师还虚心邀请有经验的教师来我们班听课，让其他老师提出意见。隋老师努力实践，积极探索，形成了自己独特的教学风格，带我们班多次代表牡丹江市出国家、省级公开课。后来我得知她师范毕业之后并没有满足于现状，后续又读了本科和硕士，在寒暑假期间坚持学习，充实自己。也正是她的这种孜孜以求的上进精神一直鼓励着我，让我可以一直努力，取得了管理学博士学位。

　　在平时学习生活中，隋老师的脸上总是洋溢着亲切的微笑。她的眼神真实自然，有一种独特的神韵。在课堂上，隋老师会给予每个同学一次锻炼的机会。回答问题时，如果回答正确，隋老师会微笑着说"完全正确，很好"；如果回答得不太正确或者答不出来，隋老师也会微笑着说"你再想想吧"或者"是这样吗？我们再听听其他同学是怎么说的"，等等。无论怎样，隋老师都会给我们满满的信心与鼓励。隋老师还非常关注大家的言谈举止，会有耐心地对待不同的学生。尤其是对于家庭有困难和学习有困难的学生，隋老师都会亲自去家访，并且帮助他们补习。记得有几次，几名同学的家长有事情，没有按时来接他们。那个年代的通信没有现在发达，隋老师就一直陪着他们在教室里做作业，作业做完之后还帮他们预习，直到家长来接他们，她才放心地回家。隋老师爱中有严，严中有爱。她用她的微笑、包容与爱心关心着每一名学生。

隋老师为班里的每个人都打下了很好的语文基础。在隋老师的带领下，我们班隋老师无论是口头表达能力还是写作能力都比同年级其他班提高得快。隋老师很重视我们表达能力的提高，在课文朗读方面对我们进行了很规范的训练。在学校选拔选手去市里参加朗读比赛时，我们班被选上的是最多的，取得的成绩也是最好的。在写作方面，隋老师也给予了我们很多的指导。在市里举办的小学生作文大赛中，我们班是获奖人数最多的班级。

由于立新实验小学各方面工作都做得很出色，经常有国家、省、市领导来参观检查，因此学校就选拔了一些小讲解员，为来宾介绍学校的环境，每个人负责一个区域。我们班是选上小讲解员最多的班级，我也很荣幸地被选上了。记得当年国家教育委员会主任李铁映来我校参观，我就当了他的小导游和解说员，这对我自己来讲也是一段很难得的经历。正是因为这样的锻炼，从小学到大学我主持过多场上千人的大型晚会，参加了多场演讲、辩论比赛并取得了优异的成绩。即使在工作以后，我依然保持着对语言文字工作的热爱，利用业余时间先后考取了河北省级普通话测试员和国家级普通话测试员，这些成绩的取得都和隋老师的启蒙培养密不可分。

隋老师工作认真负责，不但要上课，还要操心班级的各项事务。每天早上她都早早来到学校，陪我们晨读，让我们养成认真读书的习惯；同时她还会到班级的卫生分担区看一看，指导和帮助同学们打扫卫生。即使在怀孕之后，她依然和我们年级的其他老师一样，每天提早候课，认真上好每一节课，坚持以教室为办公室，在这里批改作业、辅导作业，时刻关注着我们的成长。后来隋老师在家里休产假，我们都很想念她。我作为班长就组织了一个活动，让每名同学交一张自己的照片，并且自制一张卡片，写上最想对隋老师说的话，还发起了让同学们帮隋老师给孩子起名字的活动。当班干部代表把放满照片的相册和祝福卡片交到隋老师手里的时候，隋老师也流下了感动的泪水，这就是最真挚的师生情。

　　当我整理这些回忆的思绪时，蓦然发现我们的隋老师不正是习近平总书记提倡的"四有"好老师吗？是的，她就是这样一位教师，在平凡的岗位上奉献着她的青春，追求着平凡中的美好。当我大学毕业进行职业选择的时候，我毫不犹豫地选择了教师这个行业，也终于可以自豪地对隋老师说一句：长大后我想成为你。

附　录

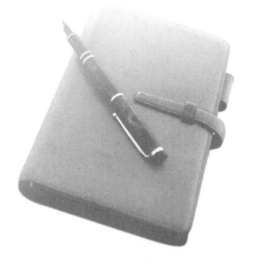

隋桂凤从教大事记

1985 年

7 月 参加工作，走上讲台。

1989 年

6 月 《"提前写作"的尝试》被收录到《一所别具特色的小学》一书中。

1991 年

4 月 获黑龙江省小学语文"注音识字·提前读写"实验课堂教学大赛一等奖第一名。

1992 年

5 月 在全国小学语文"注音识字·提前读写"教学改革推广会上做了一节阅读示范课《小镇的早晨》，获得高度评价。

1995 年

1 月 在《语文教学与研究》总第 19、20 期发表《第六册阅读〈小镇的早晨〉》。

1998 年

9 月 被破格评为中学高级教师。

1999 年

11 月 在中国教育学会第十二次学术研讨会上做了题为《在课堂教学中贯彻双八字方针》的报告。

2000 年

4 月 参与编写《"注音识字·提前读写"实验课本语文第五册》。

2001 年

1 月 《语文教学与研究》2001 年第 1-2 期合刊（总第 91、92 期）《人物专访》中以《青春在实验园中闪烁光彩》为题介绍个人事迹。

2004 年

6 月 参与编写省教科版九年义务教育六年制小学语文课本第十一册。

2006 年

11 月　调入黑龙江省牡丹江市北山小学任校长。

2007 年

4 月　在《语文教学与研究》总第 166 期发表《努力构建新课程理念下的教研文化》。

2008 年

3 月　参加教育部第二十四期全国小学骨干校长高级研修班。

8 月　任牡丹江市立新实验小学校长。

2009 年

5 月　在《教育探索》2009 年第 5 期（总第 215 期）发表《立足校本培训 提升教师继续教育的效能》。

10 月　在中国教育学会小学德育专业委员会第二十四次会议上做了题为《关于学校劳动教育的再思考》的报告。

12 月　受聘为牡丹江师范学院研究生导师，主持黑龙江省教育科学"十一五"规划重点课题"运用生活教育理论创新小学劳动教育实践模式研究"。

2010 年

7 月　主持的教育部专项课题"中小学心理健康教育研究与实验"的子课题"教师积极情绪对学生健康成长的影响研究"结题，并被评为"优秀课题负责人"。

12 月　"劳动校本课程的开发与实践"获教育部基础教育课程改革教学研究成果三等奖。

2011 年

1 月　《黑龙江教育》2011 年第 1、2 期合刊（总第 927 期）以《百年老校的"新"校长》为题报道个人事迹。

8 月　获黑龙江省"特级教师"称号。

2012 年

6 月　参加"第五期全国优秀小学校长高级研究班"培训。

7 月　在全国特色学校和特色教育先进个人表彰会上做了题为《坚持劳动育人 唱响特色品牌》的经验交流，在第二届新疆、海南、黑龙江"三极"教研论坛活动上做了题为《倾力打造序列化劳动课程，全面落实课程的文化使命》的经验交流。

8月　在《人民教育》2012年第15、16期合刊（总第657期）发表《"一日校长"让教师体会校长的担当》。

9月　在《语文教学与研究》总第231期发表《今生与"注・提"结缘》。

11月　在《基础教育课程》2012年第11期（总第107期）发表《小小"实验盆"做成大文章》。

2013年

4月　任中国教育学会小学教育专业委员会理事。

5月　被授予"全国五一巾帼标兵"称号。

6月　在全国优秀小学校长"校长领导力与学校卓越发展"论坛上所做的题为《高度决定发展——校长视野与学校特色》的发言荣获"优秀小学校长思想成果交流奖"，同时《再读〈三国演义〉寻觅成功办学奥秘》一文获一等奖。

9月　在《黑龙江教育》总第1072期发表《视野决定发展——校长视野与特色学校发展》，同期还以《立学焕新・杏林芳菲》为题介绍了学校"劳动育人"办学特色。

11月　被遴选为黑龙江省首批教育家型小学校长高端研修班培养对象，五年后以优异成绩结业。

2014年

3月　获"全国优秀小学校长"称号。

7月　出版专著《立学焕新——思想与行动的交错》。

10月　学校被评为黑龙江省新时期小学劳动教育研究基地。

2015年

1月　在《语文教学与研究》2015年第1、2期合刊（总第259、260期）发表《"三本"思想与校长的管理方略》。

4月　入选教育部首期中小学名校长领航工程，开启历时三年的领航班培训。

10月　受聘为四川省绵竹市"王琴名校长工作坊"指导专家。

11月　《人民教育》2015年第22期以《立新实小：劳动为教育开新路》为题介绍学校办学特色。

12月　教育部首期中小学名校长领航工程"隋桂凤校长工作室"成立，在授牌仪式上做了《新劳动教育的探索与实践》主题报告。

2016 年

3 月　在《黑龙江教育》小学版 2016 年第 3 期（总第 1165 期）发表《新劳动教育的探索与实践》。

5 月　《中国教育报》"中国好校长·领航者系列"中以《隋桂凤：将新劳动教育绘成人生底色》为题报道了个人事迹。

7 月　在教育部首期中小学名校长领航工程"走进西藏"活动中做了题为《新劳动教育再出发》的讲座。

8 月　在教育部首期中小学名校长领航工程"走进新疆"暨"中国品质学校发展共同体高峰论坛"活动中做了题为《新劳动教育改进方案》的交流。

9 月　晋升为黑龙江省首批正高级教师。

11 月　《黑龙江教育》综合版 2016 年第 11 期（总第 1189 期）以《"领航工程·名校长工作室"在行动发展》为题报道了工作室研修活动。

2017 年

2 月　在教育部首期中小学名校长领航工程集中培训大会上代表浙江基地做了题为《聚焦"三力"，为工作室校长领航》的经验交流。

4 月　借助教育部中小学名校长领航工程，以《我的育人观——"新劳动教育"理论阐释》为题对话湖南省教育家型校长。

5 月　参加教育部首期中小学名校长领航工程海外研修美国西部团考察学习活动。《中国教育报》2017 年 5 月 17 日以《创设入室校长成长的"三维"空间》为题报道"隋桂凤校长工作室"典型经验。

7 月　在全国中小学校长夏季论坛暨"核心素养下的学校变革高峰论坛"校长培训活动中做了题为《新劳动教育课程体系的建构与实施》的讲座。

11 月　学校获"全国首批文明校园"称号。

12 月　参加教育部首期中小学名校长领航工程"领航者在行动——走进咸阳、延川、西安"，做了题为《论校长的教育理念》的专题讲座。

2018 年

1 月　《黑龙江教育》综合版 2018 年第 1、2 期合刊（总第 1231、1234 期）发表了一组文章，详细报道了"隋桂凤校长工作室"的"品质学校"研究专题。

4 月　《将新劳动教育绘成人生底色》被收录到"校长国培计划"卓越校长领

航工程中小学名校长领航丛书《领航者在行动》中。

5 月　在《中小学管理》2018 年第 5 期（总第 330 期）发表《从三个场景感受美国教育的"儿童立场"》。

9 月　《将新劳动教育绘成人生底色》被收录到《思想与智慧——黑龙江教育家型小学校长之论》一书中。

10 月　教育部办公厅〔2018〕79 号函中发布《新劳动教育为实践育人开新路》为 2018 年全国中小学德育工作典型经验，在 2018 年 10 月 24 日《中国教育报》发表《给"劳动教育"一个新转身》，在江西省教育学会小学校长研究会上做了题为《校长育人理念的形成与实践》的讲座。

11 月　在《中国教育报》上发表了《新劳动教育走在希望的田野上》。学校承办了推进黑龙江省中小学劳动教育工作研讨会，隋桂凤做了题为《以新劳动教育绘就人生底色》的大会报告，成立了"新劳动教育"联盟。人民网、中国新闻网、中国教育在线等多家媒体报道会议盛况。

12 月　主持的课题《城市小学"新劳动教育"理论与实践研究》被评为国家级教学成果奖二等奖。

2019 年

1 月　"新劳动教育"案例被收入《2018 中国基础教育年度报告》，刊发在《人民教育》2019 年第 2 期；获国务院政府特殊津贴。

5 月　在《中小学管理》2019 年第 5 期发表《培养行动力：走向"新劳动教育"的"立新"实践》，在《人民教育》2019 年第 10 期发表《新劳动教育的内涵与实践路径》。

6 月　《辅导员》2019 年第 12 期封二图文报道黑龙江省牡丹江市立新实验小学劳动教育特色活动，题为《让劳动托起中国梦》。

9 月　学校荣获"全国教育系统先进集体"称号。

10 月　担任中国教育国际交流协会未来教育研究专业委员会理事。